Schnell oder gut?

Europäische Hochschulschriften
Publications Universitaires Européennes
European University Studies

Reihe II
Rechtswissenschaft

Série II Series II
Droit
Law

Bd./Vol. 3674

PETER LANG
Frankfurt am Main · Berlin · Bern · Bruxelles · New York · Oxford · Wien

Andreas Mertens

Schnell oder gut?

Die Bedeutung des Beschleunigungsgrundsatzes im Jugendstrafverfahren

PETER LANG
Europäischer Verlag der Wissenschaften

Bibliografische Information Der Deutschen Bibliothek
Die Deutsche Bibliothek verzeichnet diese Publikation in der Deutschen Nationalbibliografie; detaillierte bibliografische Daten sind im Internet über <http://dnb.ddb.de> abrufbar.

Zugl.: Mainz, Univ., Diss., 2002

Erstberichterstatter: Prof. Dr. Dr. Michael Bock
Zweitberichterstatter: Prof. Dr. Alexander Böhm
Tag der mündlichen Prüfung: 24.10.2002

D 77
ISSN 0531-7312
ISBN 3-631-50862-X

www.peterlang.de

Meinen Eltern

„Nicht zögern ist Richterpflicht;
aber eben so gewiß: nicht eilen;
denn Eile übereilt sich,
und ein eilfertiger Rechtsspruch
ist sehr oft nur ein eilendes Unrecht.“

(Anselm von Feuerbach)

VORWORT

Die vorliegende Untersuchung ist die geringfügig überarbeitete und aktualisierte Fassung meiner Dissertation, die im Sommersemester 2002 am Fachbereich Rechts- und Wirtschaftswissenschaften der Johannes Gutenberg-Universität Mainz angenommen wurde. Am Zustandekommen dieser Arbeit waren viele Personen beteiligt, denen ich an dieser Stelle meinen Dank aussprechen möchte.

An erster Stelle ist mein Doktorvater Professor Dr. Dr. Michael Bock zu nennen, der während meines Studiums mein Interesse für strafrechtliche und kriminologische Fragestellungen geweckt und diese Arbeit mit fachlichem Rat und freundlicher Unterstützung begleitet hat. Professor Dr. Alexander Böhm danke ich für die Übernahme der Zweitkorrektur.

Mein Dank gilt Dr. Hendrik Schneider für seine Gesprächsbereitschaft vor allem in der Phase der Konkretisierung der Fragestellung. Ich danke ferner den anderen Mitarbeiterinnen und Mitarbeitern am Lehrstuhl von Professor Bock für ihre Hilfestellung in den verschiedensten praktischen Belangen im Verlauf der Arbeit.

Der Johannes Gutenberg-Universität Mainz sowie dem Land Rheinland-Pfalz bin ich für die finanzielle Unterstützung dankbar, die mir in Form von Stipendien gewährt wurde.

Unter meinen Mainzer Freunden und Kommilitonen danke ich besonders herzlich Jan Hildebrandt, der die Arbeit von Anfang an in zahllosen hilfreichen Gesprächen begleitet und sie durch viele wertvolle fachliche Anregungen bereichert hat.

Zahlreiche vor allem sprachliche Verbesserungen erfuhr die Arbeit durch den unermüdlichen Einsatz von Annette Huth, die darüber hinaus auch durch ihre persönliche Unterstützung viel zum Gelingen der Dissertation beigetragen hat.

Der größte Danke aber gilt meinen Eltern, Friederike und Peter Mertens, ohne deren vielfältige Unterstützung ich diese Arbeit nicht hätte schreiben können. Ihnen ist dieses Buch gewidmet.

Bonn, im Februar 2003

Andreas Mertens

INHALT

LITERATUR

Achenbach, Dirk, „Der Diversionstag", in: DVJJ-Journal 4/2000 (Nr. 170), S. 384 ff.

Albrecht, Hans-Jörg, Ist das Strafverfahren noch zu beschleunigen ?, in: NJ, 1994 (48), S. 396 ff.

Albrecht, Hans-Jörg, Anmerkungen zu Entwicklungen in der Kriminalpolitik, in: Feuerhelm, Wolfgang/Schwind, Hans-Dieter/Bock, Michael (Hrsg.), Festschrift für Alexander Böhm zum 70. Geburtstag, Berlin-New York, 1999, S. 765 ff.

Albrecht, Hans-Jörg, Ist das deutsche Jugendstrafrecht noch zeitgemäß ? Gutachten D für den 64. Deutschen Juristentag, München, 2002

Albrecht, Peter-Alexis, Jugendstrafrecht. Ein Studienbuch, 3. Aufl., München, 2000

Amelang, Manfred, Sozial abweichendes Verhalten. Entstehung – Verbreitung – Verhinderung, Berlin u. a., 1986

Asbrock, Bernd, Grundzüge und Besonderheiten eines Strafverfahrens und einer Gerichtsverfassung für Jungerwachsene im Rahmen eines zukünftigen Jungtäterrechts nach Herabsetzung des Volljährigkeitsalters auf 18 Jahre, Diss. Göttingen, 1975

Azrin, N.H./Holz, W.C., Punishment, in: Honig, Werner K. (ed.), Operant Behavior – Areas of Research and Application, New York, 1966, S. 380 ff.

Baddeley, Alan D., So denkt der Mensch. Unser Gedächtnis und wie es funktioniert, München, 1986

Baddeley, Alan D., Essentials of Human Memory, in: Psychological Press, 1999

Bandisch, Günter, Zum Entwurf eines Kriminalitätsbekämpfungsgesetzes der Fraktionen der CDU/CSU und FDP vom 4.1.1994. Eine vorläufige Stellungnahme des Strafrechtsausschusses des Deutschen Rechtsanwaltsvereins, in: StV, 1994 (14), S. 153 ff.

Bandura, Albert, Principles of Behavior Modification, New York u. a., 1969

Bandura, Albert, Aggression – eine sozial-lerntheoretische Analyse, Stuttgart, 1979 (a)

Bandura, Albert, Sozial-kognitive Lerntheorie, Stuttgart, 1979 (b)

Banks, R.K./Vogel-Sprott, M., Effect of delayed punishment on an immediately rewarded response in humans, in: Journal of Experimental Psychology, 1965 (70), S. 357 ff.

Barkey, Peter, Lerntheoretische Ansätze zur Delinquenzerklärung, in: Lösel, Friedrich (Hrsg.), Kriminalpsychologie – Grundlagen und Anwendungsbereich, Weinheim-Basel, 1983, S. 52 ff.

Barton, Stephan, Rechtstatsachen zur Dauer von Strafverfahren und zu deren Gründen, in: StV, 1996 (16), S. 690 ff.

Barton, Stephan, Eine selbsterfüllende Prophezeiung: Die zunehmende Dauer von Strafverfahren, in: Schulz, Joachim/Vormbaum, Thomas (Hrsg.), Festschrift für Günter Bemmann zum 70. Geburtstag, Baden-Baden, 1997, S. 524 ff.

Bastian, Johannes, „Strafe muß sein“ ? Einführende Gedanken zum Strafproblem in der Erziehung, in: Bastian, Johannes (Hrsg.), „Strafe muß sein ?“ Das Strafproblem zwischen Tabu und Wirklichkeit, Weinheim-Basel, 1995, S. 7 ff.

Beccaria, Cesare, Dei delitti e delle pene, 1764

Beck, Aaron T./Emeryl, Gary/Greenberg, Ruth L., Anxiety Disorders and Phobias. A Cognitive Perspective, New York, 1985

Becker, Gary S./Landes, William M. (ed.), Essays in the Economics of Crime and Punishment, New York, 1974

Becker, Howard S., Außenseiter - Zur Soziologie abweichenden Verhaltens, Frankfurt/M., 1981

Becker, Walter, Festnahme und Verhaftung von Jugendlichen und Heranwachsenden – Probleme der geschlossenen Heime, in: Zbl, 1981 (68), S. 355 ff.

Becker-Toussaint, Hildegard u. a., Aspekte der psychoanalytischen Begutachtung im Strafverfahren, Baden-Baden, 1981

Beckmann, Hermann, Bei zu langen Verfahren: Den Bezug zur Tat verloren. Legalitätsprinzip und Diversion / Eine Erwiderung, in: Kriminalistik, 1983 (37), S. 356 f.

Berz, Ulrich, Möglichkeiten und Grenzen einer Beschleunigung des Strafverfahrens, in: NJW, 1982 (35), S. 729 ff.

Beulke, Werner, Strafprozessrecht, 6. Aufl., Heidelberg, 2002

Beulke, Werner/Dittrich, Nicole/Mann, Holger, Erste Vorüberlegungen zu den Vorschlägen für eine Reform des Jugendstrafrechts, in: DVJJ-Journal 2/2002 (Nr. 176), S. 122 ff.

Bindel-Kögel, Gabriele/Heßler, Manfred, Vermeidung von Untersuchungshaft in Berlin. Vereinbarungen und Standards der einstweiligen Unterbringung gemäß §§ 71, 72 JGG, in: DVJJ-Journal 3/1999 (Nr. 165), S. 289 ff.

Blättner, Fritz, Geschichte der Pädagogik, 15. Aufl., Heidelberg, 1980

Blankenburg, Erhard, Das Ideologem einer Gesellschaft ohne Recht, in: Gessner, Volkmar/Hassemer, Winfried (Hrsg.), Gegenkultur und Recht, Baden-Baden, 1985, S. 73 ff.

Blasi, Augusto, Bridging Moral Cognition and Moral Action: A Critical Review of the Literature, in: Psychological Bulletin, 1980 (88), S. 1 ff.

Blau, Günter, Die Bedeutung der „Tat" im Jugendstrafrecht, in: MDR, 1958 (12), S. 731 ff.

Blöschl, Lilian, Belohnung und Bestrafung im Lernexperiment, 2. Aufl., Weinheim-Berlin-Basel, 1970

Bock, Michael, Jugendstrafrecht im Bann der Sanktionsforschung, in: GA, 1997, S. 1 ff.

Bock, Michael, Abgründe der Drogenpolitik. Ein Beitrag zur Interdisziplinarität des Nichtwissens, in: Albrecht, Hans-Jörg u. a. (Hrsg.), Festschrift für Günther Kaiser zum 70. Geburtstag. Internationale Perspektiven in Kriminologie und Strafrecht, Berlin, 1998, S. 699 ff.

Bock, Michael, Je weniger desto besser. Wie im Jugendstrafrecht kriminologische Torheiten dogmatisch geadelt wurden, in: Ebert, Udo/Roxin, Claus/Rieß, Peter/Wahle, Eberhard (Hrsg.), Festschrift für Ernst-Walter Hanack zum 70. Geburtstag am 30. August 1999, Berlin-New York, 1999, S. 625 ff.

Bock, Michael, Kriminologie, 2. Aufl., München, 2000

Böhm, Alexander, Zur sogenannten Staatsanwaltsdiversion im Jugendstrafverfahren, in: Seebode, Manfred (Hrsg.), Festschrift für Günter Spendel zum 70. Geburtstag, Berlin-New York, 1992, S. 777 ff.

Böhm, Alexander, Einführung in das Jugendstrafrecht, 3. Aufl., München, 1996

Böllinger, Lorenz, Die strafrechtliche Relevanz der Psychoanalyse – Möglichkeiten und Grenzen der Einbeziehung von Humanwissenschaften in die Rechtspraxis, in: Eschweiler, Peter (Hrsg.), Psychoanalyse und Strafrechtspraxis, Königstein/Ts., 1979, S. 89 ff.

Bönitz, Dieter, Strafgesetze und Verhaltenssteuerung. Zur generalpräventiven Wirksamkeit staatlicher Strafdrohung, Göttingen, 1989

Bohlander, Michael, Einleitung der Vollstreckung rechtskräftiger Jugendstrafen nach Einbeziehung gemäß § 31 II JGG, aber vor Rechtskraft der einbeziehenden Entscheidung, in: NStZ, 1998 (18), S. 236 ff.

Bohnert, Joachim, Ordnungswidrigkeiten und Jugendrecht. Eine Zusammenstellung, Tübingen, 1989

Bottke, Wilfried, Das Jugendamt als ermittelnde Jugendgerichtshilfe – ein Unding ?, in: Zbl, 1980 (67), S. 12 ff.

Bottke, Wilfried, Zur Ideologie und Teleologie des Jugendstrafverfahrens, in: ZStW, 1983 (95), S. 69 ff.

Bottke, Wilfried, Generalprävention und Jugendstrafrecht aus kriminologischer und dogmatischer Sicht, Berlin-New York, 1984

Bower, Gordon H., Mood and Memory, in: American Psychologist, 1981 (36), S. 129 ff.

Bower, Gordon H., Commentary on Mood and Memory, in: Behavior Research and Therapy, 1987 (25), S. 443 ff.

Bower, Gordon H./Hilgard, Ernest R., Theorien des Lernens, Band I, 3. Aufl., Stuttgart, 1983

Bower, Gordon H./Hilgard, Ernest R., Theorien des Lernens, Band II, 3. Aufl., Stuttgart, 1984

Braithwaite, John, Crime, shame and reintegration, Cambridge, University Press, 1989

Bredenkamp, Jürgen, Lernen, Erinnern, Vergessen, München, 1998

Bredenkamp, Jürgen/Wippich, Werner, Lern- und Gedächtnispsychologie, Band I, Stuttgart-Berlin-Köln-Mainz, 1977

Breland, Michael, Lernen und Verlernen von Kriminalität, Opladen, 1975

Bresser, Paul H., Grundlagen und Grenzen der Begutachtung jugendlicher Rechtsbrecher, Berlin, 1965

Breymann, Klaus, Diversion – für wen eigentlich ? Diversion nach § 45 II JGG auf der Ebene der Staatsanwaltschaft nicht nur für Bagatellkriminalität, in: Zbl, 1985 (72), S. 14 ff.

Brezinka, Wolfgang, Erziehungsziele, Erziehungsmittel, Erziehungserfolg. Beiträge zu einem System der Erziehungswissenschaft, 3. Aufl., München-Basel, 1995

Brück, Horst, Von Tätern und Opfern, von Strafen und Tröstungen, in: Bastian, Johannes (Hrsg.), „Strafe muß sein ?“ Das Strafproblem zwischen Tabu und Wirklichkeit, Weinheim-Basel, 1995, S. 115 ff.

Brunner, Ewald Johannes, Über die Wirkungslosigkeit von Strafen in der Schule, in: Kodalle, Klaus-M. (Hrsg.), Strafe muss sein! Muss Strafe sein ? Philosophen – Juristen – Pädagogen im Gespräch. Thüringentag für Philosophie 1997, Würzburg, 1998, S. 121 ff.

Brunner, Rudolf/Dölling, Dieter, Jugendgerichtsgesetz. Kommentar, 11. Aufl., Berlin-New York, 2002

Buikhuisen, Wouter, Jugendkriminalität und Verhaltensbeeinflussung durch Strafen und Belohnen: eine Theorie, in: MschrKrim, 1986 (69), S. 270 ff.

Buikhuisen, Wouter, Der Täter in seinen biosozialen Bezügen, in: Kerner, Hans-Jürgen/Kaiser, Günther (Hrsg.), Kriminalität. Persönlichkeit, Lebensgeschichte und Verhalten. Festschrift für Hans Göppinger zum 70. Geburtstag, Berlin-Heidelberg, 1990, S. 65 ff.

Bundesministerium der Justiz (Hrsg.), Kriminalität in den Medien. 5. Kölner Symposium 1999, Mönchengladbach, 2000

Burgess, Robert L./Akers, Ronald L., A Differential Association – Reinforcement Theory of Criminal Behavior, in: Social Problems, 1966 (14), S. 128 ff.

Burscheidt, Ulrike, Das Verbot der Schlechterstellung Jugendlicher und Heranwachsender gegenüber Erwachsenen in vergleichbarer Verfahrenslage, Baden-Baden, 2000

Cheyne, J. Allan, Punishment and „Reasoning" in the Development of Self-Control, in: Parke, Ross D. (ed.), Recent Trends in Social Learning Theory, New York-London, 1972, S. 77 ff.

Cheyne, J. Allan/Walters, Richard H., Intensity of Punishment, Timing of Punishment, and Cognitive Structure as Determinants of Response Inhibition, in: Journal of Experimental Child Psychology, 1969 (7), S. 231 ff.

Christoph-Lemke, Charlotte, Bestrafung, in: Kraiker, Christoph (Hrsg.), Handbuch der Verhaltenstherapie, München, 1974, S. 33 ff.

Claasen, Karl-Peter, Möglichkeiten der vorzeitigen Entlassung im Jugendstrafrecht. Die Bremer Praxis der Aussetzung des Restes einer Jugendstrafe zur Bewährung, in: Gerken, Jutta/Schumann, Karl F. (Hrsg.), Ein trojanisches Pferd im Rechtsstaat. Der Erziehungsgedanke in der Jugendgerichtspraxis, Pfaffenweiler, 1988, S. 126 ff.

Clark, Richard D., Célérité et prévention, in: Revue internationale de criminologie et de police technique, 1985 (38), S. 286 ff.

Cloer, Ernst, Disziplinieren und Erziehen. Das Disziplinproblem in pädagogisch-anthropologischer Sicht, Bad Heilbrunn/Obb., 1982

Cohen, Albert K., Kriminelle Jugend. Zur Soziologie jugendlichen Bandenwesens, Hamburg, 1961

Cohen, Albert K., The Content of the Delinquent Subculture, in: Wolfgang, Marvin E./Savitz, Leonard/Johnston, Norman (ed.), The Sociology of Crime and Delinquency, 2. Aufl., New York-London, 1963, S. 244 ff.

Cohen, Albert K./Short, James F. jr., Zur Erforschung delinquenter Subkulturen, in: Sack, Fritz/König, René (Hrsg.), Kriminalsoziologie, Frankfurt/M., 1968, S. 372 ff.

Corell, Werner, Lernpsychologie. Grundfragen und pädagogische Konsequenzen, 2. Aufl., Donauwörth, 1963

Császár, Franz, Was mit Kriminalitätsstatistiken nicht passieren sollte, in: Schwind, Hans-Dieter/Kube, Edwin/Kühne, Hans-Heiner (Hrsg.), Festschrift für Hans Joachim Schneider zum 70. Geburtstag am 14. November 1998, Berlin-New York, 1998, S. 105 ff.

Dähn, Gerd, Möglichkeiten einer verstärkten Anwendung des beschleunigten Verfahrens bei Bagatelldelikten, in: Arzt, Gunther u. a., Festschrift für Jürgen Baumann zum 70. Geburtstag, 22. Juni 1992, Bielefeld, 1992, S. 349 ff.

Dallinger, Wilhelm/Lackner, Karl, Jugendgerichtsgesetz, 2. Aufl., München-Berlin, 1965

Diemer, Herbert/Schoreit, Armin/Sonnen, Bernd-Rüdeger, JGG. Kommentar zum Jugendgerichtsgesetz, 3. Aufl., Heidelberg, 1999

Dietrich, Theo, Zeit- und Grundfragen der Pädagogik. Eine Einführung in pädagogisches Denken, 8. Aufl., Bad Heilbrunn/Obb., 1998

Dirnaichner, Udo, Der nordamerikanische Diversionsansatz und rechtliche Grenzen seiner Rezeption im bundesdeutschen Jugendstrafrecht, Frankfurt/M.-Bern-New York-Paris, 1990

Döbert, Rainer/Nunner-Winkler, Gertrud, Performanzbestimmende Aspekte des moralischen Bewußtseins, in: Portele, Gerhard (Hrsg.), Sozialisation und Moral. Neuere Ansätze zur moralischen Entwicklung und Erziehung, Weinheim-Basel, 1978, S. 101 ff.

Dölling, Dieter, Über die Beschleunigung des Strafverfahrens, in: Eser, Albin/Goydke, Jürgen/Maatz, Kurt Rüdiger/Meurer, Dieter (Hrsg.), Strafverfahrensrecht in Theorie und Praxis. Festschrift für Lutz Meyer-Goßner zum 65. Geburtstag, München, 2001, S. 101 ff.

Dörner, Dietrich/van der Meer, Elke (Hrsg.), Das Gedächtnis. Probleme – Trends – Perspektiven, Göttingen-Bern-Toronto-Seattle, 1995

Dörr, Dieter, Faires Verfahren: Gewährleistung im Grundgesetz der Bundesrepublik Deutschland, Kehl am Rhein-Straßburg, 1984

Dünkel, Frieder, Untersuchungshaft als Krisenmanagement ? Daten und Fakten zur Praxis der Untersuchungshaft in den 90'er Jahren, in: Neue Kriminalpolitik, 4/1999, S. 20 ff.

Ebbinghaus, Hermann, Über das Gedächtnis. Untersuchungen zur experimentellen Psychologie, Darmstadt, 1992

Eckert, Hans-Ulrich, Zur Technik strafrechtlicher Verhaltenssteuerung, in: Zbl, 1982 (69), S. 135 ff.

Edelmann, Walter, Lernpsychologie, 6. Aufl., Weinheim, 2000

Ehlers, Dirk, Die europäische Menschenrechtskonvention, in: Jura, 2000 (22), S. 372 ff.

Eisenberg, Ulrich, Möglichkeiten und Grenzen der Heimunterbringung nach § 71 Abs. 2, 72 Abs. 3 JGG, in: Zbl, 1987 (74), S. 325 ff.

Eisenberg, Ulrich, Anwendungsmodifizierung bzw. Sperrung von Normen der StPO durch Grundsätze des JGG, in: NStZ, 1999 (19), S. 281 ff.

Eisenberg, Ulrich, Kriminologie, 5. Aufl., München, 2000

Eisenberg, Ulrich, Jugendgerichtsgesetz, 9. Aufl., München, 2002

Enke, Thomas, Die Arbeit der Jugendberatungsstelle bei der Polizei (JUBP) in Halle/Sachsen-Anhalt, in: Arbeitsstelle Kinder- und Jugendkriminalitätsprävention (Hrsg.), Schnelle Reaktion. Tatverdächtigte Kinder und Jugendliche im Spannungsfeld zwischen beschleunigtem Verfahren und pädagogischer Hilfe, München, 2001, S. 75 ff.

Estes, William K., An experimental study of punishment, in: Psychological Monographs, 1944, 57 (Nr. 263)

Estes, William K., Outline of a theory of Punishment, in: Campbell, Byron A./Church, Russell M. (ed.), Punishment and Aversive Behavior, New York, 1969, S. 57 ff.

Estes, William K., Learning Theory and Mental Development, New York-London, 1970

Eysenck, Hans Jürgen, The biological basis of personality, 2. Aufl., Springfield-Illinois, 1967

Eysenck, Hans Jürgen, Kriminalität und Persönlichkeit, Wien, 1977

Eysenck, Hans Jürgen/Eysenck, Michael W., Persönlichkeit und Individualität, München-Weinheim, 1987

Fahl, Gundolf, Zur Verbindung von Strafsachen gegen Jugendliche und Erwachsene gemäß § 103 JGG, in: NStZ, 1983 (3), S. 309 f.

Ferse, Kristin, Das Interventions- und Präventionsprojekt der Jugendgerichtshilfe Dresden, in: Arbeitsstelle Kinder- und Jugendkriminalitätsprävention (Hrsg.), Schnelle Reaktion. Tatverdächtigte Kinder und Jugendliche im Spannungsfeld zwischen beschleunigtem Verfahren und pädagogischer Hilfe, München, 2001, S. 57 ff.

Feuerbach, Anselm von, Kleine Schriften vermischten Inhalts, Nürnberg, 1833

Feuerhelm, Wolfgang, Neue Wege im Jugendstrafverfahren. Das Pilotprojekt „Haus des Jugendrechts" in Stuttgart Bad Cannstatt, in: DVJJ-Journal 2/2000 (Nr. 168), S. 139 ff.

Feuerhelm, Wolfgang/Kügler, Nicolle, Das Modellprojekt „Haus des Jugendrechts" in Stuttgart, in: Arbeitsstelle Kinder- und Jugendkriminalitätsprävention (Hrsg.), Schnelle Reaktion. Tatverdächtigte Kinder und Jugendliche im Spannungsfeld zwischen beschleunigtem Verfahren und pädagogischer Hilfe, München, 2001, S. 103 ff.

Fezer, Gerhard, Vereinfachte Verfahren im Strafprozeß, in: ZStW, 1994 (106), S. 1 ff.

Fischer, Wolfgang, Was ist Erziehung ?, München, 1966

Fisseni, Hermann-Josef, Persönlichkeitspsychologie. Auf der Suche nach einer Wissenschaft. Ein Theorienüberblick, 4. Aufl., Göttingen-Bern-Toronto-Seattle, 1998

Flümann, Bernhard, Die Vorbewährung nach § 57 JGG – Voraussetzungen, Handhabung und Bedeutung, Freiburg, 1983

Fortmüller, Richard, Lernpsychologie. Grundkonzeptionen – Theorien – Forschungsergebnisse, Wien, 1991

Foth, Heinrich, Zur Schweigepflicht der freien Sozialdienste im Strafprozeß, in: JR, 1976, S. 7 ff.

Fowler, Harry, Suppression and Facilitation by Response Contingent Shock, in: Brush, F. Robert (ed.), Aversive Conditioning and Learning, New York-London, 1971, S. 537 ff.

Frister, Helmut, Beschleunigung der Hauptverhandlung durch Einschränkung von Verteidigungsrechten ?, in: StV, 1994 (14), S. 445 ff.

Frommel, Monika, „Statuspolitik statt Problemlösung." Richtlinien der Länder zur Polizeidiversion, in: Neue Kriminalpolitik, 4/1998 (10), S. 7

Frowein, Jochen/Peukert, Wolfgang, Europäische Menschenrechtskonvention. EMRK-Kommentar, 2. Aufl., Kehl-Straßburg-Arlington, 1996

Gabriel, Gabriele, Schnelle Reaktion und Jugendhilfe – eine Einführung, in: Arbeitsstelle Kinder- und Jugendkriminalitätsprävention (Hrsg.), Schnelle Reaktion. Tatverdächtigte Kinder und Jugendliche im Spannungsfeld zwischen beschleunigtem Verfahren und pädagogischer Hilfe, München, 2001, S. 13 ff.

Garz, Detlef, Sozialpsychologische Entwicklungstheorien, 2. Aufl., Opladen, 1994

Gay, W., Unerwünschte Folgen der kleinen Strafprozeßreform, in: Kriminalistik, 1965 (19), S. 605 ff.

Geissler, Erich E., Erziehungsmittel, 6. Aufl., Bad Heilbrunn/Obb., 1982

Giehring, Heinz, Gewährleistungspflicht der öffentlichen Träger der Jugendhilfe für geschlossene Einrichtungen als „geeignetes Erziehungsheim" i. S. der §§ 71 Abs. 2, 72 Abs. 3 JGG, in: Zbl, 1981 (68), S. 461 ff.

Göppinger, Hans (begründet von), Kriminologie, 5. Aufl., München, 1997

Gössel, Karl-Heinz, Überlegungen zur Beschleunigung des Strafverfahrens, in: GA, 1979, S. 241 ff.

Gössel, Karl-Heinz, Empfehlen sich Änderungen des Strafverfahrensrechts mit dem Ziel, ohne Preisgabe rechtsstaatlicher Grundsätze den Strafprozeß, insbesondere die Hauptverhandlung, zu beschleunigen ? Gutachten C für den 60. Deutschen Juristentag, München, 1994

Goffman, Erving, Stigma – Über Techniken der Bewältigung beschädigter Identität, Frankfurt/M., 1974

Gottfredson, Michael R./Hirschi, Travis, A General Theory of Crime, Stanford, 1994

Grethlein, Gerhard, Jugendarrest und „Schuldspruch" (§ 27 JGG), in: JR, 1962, S. 161 ff.

Grethlein, Gerhard, Problematik des Verschlechterungsverbotes im Hinblick auf die besonderen Maßnahmen des Jugendrechts, Neuwied am Rhein-Berlin, 1963

Grunewald, Ralph, Der Individualisierungsauftrag des Jugendstrafrechts – über die Reformbedürftigkeit des JGG, in: NStZ, 2002 (22), S. 452 ff.

Gudjons, Herbert, Pädagogisches Grundwissen. Überblick – Kompendium – Studienbuch, 7. Aufl., Bad Heilbrunn, 2001

Guss, Kurt, Psychologie als Erziehungswissenschaft, Stuttgart, 1975

Guss, Kurt, Lohn und Strafe, Bad Heilbrunn/Obb., 1979

Haage, Heinz, Theorien der sozialen Kontrolle und des sozialen Lernens in der Kriminologie, Frankfurt/M., 1995

Haffke, Bernhard, Hat das Bundeszentralregistergesetz eine Konzeption ? Öffentliche Strafmoral und Gesetzesplanung, in: GA, 1975, S. 65 ff.

Hahn, Carl, Die gesammten Materialien zu den Reichs-Justizgesetzen. Dritter Band. Materialien zur Strafprozeßordnung, Berlin, 1880

Hanack, Ernst-Walter, Prozeßhindernis des überlangen Strafverfahrens, in: JZ, 1971 (26), S. 705 ff.

Hartmann, Christoph, Jugendstrafe wegen Schwere der Schuld nach § 17 II (2. Alt.) JGG. Eine systematische Untersuchung de lege lata et ferenda, Diss. Mainz, 1991

Hartmann, Klaus-Peter, Die Anordnung von Untersuchungshaft im Ermittlungsverfahren gegen jugendliche Beschuldigte, Diss. Mainz, 1988

Haseloff, Otto Walter/Jorswieck, Eduard, Psychologie des Lernens, 2. Aufl., Berlin-New York, 1971

Hasseln, Sigrun von, Das Jugendrechtshaus. Orientierungsstätte für junge Menschen in der sozialen Stadt des 21. Jahrhunderts, in: DVJJ-Journal 2/2001 (Nr. 172), S. 150 ff.

Hauber, Rudolf, Der Jugendgerichtshelfer als „Sozialanwalt“ des jugendlichen Straftäters ? Gedanken zu einer Funktionsverteilung im Jugendstrafverfahren, in: Zbl, 1980 (67), S. 509 ff.

Hauber, Rudolf/Mayer-Rosa, Jörg, Gutachtenerstattung und Urteilsbegründung in der Hauptverhandlung gegen jugendliche Angeklagte, in: Zbl, 1983 (70), S. 484 ff.

Hausel, Uwe, Ungenutztes Beschleunigungspotential des Straf- (befehls-) verfahrens ?, in: ZRP, 1994 (27), S. 94 ff.

Hauser, Harald, Der Jugendrichter – Idee und Wirklichkeit, Göttingen, 1980

Haustein, Renate/Nithammer, Doris, Das Berliner Büro für Diversionsberatung und -vermittlung, in: Arbeitsstelle Kinder- und Jugendkriminalitätsprävention (Hrsg.), Schnelle Reaktion. Tatverdächtigte Kinder und Jugendliche im Spannungsfeld zwischen beschleunigtem Verfahren und pädagogischer Hilfe, München, 2001, S.83 ff.

Heckhausen, Heinz, Motivation und Handeln, 2. Aufl., Berlin-Heidelberg-New York, 1989

Heinen, Bert, Die Gestaltung der Jugendgerichtsverhandlung im vereinfachten Verfahren, in: UJ, 1957 (9), S. 204 ff.

Heinz, Wolfgang, Strategien der Diversion in der Jugendgerichtsbarkeit der Bundesrepublik Deutschland, in: RdJB, 1984 (32), S. 291 ff.

Heinz, Wolfgang, Das Jugendstrafrecht auf dem Weg ins 21. Jahrhundert, in: JuS 1991 (31), S. 896 ff.

Heinz, Wolfgang, Diversion im Jugendstrafrecht und im allgemeinen Strafrecht, in: DVJJ-Journal 3/1998 (Nr. 161), S. 245 ff. (Teil 1); DVJJ-Journal 1/1999 (Nr. 163), S. 11ff. (Teil 2); DVJJ-Journal 2/1999 (Nr. 164), S. 131 ff. (Teil 3); DVJJ-Journal 3/1999 (Nr. 165), S. 261 ff. (Teil 4)

Heinz, Wolfgang, Die Abschlussentscheidung des Staatsanwalts aus rechtstatsächlicher Sicht, in: Geisler, Claudius (Hrsg.), Das Ermittlungsverhalten der Polizei und die Einstellungspraxis der Staatsanwaltschaften, Wiesbaden, 1999, S. 125 ff.

Heinz, Wolfgang/Hügel, Christine, Erzieherische Maßnahmen im deutschen Jugendstrafrecht, BMJ (Hrsg.), Bonn, 1986

Heinz, Wolfgang/Storz, Renate, Diversion im Jugendstrafverfahren der Bundesrepublik Deutschland, BMJ (Hrsg.), Bonn, 1992

Heitger, Marian (Hrsg.), Erziehung oder Manipulation. Die Problematik der Erziehungsmittel, München, 1969

Hellmer, Joachim, Erziehung und Strafe, Berlin, 1957

Herbort, Ursula, Wer kommt vor das Gericht ? Die Entscheidung der Staatsanwaltschaft über Anklage und Einstellung im Jugendstrafverfahren, Pfaffenweiler, 1992

Hering, Eike, Mechanismen justizieller Eskalation im Jugendstrafverfahren, Pfaffenweiler, 1993

Hering, Eike/Sessar, Klaus, Praktizierte Diversion, Pfaffenweiler, 1990

Hering, Karl-Heinz, Der Weg der Kriminologie zur selbständigen Wissenschaft. Ein Materialbeitrag zur Geschichte der Kriminologie, Diss. Mainz, 1966

Hermann, Dieter/Wild, Peter, Die Bedeutung der Tat bei der jugendrichterlichen Rechtsfolgenbestimmung, in: MschrKrim, 1989 (72), S. 13 ff.

Herren, Rüdiger, Freud und die Kriminologie – Einführung in die psychoanalytische Kriminologie, Stuttgart, 1973

Herz, Ruth, Jugendstrafrecht, 2. Aufl., Köln-Berlin-Bonn-München, 1987

Herzog, Felix, Wider den „kurzen Prozeß“, in: ZRP, 1991 (24), S. 125 ff.

Heßler, Manfred/Raabe, Benjamin/Schruth, Peter, Das „Heim" als betreutes Wohnangebot der Jugendhilfe zur Vermeidung von Untersuchungshaft, in: Zbl, 1997 (84), S. 35 ff.

Heublein, Joachim, § 27 JGG – eine ungeliebte Vorschrift ? in: Zbl, 1995 (82), S. 436 ff.

Hillenkamp, Thomas, Verwirkung des Strafanspruchs durch Verfahrensverzögerung, in: JR, 1975, S. 133 ff.

Hinz, Werner, Jugendstrafrecht auf dem Prüfstand, in: ZRP, 2001 (34), S. 106 ff.

Hippel, Robert von, Der deutsche Strafprozeß. Lehrbuch, Marburg, 1941

Hirschi, Travis, Causes of Delinquency, University of California Press, Berkeley-Los Angeles, 1969

Hirschi, Travis/Selvin, Hanan C., Delinquency Research. An Appraisal of Analytic Methods, New York, 1967

Hommel, Karl Ferdinand, Des Herrn Marquis von Beccaria unsterbliches Werk von Verbrechen und Strafen, Breslau, 1778, neu herausgegeben von Lekschas, John, Berlin, 1966

Hull, Clark L., Principles of Behavior. An introduction to behavior theory, New York, 1943

Hupfeld, Jörg, Jugendrichter und ihre Handlungsmöglichkeiten, in: DVJJ-Journal 2/1993 (Nr. 142), S. 146 ff.

Jescheck, Hans-Heinrich, Der Strafprozeß – Aktuelles und Zeitloses, in: JZ, 1970 (25), S. 201 ff.

Joerger, Konrad, Einführung in die Lernpsychologie, Freiburg-Basel-Berlin, 1976

Jongbloed-Schurig, Ulrike/Wolff, Angelika (Hrsg.), „Denn wir können die Kinder nach unserem Sinne nicht formen" – Beiträge zur Psychoanalyse des Kindes- und Jugendalters, Frankfurt/Main, 1998

Jung, Heike, Zeugnisverweigerungsrecht und Wahrheitsfindung – zugleich eine Nachlese zu BVerfG E 33, 367, in: MschrKrim, 1974 (57), S. 258 ff.

Jung, Heike, Die jugendrichterlichen Entscheidungen – Anspruch und Wirklichkeit, in: ZRP 1981 (14), S. 36 ff.

Kaiser, Günther, Gesellschaft, Jugend und Recht. System, Träger und Handlungsstile der Jugendkontrolle, Weinheim-Basel, 1977

Kaiser, Günther, Kriminologie – Ein Lehrbuch, 3. Aufl., Heidelberg, 1996

Kalpers-Schwaderlapp, Martina, Diversion to nothing – Eine vergleichende Rückfalluntersuchung der gemäß § 45 Abs. 2 Nr. 2 JGG eingestellten bzw. im förmlichen Jugendverfahren abgeurteilten einfachen Diebstahlsverfahren von Jugendlichen in den Landgerichtsbezirken Koblenz und Mainz, Diss. Mainz, 1989

Kanfer, Frederick H./Phillips, Jeanne S., Lerntheoretische Grundlagen der Verhaltenstherapie, München, 1975

Karstedt-Henke, Susanne, Diversion – Ein Freibrief für Straftaten ? Wie Jugendliche Sanktionserfahrungen einschätzen und welche Schlüsse sie daraus ziehen, in: DVJJ-Journal 2/1991 (Nr. 135), S. 108 ff.

Kaufmann, Arthur, Zur Rechtsmittelbeschränkung in Jugendstrafsachen, in: JZ, 1958 (13), S. 9 ff.

Keckeisen, Wolfgang, Die gesellschaftliche Definition abweichenden Verhaltens. Perspektiven und Grenzen des labeling approach, 2. Aufl., München, 1976

Kempf, Eberhard, Lange und überlange Strafverfahren. Eine Herausforderung für die Strafjustiz, AnwBl, 1997 (47), S. 75 ff.

Kempf, Eberhard, Das Verfahrenshindernis der „überlangen Dauer" und seine Konsequenzen – zugleich Besprechung von BGH, Urteil vom 25.10.2000 – 2 StR 232/00 = StV 2001 (21), S. 134 ff.

Kern, Eduard, Die Raschheit der Strafjustiz, in: MschrKrim, 1924 (15), S. 237 ff.

Keupp, Heinrich, Kriminalität als soziale Konstruktion. Zum interpretativen Potential der Labeling-Perspektive, in: Lösel, Friedrich (Hrsg.), Kriminalpsychologie – Grundlagen und Anwendungsbereiche, Weinheim-Basel, 1983, S. 106 ff.

Keuth, Herbert, Einführung, in: Keuth, Herbert (Hrsg.), Karl Popper, Logik der Forschung, Berlin, 1998, S. 1 ff.

Killias, Martin, „Kriminelles Verhalten wird gelernt" – Aber wie ? Zur Rezeption der Sozialisationsforschung in der Kriminologie, in: MschrKrim, 1981 (64), S. 329 ff.

Kintzi, Heinrich, Möglichkeiten der Vereinfachung und Beschleunigung von Strafverfahren de lege ferenda, in: DRiZ, 1994 (72), S. 325 ff.

Klinghammer, Hans-Dietrich u. a., Prädisponieren einige Ursachen von Erziehungs- und Schulschwierigkeiten zugleich zur Delinquenz ? Ein entwicklungs-psychobiologischer Ansatz, in: Göppinger, Hans (Hrsg.), Angewandte Kriminologie – International. XXXVI. Internationale Kriminologische Forschungswoche, Bonn, 1988, S. 346 ff.

Kloepfer, Michael, Verfahrensdauer und Verfassungsrecht. Verfassungsrechtliche Grenzen der Dauer von Gerichtsverfahren, in: JZ, 1979 (34), S. 209 ff.

Knapp, Rudolf, Konstitutive Momente pädagogischer Situationen, in: Badry, Elisabeth/Buchka, Maximilian/Knapp, Rudolf (Hrsg.), Pädagogik: Grundlagen und Arbeitsfelder, 3. Aufl., Neuwied-Kriftel, 1999, S. 111 ff.

Köhn, Klaus, Psychoanalyse und Verbrechen – Grundlagen einer psychoanalytischen Kriminologie, Wiesbaden, 1992

König, Stefan, Mangelhafte Verhandlungsleitung, in: AnwBl, 1997 (47), S. 94 ff.

Kohlberg, Lawrence, Zur kognitiven Entwicklung des Kindes, Frankfurt/M., 1974

Kohlberg, Lawrence/Turiel, Elliot, Moralische Erziehung und Moralerziehung, in: Portele, Gerhard (Hrsg.), Sozialisation und Moral – Neuere Ansätze zur moralischen Entwicklung und Erziehung, Weinheim-Basel, 1978, S. 13 ff.

Kohlberg, Lawrence/Wassermann, Elsa/Richardson, Nancy, Die Gerechte Schul-Kooperative. Ihre Theorie und das Experiment der Cambridge Cluster School, in Portele, Gerhard (Hrsg.), Sozialisation und Moral – Neuere Ansätze zur moralischen Entwicklung und Erziehung, Weinheim-Basel, 1978, S. 215 ff.

Kohlmann, Günter, Der Anspruch des Beschuldigten auf schnelle Durchführung des Ermittlungsverfahrens, in: Schröder, Friedrich-Christian/Zipf, Heinz (Hrsg.), Festschrift für Reinhart Maurach zum 70. Geburtstag, Karlsruhe, 1972, S. 501 ff.

Kohlmann, Günter, „Überlange Strafverfahren" – bekannt, bedenklich, aber nicht zu vermeiden ?, in: Gamm, Otto Friedrich Freiherr von/Raisch, Peter/Tiedemann, Klaus (Hrsg.), Strafrecht, Unternehmensrecht, Anwaltsrecht. Festschrift für Gerd Pfeiffer, Köln-Berlin-Bonn-München, 1988, S. 203 ff.

Kolbe, Hans, Vorführung und Haftbefehl im vereinfachten Jugendverfahren zulässig ?, in: MDR, 1978 (32), S. 800 ff.

Korth, Manfred, Jugendgerichtshilfe. Die Einzelbetreuung im Jugendstrafverfahren nach § 10 JGG, Augsburg, 1995

Kost, Hans-Jürgen, Verbindung und Trennung von Strafverfahren. Eine strafprozessuale Untersuchung unter Berücksichtigung des Jugendstrafrechts, Diss. Frankfurt/M., 1989

Krech, David/Crutchfield, Richard S. u. a., Grundlagen der Psychologie, herausgegeben von Hellmuth Benesch, Weinheim, 1992

Kreischer, Otmar R., Die Aussetzung der Verhängung der Jugendstrafe (§ 27 JGG) in ihrer praktischen Bedeutung, Diss. Heidelberg, 1970

Kreuzer, Arthur, Ist das deutsche Jugendstrafrecht noch zeitgemäß ?, in: NJW, 2002 (55), S. 2345 ff.

Kron, Friedrich W., Grundwissen Pädagogik, 6. Aufl., München-Basel, 2001

Kroschel, Theodor/Meyer-Goßner, Lutz, Die Urteile in Strafsachen, 26. Aufl., München, 1994

Kruse, Michael, Zum Anwendungsbereich des § 57 I JGG, in: ZRP, 1993 (26), S. 221 ff.

Kümmerlein, Das neue Reichsjugendgerichtsgesetz. II. Jugendgerichtsverfassung und Jugendstrafverfahren, in: DJ, 1943 (11), S. 553 ff.

Küng-Hofer, Rolf, Die Beschleunigung des Strafverfahrens unter Wahrung der Rechtsstaatlichkeit, Bern-Frankfurt/M.-Nancy-New York, 1984

Kuhl, Julius, Motivation, Konflikt und Handlungskontrolle, Berlin-Heidelberg-New York-Tokyo, 1983

Kunz, Harald, Kriminalität, in: Ramb, Bernd-Thomas/Tietzel, Manfred (Hrsg.), Ökonomische Verhaltenstheorien, München, 1993, S. 181 ff.

Kurtines, William/Blank Greif, Esther, The development of moral thought: Review and evaluation of Kohlbergs' approach, in: Psychological Bulletin, 1974 (81), S. 453 ff.

Lamnek, Siegfried, Neue Theorien abweichenden Verhaltens, 2. Aufl., München, 1997

Lay, R., Das Bild des Menschen. Psychoanalyse für die Praxis, München, 1984

Lefrancois, Guy R., Psychologie des Lernens, 3. Aufl., Berlin-Heidelberg-New York, 1994

Lempp, Reinhart, Ist Strafe Erziehung ? – Strafe statt Erziehung oder Erziehung statt Strafe ?, in: Günter, Michael (Hrsg.), Täter und Opfer. Aktuelle Probleme der Behandlung und Begutachtung in der gerichtlichen Kinder- und Jugendpsychiatrie, Bern-Göttingen-Toronto-Seattle, 1995, S. 16 ff.

Leuzinger-Bohleber, Marianne/Zwiebel, Ralf (Hrsg.), Psychoanalyse heute – Klinische und kulturtheoretische Perspektiven, Opladen, 1996

Lind, Georg, Wie mißt man moralisches Urteil ? Probleme und alternative Möglichkeiten der Messung eines komplexen Konstrukts, in: Portele, Gerhard (Hrsg.), Sozialisation und Moral – Neuere Ansätze zur moralischen Entwicklung und Erziehung, Weinheim-Basel, 1978, S. 171 ff.

Lind, Georg, Ist Moral lehrbar ? Ergebnisse der modernen moralpsychologischen Forschung, 2. Aufl., Berlin, 2000

Liszt, Franz von, Der Zweckgedanke im Strafrecht, Deutsches Rechtsdenken, Heft 6, Frankfurt/M., 1943

Löhr-Müller, Katja, Diversion durch den Jugendrichter. Der Rüsselsheimer Versuch, Frankfurt/M., 2001

Lösel, Friedrich, Psychologische Kriminalitätstheorien, in: Kaiser, Günther/Kerner, Hans-Jürgen/Sack, Fritz/Schellhoss, Hartmut (Hrsg.), Kleines Kriminologisches Wörterbuch, 7. Aufl., Heidelberg, 1993, S. 253 ff.

Löwe-Rosenberg, StPO-Großkommentar, Rieß, Peter (Hrsg.), 25. Aufl., Berlin-New York, 1999

Lorbeer, Frank, Probleme der Aussetzung der Verhängung der Jugendstrafe nach §§ 27 ff. JGG, Diss. Hamburg, 1990

Ludwig, Wolfgang, Diversion: Strafe im neuen Gewand, Berlin-New York, 1989

Lüthke, Albrecht, Vorläufige Maßnahmen nach §§ 71, 72 JGG, insbesondere die Unterbringung in offenen Einrichtungen als Alternative zur Untersuchungshaft bei Jugendlichen, in: Zbl, 1982 (69), S. 125 ff.

Macmillan, Donald L./Forness, Steven R./Trumbull, Barbara M., The Role of Punishment in the Classroom, in: Exceptional Children, 1973/74 (40), S. 85 ff.

Masche, J. Gowert, Entwicklungspsychologische Überlegungen zu wesentlichen Stationen und Kompetenzen während des Jugendalters, in: DVJJ-Journal 1/1999 (Nr. 163), S. 30 ff.

Matheis, Bernhard, Intervenierende Diversion – Eine empirische Untersuchung unterschiedlicher Verfahrens- und Reaktionsalternativen in Jugendstrafverfahren im Landgerichtsbezirk Kaiserslautern, Diss. Mainz, 1991

Matt, Eduard, Mediation statt Strafrecht ? Für eine „restorative justice", in: DVJJ-Journal 1/1999 (Nr. 163), S. 44 ff.

Matza, David, Delinquency and Drift, 3. Aufl., New York-London-Sydney, 1967

Maurach, Reinhart/Gössel, Karl Heinz/Zipf, Heinz, Strafrecht. Allgemeiner Teil. Teilband 2, 7. Aufl., Heidelberg, 1989

Mead, George Herbert, Geist, Identität und Gesellschaft aus der Sicht des Sozialbehaviorismus. Mit einer Einleitung herausgegeben von Morris, Charles W., Frankfurt/M., 1968

Mead, George Herbert, Sozialpsychologie. Eingeleitet und herausgegeben von Strauß, Anselm, Neuwied am Rhein-Berlin, 1969

Melder, Heinz-Joachim, Pädagogische Aspekte im Jugendstrafrecht, Diss. Frankfurt/M., 1969

Menne, Klaus (Hrsg.), Psychoanalyse und Justiz – Zur Begutachtung und Rehabilitation von Straftätern, Baden-Baden, 1984

Mergen, Armand, Die Kriminologie – Eine systematische Darstellung, 3. Aufl., München, 1995

Messmer, Heinz, „'s besser so" – Randnotizen zum Stichwort Diversion, in: Zbl, 1990 (77), S. 438 ff.

Meyer-Goßner, Lutz (erläutert von), Strafprozessordnung, 46. Aufl., München, 2003

Middendorf, Wolf, Rechtsmittel im Jugendstrafverfahren ?, in: Zbl, 1952 (39), S. 70 ff.

Miehe, Olaf, Die Bedeutung der Tat im Jugendstrafrecht, Göttingen, 1964

Miehe, Olaf, Eine Tat oder mehrere Taten in Adoleszenz und Erwachsenenalter, in: Remschmidt, Helmut/Schüler-Springorum, Horst (Hrsg.), Jugendpsychiatrie und Recht. Festschrift für Hermann Stutte zum 70. Geburtstag, Köln-Berlin-Bonn-München, 1979, S. 237 ff.

Mijnarends, Elisabeth, „Die Alternative": Eine Beispiel für Diversion in den Niederlanden, in: DVJJ-Journal 1/2000 (Nr. 167), S. 21 f.

Miller, Reinhold, „Wie hältst du's mit der Strafe ?", in: Bastian, Johannes (Hrsg.), „Strafe muß sein ?" Das Strafproblem zwischen Tabu und Wirklichkeit, Weinheim-Basel, 1995, 42 ff.

Miller, Walter B., Die Kultur der Unterschicht als ein Entstehungsmilieu für Bandendelinquenz, in: Sack, Fritz/König, René (Hrsg.), Kriminalsoziologie, Frankfurt/M., 1968, S. 339 ff.

Minden, Ralf von, Das vereinfachte Jugendverfahren. Eine rechtliche und empirische Untersuchung zu seiner Anwendung am Amtsgericht Bremen, in: Gerken, Jutta/Schumann, Karl F. (Hrsg.), Ein trojanisches Pferd im Rechtsstaat. Der Erziehungsgedanke in der Jugendgerichtspraxis, Pfaffenweiler, 1988, S. 40 ff.

Momberg, Rolf, Die Ermittlungstätigkeit der Jugendgerichtshilfe und ihr Einfluß auf die Entscheidung des Jugendrichters, Göttingen, 1982

Moser, Tilmann, Jugendkriminalität und Gesellschaftsstruktur. Zum Verhältnis von soziologischen, psychologischen und psychoanalytischen Theorien des Verbrechens, Frankfurt/M., 1970

Mowrer, O.H., Learning Theory and Personality Dynamics, New York, 1950

Muck, Mario, Wie entsteht Verhalten ? Das entwicklungspsychologische Modell der Psychoanalyse, in: Eschweiler, Peter (Hrsg.), Psychoanalyse und Strafrechtspraxis, Königstein/Ts., 1979, S. 7 ff.

Müller, Anselm Winfried, Das Paradox der pädagogischen Strafe, in: Kodalle, Klaus-M. (Hrsg.), Strafe muss sein! Muss Strafe sein ? Philosophen – Juristen – Pädagogen im Gespräch. Thüringentag für Philosophie 1997, Würzburg, 1998, S. 127 ff.

Müller, Jens, Ökonomische Grundlagen der Generalprävention. Eine Auseinandersetzung mit kriminalökonomischen Modellen, Frankfurt/M., 1996

N.D., Die Sicherung der diagnostischen Hilfsmittel im künftigen Jugendstrafverfahren, in: NDV, 1952 (32), S. 229 ff.

Nehm, Kay/Senge, Lothar, Ursachen langer Hauptverhandlungen – dargestellt am Beispiel von 3 Strafverfahren, in: NStZ, 1998 (18), S. 377 ff.

Netzer, Hans, Die Strafe in der Erziehung, Weinheim, 1969

Neumann, Ulrich, Zum Entwurf eines Verbrechensbekämpfungsgesetzes, in: StV, 1994 (14), S. 273 ff.

Niesing, Jochen, Die Bedeutung der Lerntheorien für die Kriminalätiologie, Verbrechensprävention und -sanktionierung, Münster, 1996

Nix, Christoph (Hrsg.), Kurzkommentar zum Jugendgerichtsgesetz, Weinheim-Basel, 1994

Nolte, Carsten, Die Rückfälligkeit Jugendlicher und Heranwachsender nach der Verbüßung von Jugendarrest, Diss. Göttingen, 1978

Nothacker, Gerhard, Zur besonderen Beschränkung der Rechtsmittel im Jugendstrafverfahren (§ 55 JGG), in: GA, 1982 (a), S. 451 ff.

Nothacker, Gerhard, Zur Teilvollstreckung einer einheitlichen Jugendstrafe (§ 56 JGG), in: MDR, 1982 (b) (36), S. 278 f.

Nothacker, Gerhard, Jugendstrafrecht. Fälle und Lösungen, 3. Aufl., Baden-Baden, 2001

Opp, Karl-Dieter, Abweichendes Verhalten und Gesellschaftsstruktur, Darmstadt-Neuwied, 1974

Ostendorf, Heribert, Jugendgerichtshilfe in der Rolle der „Doppelagentin" – Chance oder programmiertes Versagen ?, in: Bundesministerium der Justiz (Hrsg.), Jugendgerichtshilfe – Quo Vadis ? – Status und Perspektive der öffentlichen Jugendhilfe gegenüber dem Jugendgericht. Frankfurter Symposium 1990, 2. Aufl., Bonn, 1993, S. 59 ff.

Ostendorf, Heribert, Reform des Jugendarrestes, in: MschrKrim, 1995 (77), S. 352 ff.

Ostendorf, Heribert, Abkürzung des Jugendstrafverfahrens oder „kurzer Prozess" ?, in: Zbl, 1998 (85), S. 481 ff.

Ostendorf, Heribert, Formalisierung der entformalisierten Verfahrensbeendigung im Jugendstrafrecht (Diversion) ?, in: Feuerhelm, Wolfgang/Schwind, Hans-Dieter/Bock, Michael (Hrsg.), Festschrift für Alexander Böhm zum 70. Geburtstag, Berlin-New York, 1999, S. 635 ff.

Ostendorf, Heribert, Jugendgerichtsgesetz. Kommentar, 5. Aufl., Köln-Berlin-Bonn-München, 2000 (a)

Ostendorf, Heribert, Wieviel Strafe braucht die Gesellschaft ? Plädoyer für eine soziale Strafrechtspflege, Baden-Baden, 2000 (b)

Oswald, Paul, Erziehung und Strafe, in: Pädagogische Rundschau, 1977 (31), S. 894 ff.

Parkin, Alan J., Gedächtnis. Ein einführendes Lehrbuch, Weinheim, 1996

Pawlow, Iwan Petrowitsch, Die bedingten Reflexe. Die grundlegenden Forschungen des russischen Nobelpreisträgers. Eine Auswahl aus dem Gesamtwerk, besorgt von Gerhard Baader und Ursula Schnepper, München, 1972

Peltzer, Ulf, Lawrence Kohlbergs Theorie des moralischen Urteilens, Opladen, 1986

Perron, Walter, Beschleunigung des Strafverfahrens mit rechtsstaatlichen Mitteln ?, in: JZ, 1994 (49), S. 823 ff.

Peters, Helge, Devianz und soziale Kontrolle. Eine Einführung in die Soziologie abweichenden Verhaltens, Weinheim-München, 1989

Peters, Karl, Werdendes Jugendstrafrecht. Gedanken, Entwurf und Begründung zur Neugestaltung des Jugendgerichtsgesetzes, Bonn, 1947

Peters, Karl, Beschleunigung des Strafverfahrens und die Grenzen der Verfahrensbeschleunigung, in: Schreiber, Hans-Ludwig (Hrsg.), Strafprozeß und Reform. Eine kritische Bestandsaufnahme, Neuwied-Darmstadt, 1979, S. 82 ff.

Peters, Karl, Strafprozeß. Ein Lehrbuch, 4. Aufl., Heidelberg, 1985

Peukert, Wolfgang, Die überlange Verfahrensdauer (Art. 6 Abs. 1 EMRK) in der Rechtsprechung der Straßburger Instanzen, in: EuGRZ, 1979 (6), S. 261 ff.

Pfeiffer, Christian, Kriminalprävention im Jugendgerichtsverfahren, 2. Aufl., Köln-Berlin-Bonn-München, 1989

Pfeiffer, Gerd, Das strafrechtliche Beschleunigungsgebot, in: Arzt, Gunther u. a. (Hrsg.), Festschrift für Jürgen Baumann zum 70. Geburtstag, Bielefeld, 1992, S. 329 ff.

Pfeiffer, Gerd (Hrsg.), Karlsruher Kommentar zur Strafprozessordnung, 4. Aufl., München, 1999

Pfeiffer, Gerd, Strafprozessordnung und Gerichtsverfassungsgesetz, 3. Aufl., München, 2001

Philipp, Bruno, § 71 Jugendgerichtsgesetz (JGG) – eine ungenutzte Möglichkeit ?, in: Zbl, 1979 (66), S. 429 ff.

Philipp, Bruno, Überlegungen zum § 71 Jugendgerichtsgesetz (JGG) aus der Sicht einer Jugendgerichtshilfe, in: Zbl, 1982 (69), S. 224 ff.

Piaget, Jean, Das Moralische Urteil beim Kinde, Zürich, 1954

Piaget, Jean, Über Pädagogik, Weinheim-Basel, 1999

Pieplow, Lukas, Wider eine Rechtspolitik technokratischer Reaktionen auf kriminalpolitische Stimmungen, in: Strafverteidigervereinigungen (Hrsg.), 50 Jahre Grundgesetz – kritische Würdigung, europäische Bezüge in der Strafgerichtsbarkeit / 23. Strafverteidigertag vom 12.-14. März 2000 in Bremen, Köln, 2000, S. 209 ff.

Plewig, Hans-Joachim, Funktion und Rolle des Sachverständigen aus der Sicht des Strafrichters. Eine empirische Untersuchung zum psychiatrisch-psychologischen Gutachten, Heidelberg-Hamburg, 1983

Pongratz, Ludwig J., Problemgeschichte der Psychologie, Bern-München, 1967

Popper, Karl L., Logik der Forschung, 3. Aufl., Tübingen, 1969

Portele, Gerhard, „Du sollst das wollen". Zum Paradox der Sozialisation, in: Portele, Gerhard (Hrsg.), Sozialisation und Moral – Neuere Ansätze zur moralischen Entwicklung und Erziehung, Weinheim-Basel, 1978, S. 147 ff.

Prim, Rolf, Der Erziehungsgedanke im Jugendkriminalrecht und die Bedingungen pädagogischen Handelns mit delinquenten Jugendlichen, in: DVJJ-Journal 3/1993 (Nr. 143), S. 263 ff.

Prochnow, Heinz-Erich, Die Beschleunigung des Strafverfahrens in rechtsvergleichender Betrachtung, Düren, 1971

Reble, Albert, Das Strafproblem in Beispielen, Bad Heilbrunn/Obb., 1965

Reckless, Walter C., Halttheorie, in: MschrKrim, 1961 (44), S. 1 ff.

Redl, Fritz, Erziehungsprobleme, Erziehungsberatung, München, 1978

Rein, Bernd, Geht es auch ohne JGH ? Entspezialisierung contra Fachlichkeit ?, in: DVJJ-Journal 4/1998 (Nr. 162), S. 335 ff.

Renner, K. Edward, Temporal integration: the relative utility of immediate versus delayed reward and punishment, in: Journal of Experimental Psychology, 1966 (72), S. 901 ff.

Ress, Georg, Die Europäische Menschenrechtskonvention und die Vertragsstaaten: Die Wirkungen der Urteile des Europäischen Gerichtshofes für Menschenrechte im innerstaatlichen Recht und vor innerstaatlichen Gerichten, in: Maier, Irene (Hrsg.), Europäischer Menschenrechtsschutz. Schranken und Wirkungen, Heidelberg, 1982, S. 227 ff.

Rheinberg, Falko, Motivation, Stuttgart-Berlin-Köln, 1995

Rieß, Peter, Der Hauptinhalt des Ersten Gesetzes zur Reform des Strafverfahrensrechts (1. StVRG), in: NJW, 1975 (28), S. 81 ff.

Rieß, Peter, Statistische Beiträge zur Wirklichkeit des Strafverfahrens, in: Hamm, Rainer (Hrsg.), Festschrift für Werner Sarstedt zum 70. Geburtstag, Berlin-New York, 1981, S. 253 ff.

Rieß, Peter, Zweifelsfragen zum neuen Strafbefehlsverfahren, in: JR, 1988, S. 133 ff.

Ritter, Kurt-Lennart, Der praktische Gang der Strafrechtspflege, Bonn, 1960

Roestel, Günther, Ablehnung des beschleunigten Strafverfahrens und des vereinfachten Jugendverfahrens, in: NJW, 1966 (19), S. 1952 f.

Rollett, Brigitte, Lernen und Lehren. Eine Einführung in die pädagogische Psychologie und ihre entwicklungspsychologischen Grundlagen, 5. Aufl., Wien, 1997

Rossmann, Peter, Einführung in die Entwicklungspsychologie des Kindes- und Jugendalters, Bern-Göttingen-Toronto-Seattle, 1996

Roth, Heinrich, Pädagogische Psychologie des Lehrens und Lernens, 15. Aufl., Hannover, 1976

Rousseau, Jean Jacques, Die Bekenntnisse, Baden-Baden, 1948

Roxin, Claus, Strafverfahrensrecht. Ein Studienbuch, 25. Aufl., München, 1998

Roxin, Imme, Die Rechtsfolgen schwerwiegender Rechtsstaatsverstöße in der Strafrechtspflege, 2. Aufl., München, 1995

Rutter, Michael/Maughan, Barbara/Mortimore, Peter/Ouston, Janet, Fünfzehntausend Stunden. Schulen und ihre Wirkung auf Kinder, Weinheim-Basel, 1980

Rzepka, Dorothea, Zur Fairness im deutschen Strafverfahren, Frankfurt/M., 2000

Sack, Fritz, Neue Perspektiven in der Kriminologie, in: Sack, Fritz/König, René (Hrsg.), Kriminalsoziologie, Frankfurt/M., 1968, S. 431 ff.

Schäfer, Gerhard, Praxis der Strafzumessung, 3. Aufl., München, 2001

Schäfer, Herbert, Das Berufungsverfahren in Jugendsachen, in: NStZ, 1998 (18), S. 330 ff.

Schaffstein, Friedrich, Das vereinfachte Jugendverfahren. Ziele, Gesetz und Wirklichkeit, in: MschrKrim, 1978 (61), S. 313 ff.

Schaffstein, Friedrich/Beulke, Werner, Jugendstrafrecht. Eine systematische Darstellung, 14. Aufl., Stuttgart-Berlin-Köln, 2002

Schallert, Christoph, Erkennen krimineller Gefährdung und wirksames Eingreifen – Die Methode der idealtypisch-vergleichenden Einzelfallanalyse in der Praxis, in: DVJJ-Journal 1/1998 (Nr. 159), S. 17 ff.

Scheerer, Sebastian, Die abolitionistische Perspektive, in: KrimJ, 1984 (16), S. 90 ff.

Scheffler, Uwe, Legitimation und Funktion des Beschleunigungsprinzips im Jugendstrafrecht, in: RdJB, 1981, S. 451

Scheffler, Uwe, Die überlange Dauer von Strafverfahren. Materiellrechtliche und prozessuale Rechtsfolgen, Berlin, 1991

Scheffler, Uwe, Kurzer Prozeß mit rechtsstaatlichen Grundsätzen ?, in: NJW, 1994 (47), S. 2191 ff.

Scheibe, Wolfgang, Die Strafe als Problem der Erziehung, 2. Aufl., Weinheim, 1972

Schermer, Franz J., Lernen und Gedächtnis, 2. Aufl., Stuttgart-Berlin-Köln, 1998

Schleiermacher, Friedrich, Pädagogische Schriften, herausgegeben von Erich Weniger, Band I und II, Düsseldorf-München, 1957

Schlie, Hermann, Das vereinfachte Jugendverfahren „Lemgoer Modell", in: DVJJ-Journal 3/1999 (Nr. 165), S. 335 f.

Schlüchter, Ellen, Das Strafverfahren, 2. Aufl., Köln-Berlin-Bonn-München, 1983

Schlüchter, Ellen, Rückbesinnung auf den Gesetzeszweck im Jugendstrafrecht, in: Hirsch, Hans Joachim/Kaiser, Günther/Marquardt, Helmut (Hrsg.), Gedächtnisschrift für Hilde Kaufmann, Berlin-New York, 1986, S. 409 ff.

Schlüchter, Ellen/Fülber, Thorsten/Putzke, Holm, Herausforderung: Beschleunigtes Verfahren (§§ 417 ff. StPO), Frankfurt/M., 1999

Schmidhäuser, Eberhard, Zur Frage nach dem Ziel des Strafprozesses, in: Bokkelmann, Paul/Gallas,Wilhelm (Hrsg.), Festschrift für Eberhard Schmidt zum 70. Geburtstag, Göttingen, 1961, S. 511 ff.

Schmidt, Eberhard, Einführung in die Geschichte der deutschen Strafrechtspflege, 3. Aufl., Göttingen, 1965

Schneider, Hans-Joachim, Kriminologie, Berlin-New York, 1987

Schneider, Hendrik, Neue Wege in der Kriminalpolitik. Primäre, sekundäre und tertiäre Kriminalprävention im Lichte der Theorie des „reintegrative shaming“, in: DVJJ-Journal 4/1998 (Nr. 162), S. 329 ff.

Schneider, Klaus/Schmalt, Heinz-Dieter, Motivation, 3. Aufl., Stuttgart-Berlin-Köln, 2000

Schneider, Ursula/Schneider, Hans Joachim, Übungen in Kriminologie, Jugendstrafrecht, Strafvollzug, Berlin-New York, 1995

Schneider, Wolfgang/Pressley, Michael, Memory Development Between Two and Twenty, 2. Aufl., Mahwah, New Jersey, 1997

Schnitzerling, Die Abgabe des Jugendgerichtsverfahrens bei einem Aufenthaltswechsel des Angeklagten, in: DRiZ, 1958 (36), S. 315 ff.

Scholz, Christian, Realität der und Erwartungen an die Jugendgerichtsbarkeit in Deutschland. Eine zukunftsbezogene Analyse auf der Grundlage von 75 Jahren Jugendrecht und Jugendhilfe, in: DVJJ-Journal 3/1999 (Nr. 165), S. 232 ff.

Schreiber, Hans-Ludwig/Schöch, Heinz/Bönitz, Dieter, Die Jugendgerichtsverhandlung am „Runden Tisch“, Göttingen, 1981

Schreiner, Günter, Muß Strafe sein ?, in: Zeitschrift für Pädagogik, 1979 (25), S. 231 ff.

Schroeder, Friedrich-Christian, Strafprozessrecht, 3. Aufl., München, 2001

Schröer, Eike, Das beschleunigte Strafverfahren gemäß §§ 417 ff. StPO, Berlin, 1998

Schröer, Norbert, Strukturelle Aspekte diversionsorientierter Polizeitätigkeit. Ein „empirie-getränkter“ Problemaufriß, in: DVJJ-Journal 4/1991 (Nr. 137), S. 310 ff.

Schubarth, Wilfried, Jugendgewalt als Konjunkturthema in den Medien, in: Neue Kriminalpolitik, 2001 (13), S. 25 ff.

Schünemann, Bernd, Das beschleunigte Verfahren im Zwiespalt zwischen Gerechtigkeit und Politik, in: NJW, 1968 (21), S. 975 f.

Schünemann, Bernd, Wohin treibt der deutsche Strafprozess ?, in: ZStW, 2002 (114), S. 1 ff.

Schulz, Holger, Die Höchststrafe im Jugendstrafrecht (10 Jahre) – eine Urteilsanalyse. Zugleich ein Beitrag zur kriminalpolitischen Forderung nach Anhebung der Höchststrafe im Jugendstrafrecht. In: MschrKrim, 2001 (84), S. 310 ff.

Schwenk, Edmund H., Das Recht des Beschuldigten auf alsbaldige Hauptverhandlung, in: ZStW, 1967 (79), S. 721 ff.

Schwind, Hans-Dieter, Kriminologie – Eine praxisorientierte Einführung mit Beispielen, 12. Aufl., Heidelberg, 2002

Seel, Norbert M., Psychologie des Lernens. Lehrbuch für Pädagogen und Psychologen, München-Basel, 2000

Seiser, Klaus-Jürgen, Untersuchungshaft als Erziehungshaft im Jugendstrafrecht ? Eine strafrechtsdogmatische Analyse unter Berücksichtigung pädagogischer und psychologischer Bezüge, München, 1987

Seiser, Klaus-Jürgen, Dogmatische Überlegungen zur einstweiligen Unterbringung im Erziehungsheim (§§ 71 II, 72 III JGG), in: Zbl, 1988 (75), S. 111 ff.

Sessar, Klaus, Kriminalitätseinstellungen: Von der Furcht zur Angst, in: Schwind, Hans-Dieter/Kube, Edwin/Kühne, Hans-Heiner (Hrsg.), Festschrift für Hans Joachim Schneider zum 70. Geburtstag am 14. November 1998, Berlin-New York, 1998, S. 399 ff.

Sieverts, Rudolf, Die Erziehungsaufgabe des Jugendarrests, in: Schaffstein, Friedrich/Miehe, Olaf (Hrsg.), Weg und Aufgabe des Jugendstrafrechts, Darmstadt, 1968, S. 255 ff.

Skinner, Burrhus Frederic, Science and human behavior, New York, 1953

Skinner, Burrhus Frederic, Erziehung als Verhaltensformung, München-Neubiberg, 1971

Skinner, Burrhus Frederic, Jenseits von Freiheit und Würde, Hamburg, 1973

Smith, Stevenson/Guthrie, Edwin R., General Psychology in terms of Behavior, New York-London, 1921

Solomon, Richard L., Punishment, in: The American Psychologist, 1964 (19), S. 239 ff.

Sonnen, Bernd-Rüdeger (für den Vorstand der DVJJ), Stellungnahme zum Entwurf eines Gesetzes zur Verbesserung der gesetzlichen Maßnahmen gegenüber Kinder- und Jugenddelinquenz (BT-Drucksache 14/3189 v. 12.04.2000), in: DVJJ-Journal 4/2000 (a) (Nr. 170), S. 329 ff.

Sonnen, Bernd-Rüdeger (für den Vorstand der DVJJ), Jugendstrafrecht als Spielball politischer Debatten ? Stellungnahme zu Gesetzgebungsinitiativen zum Jugendstrafrecht (Drucksachen 549/00 (Beschluss) vom 10.11.2000, 564/00 (Beschluss) vom 10.11.2000, 637/00 vom 17.10.2000, 759/00 vom 16.11.2000), in: DVJJ-Journal 4/2000 (b) (Nr. 170), S. 338 ff.

Sonnen, Bernd-Rüdeger, Blick zurück nach vorn, in: Neue Kriminalpolitik, 2001 (13), S. 30 ff.

Staeter, Joachimfritz, Diversion zwischen Theorie und Praxis. Überlegungen nach zwei Jahren Diversionsmodell bei der Staatsanwaltschaft Braunschweig, in: Zbl, 1984 (71), S. 498 ff.

Stahlmann-Liebelt, Ulrike, Modellvorhaben vorrangiges Jugendverfahren Flensburg. Beschleunigung von Jugendverfahren durch Vereinbarung und Vernetzung, in: DVJJ-Journal 2/2000 (Nr. 168), S. 176 ff.

Steiner, Gerhard, Lernen. 20 Szenarien aus dem Alltag, 2. Aufl., Bern-Göttingen-Toronto-Seattle, 1996

Straub, Jürgen/Kempf, Wilhelm/Werbik, Hans (Hrsg.), Psychologie, Eine Einführung, 2. Aufl., München, 1998

Streng, Franz, Der Erziehungsgedanke im Jugendstrafrecht. Überlegungen zum Ideologiecharakter und zu den Perspektiven eines multifunktionalen Systembegriffs, in: ZStW, 1994 (106), S. 60 ff.

Sutherland, Edwin H., Die Theorie der differentiellen Kontakte, in: Sack, Fritz/König, René (Hrsg.), Kriminalsoziologie, Frankfurt/M., 1968, S. 395 ff.

Sutherland, Edwin H./Cressey, Donald R., Criminology, 9. Aufl., Philadelphia-New York-Toronto, 1974

Sykes, Gresham M./Matza, David, Techniken der Neutralisierung: Eine Theorie der Delinquenz, in: Sack, Fritz/König, René (Hrsg.), Kriminalsoziologie, Frankfurt/M., 1968, S. 360 ff.

Terdenge, Franz, Jugendstrafensystem und Bundeszentralregisterrecht, in: JA 1978 (10), S. 303 ff., 355 ff.

ter Veen, Heino, Zu den Gründen (über-) langer Verfahrensdauer in Strafsachen – Bericht über eine Strukturanalyse strafrechtlicher Großverfahren am Landgericht Hamburg in I. Instanz, in: StV, 1997 (17), S. 374 ff.

Thomae, Hans, Das Individuum und seine Welt. Eine Persönlichkeitstheorie, 3. Aufl., Göttingen-Bern-Toronto-Seattle, 1988

Thorndike, Edward Lee, Psychologie der Erziehung, 3. Aufl., Darmstadt, 1970

Tolman, E.C./Hall, C.S./Bretnall, E.P., A Disproof of the Law of Effect and a Substitution of the Laws of Emphasis, Motivation and Disruption, in: Journal of Experimental Psychology, 1932 (15), S. 601 ff.

Toman, Walter, Tiefenpsychologie, Stuttgart-Berlin-Köln-Mainz, 1978

Toman, Walter, Der psychoanalytische Ansatz zur Delinquenzerklärung und Therapie, in: Lösel, Friedrich (Hrsg.), Kriminalpsychologie, Weinheim-Basel, 1983, S. 41 ff.

Trautner, Hanns Martin, Lehrbuch der Entwicklungspsychologie in 2 Bänden, Göttingen, Band 1: 2. Aufl., 1992 – Band 2: 1. Aufl., 1991

Trenczek, Thomas, Möglichkeiten und Grenzen der Diversion nach dem neuen Jugendstrafrecht, in: DVJJ-Journal Nr. 134, S. 8 ff.

Trenczek, Thomas, Zur Zusammenarbeit verurteilt ? Gemeinsame Verantwortung, Kooperation und Kommunikation von Polizei, Justiz und Jugendhilfe bei delinquentem Verhalten junger Menschen, in: DVJJ-Journal 2/1994 (Nr. 146), S. 162 f.

Trenczek, Thomas, Die JGH – Das (un) bekannte Wesen im Kriminalverfahren. Erste Ergebnisse der bundesweiten JGH-Umfrage, in: DVJJ-Journal 2/1999 (Nr. 164), S. 151 ff.

Trenczek, Thomas, Im Westen nichts Neues ? Gemeinsamkeiten und Unterschiede der Sozialkontrolle von jungen Menschen in Deutschland und den Niederlanden, in: DVJJ-Journal 2/2001 (Nr. 172), S. 111 ff.

Uhl, Siegfried, Die Mittel der Moralerziehung und ihre Wirksamkeit, Bad Heilbrunn, 1996

Uhl, Siegfried, Die Strafe aus der Sicht der empirischen Erziehungswissenschaft, in: Pädagogische Rundschau, 1997 (51), S. 661 ff.

Ulsamer, Gerhard, Art. 6 Menschenrechtskonvention und die Dauer von Strafverfahren, in: Zeidler, Wolfgang/Maunz, Theodor/Roellecke, Gerd (Hrsg.), Festschrift Hans Joachim Faller, München, 1984, S. 373 ff.

Valtin, Renate/Walper, Sabine, Strafe muß sein! – Oder nicht ? – Was Kinder über den Umgang mit Missetätern denken, in: Zeitschrift für Pädagogik, 1991 (37), S. 975 ff.

Verna, Gary S., The Effects of Four-Hour Delay of Punishment Under Two Conditions of Verbal Instruction, in: Child Development, 1977 (48), S. 621 ff.

Vogelsang, Eva, Verfahrenshindernis der überlangen Verfahrensdauer, in: NJW, 1994 (47), S. 1845 f.

Voß, Michael, Diversion und Rechtssicherheit – ein Widerspruch ?, in: Zbl, 1989 (76), S. 8 ff.

Wächtler, Hartmut, Der autoritäre Strafprozeß – das beschleunigte Verfahren neuer Art im Entwurf eines sogenannten Kriminalitätsbekämpfungsgesetzes von CDU/CSU und FDP, in: StV, 1994 (14), S. 159 ff.

Walter, Michael, Die ermittelnden, berichtenden und beratenden Aufgaben der Jugendgerichtshilfe, in: Zbl, 1973 (60), S. 485 ff.

Walter, Michael, Über die Abhängigkeit von Kriminalpolitik von Moden. Mit einigen Bemerkungen zur Neuentdeckung von Prävention, in: Albrecht, Hans-Jörg u. a. (Hrsg.), Festschrift für Günther Kaiser zum 70. Geburtstag. Internationale Perspektiven in Kriminologie und Strafrecht, Berlin, 1998, S. 979 ff.

Walter, Michael, Von der Kriminalität in den Medien zu einer bedrohlichen Medienkriminalität und Medienkriminologie, in: DVJJ-Journal 4/1999 (Nr. 166), S. 348 ff.

Walter, Michael, Jugendkriminalität. Eine systematische Darstellung, Stuttgart u. a., 2001

Walter, Michael, Das Jugendkriminalrecht in der öffentlichen Diskussion: Fortentwicklung oder Kursänderung zum Erwachsenenstrafrecht ?, in: GA, 2002, S. 431 ff.

Walter, Michael/Pieplow, Lukas, Zur Zulässigkeit eines Vorbehalts der Vollstreckbarkeitsentscheidung, insbesondere einer „Vorbewährung" gemäß § 57 Jugendgerichtsgesetz, in: NStZ, 1988 (8), S. 165 ff.

Walters, Gary C./Grusec, Joan E., Punishment, San Francisco, 1977

Weinert, Franz E./Schneider, Wolfgang, Entwicklung des Gedächtnisses, in: Dietrich, Albert/Stapf, Kurt-Hermann (Hrsg.), Enzyklopädie der Psychologie, Themenbereich C, Serie II, Band 4: Gedächtnis, Göttingen-Bern-Toronto-Seattle, 1996, S. 433 ff.

Weinschenk, Curt, Über die nicht gebotene und verhängnisvolle Anwendung des Verfassungsprinzips der Verhältnismäßigkeit in der Praxis des Jugendstrafrechts, in: UJ, 1990 (42), S. 151 ff.

Wendl, Philipp, Konsequenzen psychoanalytischer Erfahrungen für die Verhandlungsführung in Strafverfahren, in: Eschweiler, Peter (Hrsg.), Psychoanalyse und Strafrechtspraxis, Königstein/Ts., 1979, S. 50 ff.

Wessels, Michael G., Kognitive Psychologie, 3. Aufl., München-Basel, 1994

Westphal, Karsten, Die Aussetzung der Jugendstrafe zur Bewährung gemäß § 21 JGG, Frankfurt/M., 1995

Weyel, Frank Heiner, Helfen oder Strafen – Müssen Jugendliche härter bestraft werden ? in: DVJJ-Journal 3/1998 (Nr. 161), S. 205 ff.

Wieben, Hans-Jürgen, Aufgaben der Polizei im jugendstrafrechtlichen Vorverfahren – Ein Lösungsansatz, in: DVJJ-Journal 1-2/1992 (Nr. 138), S. 65 ff.

Wild, Peter, Jugendgerichtshilfe in der Praxis, München, 1989

Wilhelm, Jörg E., Die Stellung der Jugendgerichtshilfe im Verfahren, Aachen, 1996

Willmann-Institut (Hrsg.), Pädagogik der Strafe, Freiburg-Basel-Wien, 1967

Wiswede, Günter, Soziologie abweichenden Verhaltens, Stuttgart-Berlin-Köln-Mainz, 1973

Wittels, Fritz, Die Welt ohne Zuchthaus, Stuttgart-Leipzig-Zürich, 1928

Wittig, Petra, Der rationale Verbrecher. Der ökonomische Ansatz zur Erklärung kriminellen Verhaltens, Berlin, 1993

Wolff, Jörg, Die Entwicklung des Jugendstrafrechts im Nationalsozialismus, in: DVJJ-Journal 3/1992 (Nr. 139), S. 204 ff.

Zeier, Hans (Hrsg.), Kindlers „Psychologie des 20. Jahrhunderts", Lernen und Verhalten, Band I, Weinheim-Basel, 1984

Zieger, Matthias, Verteidigung in Jugendstrafsachen, 3. Aufl., Heidelberg, 1998

Zimbardo, Philip G., Psychologie, 6. Aufl., Berlin-Heidelberg, 1995

Zimbardo, Philip G./Gerrig, Richard J., Psychologie, 7. Aufl., Berlin-Heidelberg-New York, 1999

ABKÜRZUNGEN

Abs. ....Absatz
a. E. ....am Ende
a. F. ....alte Fassung
Alt. ....Alternative
Anm. d. Verf. ....Anmerkung des Verfassers
AnwBl ....Anwaltsblatt
Art. ....Artikel
Aufl. ....Auflage
BayObLG ....Bayerisches Oberstes Landesgericht
BGBl. ....Bundesgesetzblatt
BGH ....Bundesgerichtshof
BGH St ....Entscheidungen des Bundesgerichtshofs in Strafsachen
BMJ ....Bundesministerium der Justiz
BR-Drucksache ....Bundesratsdrucksache
BT-Drucksache ....Bundestagsdrucksache
BtMG ....Betäubungsmittelgesetz
BVerfG ....Bundesverfassungsgericht
BVerfG E ....Entscheidungen des Bundesverfassungsgerichts
BZRG ....Bundeszentralregistergesetz
bzw. ....beziehungsweise
CDU ....Christlich Demokratische Union Deutschlands
CSU ....Christlich-Soziale Union in Bayern
DAR ....Deutsches Autorecht
DAV ....Deutscher Anwaltsverein
Diss. ....Dissertation
d. h. ....das heißt
DJ ....Deutsche Justiz
DRiZ ....Deutsche Richterzeitung
DVJJ ....Deutsche Vereinigung für Jugendgerichte und Jugendgerichtshilfen e.V.
ed. ....edited by
Einf. ....Einführung
Einl. ....Einleitung
etc. ....et cetera
EuGRZ ....Europäische Grundrechte-Zeitschrift
f. ....folgende Seite
FAZ ....Frankfurter Allgemeine Zeitung

FDP ....Freie Demokratische Partei
ff. ....folgende Seiten
Fn. ....Fußnote
GA ....Goltdammer's Archiv für Strafrecht
geb. ....geboren
GG ....Grundgesetz
Grdl. z. ....Grundlagen zu
GVG ....Gerichtsverfassungsgesetz
HansOLG ....Hanseatisches Oberlandesgericht Hamburg
Hess.DGH ....Hessischer Dienstgerichtshof
Hrsg. ....Herausgeber
Hs. ....Halbsatz
i. S. d. ....im Sinne der/des
i. V. m. ....in Verbindung mit
JA ....Juristische Arbeitsblätter
JGG ....Jugendgerichtsgesetz
JR ....Juristische Rundschau
Jura ....Juristische Ausbildung
JuS ....Juristische Schulung
JZ ....Juristenzeitung
KJHG ....Kinder- und Jugendhilfegesetz
KK ....Karlsruher Kommentar
KreisG ....Kreisgericht
KrimJ ....Kriminologisches Journal
MDR ....Monatsschrift für Deutsches Recht
MRK ....Europäische Konvention zum Schutze der Menschenrechte und Grundfreiheiten
MschrKrim ....Monatsschrift für Kriminologie und Strafrechtsreform
NDV ....Nachrichtendienst des Deutschen Vereins für öffentliche und private Fürsorge
NJ ....Neue Justiz
NJW ....Neue Juristische Wochenschrift
NPD ....Nationaldemokratische Partei Deutschlands
Nr. ....Nummer
NStZ ....Neue Zeitschrift für Strafrecht
NStZ-RR ....NStZ – Rechtsprechungsreport Strafrecht
o. Ä. ....oder Ähnliches
OLG ....Oberlandesgericht
OWiG ....Ordnungswidrigkeitengesetz
RdJB ....Recht der Jugend und des Bildungswesens

RL ....Richtlinie
Rn. ....Randnummer
s. ....siehe
S. ....Seite
SPD ....Sozialdemokratische Partei Deutschlands
s. o. ....siehe oben
StGB ....Strafgesetzbuch
StPO ....Strafprozessordnung
StraFo ....Strafverteidiger Forum
StV ....Strafverteidiger
StVollstrO ....Strafvollstreckungsordnung
SZ ....Süddeutsche Zeitung
ThürOLG ....Thüringisches Oberlandesgericht
u. ....und
u. a. ....und andere
UJ ....Unsere Jugend. Zeitschrift für Jugendhilfe in Wissenschaft und Praxis
USA ....United States of America
usw. ....und so weiter
v. a. ....vor allem
vgl. ....vergleiche
z. B. ....zum Beispiel
Zbl ....Zentralblatt für Jugendrecht (bis 1983 Zentralblatt für Jugendrecht und Jugendwohlfahrt)
ZRP ....Zeitschrift für Rechtspolitik
ZStW ....Zeitschrift für die gesamte Strafrechtswissenschaft
1. JGGÄndG ....Erstes Gesetz zur Änderung des Jugendgerichtsgesetzes

I. EINLEITUNG

„Um eins gestohlen, um drei vorm Richter, um fünf im Vollzug" – Dieses Wunschbild malte Alexander Prechtel, Berater des CDU-Spitzenkandidaten Frank Steffel, im Berliner Landeswahlkampf 2001.[1]

Es handelt sich hier um die bewusste Überspitzung der Forderung nach immer schnelleren Strafverfahren, nicht nur, aber ganz besonders im Bereich des Jugendstrafrechts. Oft erscheint diese Forderung nur als eine von vielen Ausprägungen des Rufs nach einem harten Durchgreifen des Staates, der vielen ohnmächtig erscheint angesichts einer als dramatisch empfundenen Kriminalitätsentwicklung. Gefordert werden auch härtere Strafen vor allem für Sexualstraftäter sowie Täter aus dem rechtsextremistischen Umfeld. Eine Herabsenkung der Strafmündigkeitsgrenze wird ebenso diskutiert wie das Erschweren der Gewährung von Vollzugslockerungen, die durch folgenschwere Fehler in Verruf geraten ist.

Immer wieder wird die Forderung erhoben, die Strafverfahren zu beschleunigen. Die Strafe solle der Tat „auf dem Fuße" folgen, damit der Täter sich seines Vergehens zum Zeitpunkt seiner Aburteilung noch bewusst ist. Mit besonderer Vehemenz wird dies für den Bereich des Jugendstrafrechts gefordert. Erzieherische Wirkung soll die Strafe nur dann haben können, wenn sie der Tat unmittelbar nachfolge, da der Jugendliche nur dann in der Lage sei, sie als Konsequenz seines eigenen Tuns zu verstehen und zu akzeptieren. Begründungen für diese These finden sich nur selten, was nicht zuletzt dadurch zu erklären ist, dass die genannte Aussage dem „gesunden Menschenverstand" entspricht. Scheint es nicht völlig selbstverständlich, dass eine sofortige Bestrafung größere Wirkung entfaltet als eine später erfolgende ?

In die juristische Fachdiskussion hat dies Eingang gefunden unter dem Begriff „Beschleunigungsgrundsatz." Doch selbst hier wird über den genannten Begründungsansatz kaum hinausgegangen. Dennoch ist in Deutschland in jüngster Zeit eine Art „Beschleunigungshysterie" ausgebrochen, die sich nicht nur in Aussagen wie der zu Anfang wiedergegebenen, sondern auch in konkreten Gesetzesinitiativen und Modellprojekten in der Praxis ausdrückt.

Doch genau diese als selbstverständlich vorausgesetzte Grundannahme, dass also eine Strafe nur dann erzieherisch wirksam sein könne, wenn sie der Tat

[1] Zitiert nach Die Zeit vom 18.10.2001, S. 2.

unmittelbar nachfolge, soll Gegenstand der vorliegenden Untersuchung sein. Woher nehmen Juristen und Politiker überhaupt die Erkenntnis über die erzieherische Bedeutung einer frühzeitigen Bestrafung ? Genügt für eine solche Feststellung bereits der erwähnte „gesunde Menschenverstand“ ?

Nach einer allgemeinen Betrachtung der Aspekte, die in der juristischen Fachliteratur im Zusammenhang mit dem Beschleunigungsgrundsatz diskutiert werden, soll in einem ersten Schritt die genannte These mit erfahrungswissenschaftlichen Mitteln hinterfragt werden. Durch einen interdisziplinären Ansatz – also unter Zuhilfenahme verschiedener wissenschaftlicher Disziplinen, die sich mit dem Menschen, insbesondere dem jungen, seiner Biographie sowie Fragen seiner Entwicklung und Erziehung beschäftigen – soll überprüft werden, wie wichtig eine schnell erfolgende Bestrafung für deren erzieherischen Erfolg ist. Dabei darf keine eindimensionale Antwort erwartet werden, sondern eine kritische und differenzierte Beurteilung des Beschleunigungsgrundsatzes, auf deren Grundlage Prinzipien für erzieherisch sinnvolle Bestrafung entwickelt werden können.

Nach dieser empirischen Hinterfragung soll in einem zweiten Schritt das Beschleunigungsgebot im Jugendstrafrecht auch dogmatisch hinterfragt werden. Obwohl dieses an keiner Stelle des Jugendgerichtsgesetzes ausdrücklich genannt wird, ist doch seine gesetzliche Verankerung allgemein anerkannt. Dabei wird auf zahlreiche Normen verwiesen, die zu einer Beschleunigung des Strafverfahrens beitragen sollen. Es wird jedoch zu untersuchen sein, ob diese Normen bisher in ihrer Intention richtig ausgelegt wurden, ob sie, gemessen an den Erkenntnissen aus dem erfahrungswissenschaftlichen Abschnitt, als erzieherisch sinnvoll zu bewerten sind und schließlich, ob nicht die Existenz von Normen mit verfahrensverzögernder Wirkung eine generelle Neuinterpretation des Beschleunigungsgrundsatzes im Hinblick auf den Willen des Gesetzgebers erforderlich macht. Dafür gilt es, alle Normen des Jugendgerichtsgesetzes, die Einfluss auf die zeitliche Komponente des Jugendstrafverfahrens haben, kritisch zu begutachten.

Aus dem Gesagten wird bereits deutlich, dass sich der Verfasser bei der vorliegenden Untersuchung auf ganz grundlegende Fragestellungen zum Beschleunigungsgrundsatz konzentriert: Ist eine frühzeitige Bestrafung tatsächlich erzieherisch wirkungsvoller als eine spätere ? Wie ist der Beschleunigungsgrundsatz im Rahmen des Jugendgerichtsgesetzes zu verstehen und zu interpretieren ? Der wissenschaftliche Bedarf an einer intensiven Untersuchung dieser Fragen erscheint besonders groß, da die bisher vorliegende Literatur zum Thema „Beschleunigung“ die genannten Grundannahmen zumeist als selbstverständlich voraussetzt und lediglich deren praktische Umsetzungen diskutiert. Im Anschluss an die eher theoretische Hinterfragung des Beschleunigungsgrundsatzes soll aber auch in dieser Arbeit die aktuelle Praxis in den Mittelpunkt der Betrachtung rücken. Wie zu sehen sein wird, haben die lautstarken Forderungen nach Beschleunigung ihre Umsetzung gefunden in ganz konkreten Gesetzgebungsinitiativen sowie zahlreichen sehr verschiedenen Praxismodellen und Projekten. Auf der Grundlage der Erkenntnisse aus dem erfahrungswissenschaftlichen Abschnitt dieser Arbeit soll auch hier eine kritische Begutachtung vorgenommen werden, um die Frage zu beantworten, ob solche Projekte durch Verfahrensbeschleunigung erzieherische Vorteile erwarten lassen können.

II. DER BESCHLEUNIGUNGSGRUNDSATZ

1. Dauer von Strafverfahren

Will man darüber diskutieren, ob eine Beschleunigung von Strafverfahren in Deutschland nötig und möglich ist, ist es unumgänglich, sich zunächst aufgrund der Datenlage ein zumindest ungefähres Bild von der tatsächlichen Dauer von Strafverfahren sowohl im Erwachsenen- als auch im Jugendstrafrecht zu machen. Man muss sich zwar von der Vorstellung freimachen, die Zahlen könnten unmittelbar eine Antwort auf die Frage geben, ob die festgestellte Verfahrensdauer hoch oder sogar zu hoch ist – eine solche Feststellung kann nur Ergebnis einer subjektiven Bewertung der Zahlen sein –, jedoch lassen sich zum einen möglicherweise auffällige Tendenzen aus ihnen ablesen, und zum anderen sind sie als Datengrundlage jeglicher Diskussion zum Thema unverzichtbar. Dies ist besonders wichtig angesichts der Tatsache, dass die geäußerte Kritik an überlangen Strafverfahren bis heute zumeist ganz pauschal oder unter Berufung auf besonders hervorstechende Einzelfälle vorgebracht wird.[2]

a) Erwachsenenstrafrecht

Die wohl erste systematische Untersuchung zur durchschnittlichen Dauer der Gesamtverfahren und ihrer einzelnen Abschnitte hat Ritter 1960 vorgelegt.[3] Seine Ergebnisse sind für die vorliegende Darstellung jedoch nur von begrenztem Wert, da er sich einerseits örtlich auf den Bezirk eines großen Amtsgerichts beschränken musste[4] und andererseits zeitlich keine Entwicklung aufzuzeigen vermochte. Die ersten Zahlen für die gesamte Bundesrepublik Deutschland finden sich in dem Regierungsentwurf zum Ersten Gesetz zur Reform des Strafverfahrensrechts (übersandt an den Bundestagspräsidenten am 2.5.1973). Danach lag der Anteil der Verfahren mit mehr als einjähriger Dauer 1971 – unter Einschluss des Ermittlungsverfahrens – bei den Schöffengerichten bei 21 %, bei der Großen Strafkammer bei 34,7 % und bei den Schwurgerichten bei 49,2 %. Bei den Einzelrichtersachen ergab sich zwar nur ein Prozentsatz von 5,9, dies machte aber immerhin 29.400 Verfahren aus.[5] Vergleichszahlen lieferte Rieß für das

---

[2] Vgl. Prochnow, S. 1.
[3] Ein Überblick über die Ergebnisse findet sich bei Ritter, S. 28 ff.
[4] Ritter, S. 21, warnt selbst vor einer ungeprüften Verallgemeinerung seiner Ergebnisse.
[5] BT-Drucksache 7/551, S. 35.

Jahr 1978.[6] Eine ganz eindeutige Tendenz lässt sich aus diesen Daten jedoch nicht ablesen. So stiegen zwar die Quoten beim Schöffengericht, der Großen Strafkammer und dem Schwurgericht merklich an, genauso wie auch die der gesamten erstinstanzlichen Landgerichtsverfahren (besonders augenfällig wird dies bei Verfahren, die sogar mehr als drei Jahre andauern); auf der anderen Seite sank der Prozentsatz der Einzelrichtersachen jedoch auf 5,5.[7] Trotzdem musste man wohl schon damals insgesamt von einer Tendenz zu immer längeren Verfahren sprechen, und auch die absoluten Zahlen wurden durchweg dergestalt interpretiert, dass die Strafverfahren zu lange dauerten.[8]

Die Zahlen, die für die neunziger Jahre vorliegen, sind zwar aufgrund der unterschiedlichen Berechnungsgrundlage nicht direkt mit den bisher aufgeführten vergleichbar, sie zeigen aber in sich schon eine deutliche Tendenz. So ist die durchschnittliche Dauer der erstinstanzlichen Strafverfahren – vom Tag des Eingangs bis zu ihrer Erledigung – zwischen 1992 und 1995 kontinuierlich gestiegen; besonders auffällig beim Strafrichter (von 3,9 auf 4,5 Monate) und beim Schöffengericht (von 5,1 auf 6,5 Monate), in begrenztem Maß bei der allgemeinen Strafkammer (von 5,9 auf 6,0 Monate) und – mit Einschränkung – bei den Schwurgerichten (von 5,7 über 5,5 wieder auf 5,7 Monate).[9] Zu beachten ist, dass nicht nur das gerichtliche Verfahren Zeit kostet. So dauerte es 1996 bei der Staatsanwaltschaft in 34 % der Fälle[10] mehr als drei Monate bis zur Erledigung (bei 12 % sogar mehr als sechs Monate), bei Anklageerhebung sogar in 45 % der Fälle (bzw. 18 %). Eine Tendenz lässt sich hier kaum erkennen. Anders ist dies beim polizeilichen Verfahren. Lag hier der Prozentsatz der Verfahren, die nach einem Monat bei der Staatsanwaltschaft eingegangen waren, 1992 noch bei 51,2, so sank er bis 1996 auf 47,8. Stattdessen stieg der Anteil der Verfahren, die mehr als drei Monate von der Polizei bearbeitet wurden, von 9,3 % 1992 auf 11,7 % 1996.[11] Grundsätzlich lässt sich also die Tendenz ablesen, dass die Strafverfahren insgesamt länger werden.[12]

---

6 Nicht allen Darstellungen zu dieser Thematik gelingt es jedoch, hier die richtigen Zahlen zueinander in Beziehung zu setzen. So ergibt sich teilweise ein etwas verzerrtes Bild.

7 Rieß, 1981, S. 311 f.

8 Für viele: Hillenkamp, S. 133; Küng-Hofer, S. 2 f.

9 BT-Drucksache 13/7992, S. 45.

10 Hier liegen keine getrennten Daten für Erwachsenen- und Jugendverfahren vor. Es ist jedoch zu vermuten, dass die Erwachsenenverfahren aufgrund ihrer rechtlichen Struktur durchschnittlich noch länger ausfallen.

11 Ostendorf, 1998, S. 482.

12 Ebenso Gössel, 1994, S. C 8 ff., der für die achtziger Jahre ansteigende Zahlen – wenn auch nicht so stark – vorweist. Dölling, S. 104, kommt in seiner Untersuchung hingegen

b) Jugendstrafrecht

Für das Jugendstrafrecht ergibt sich ein ähnliches Bild wie oben dargestellt. Gerade in den neunziger Jahren ist die Verfahrensdauer kontinuierlich angestiegen. Die durchschnittliche Dauer der erstinstanzlichen Gerichtsverfahren stieg zwischen 1992 und 1995 beim Jugendrichter von 3,2 auf 3,7 Monate, beim Jugendschöffengericht von 3,4 auf 4,1 Monate und bei der Jugendstrafkammer von 4,8 auf 5,5 Monate.[13] Zu verschiedenen Zeitpunkten wurde anhand des Jugendarrestes auch die Dauer bis zur Strafvollstreckung untersucht.[14] So wies Sieverts auf häufige Wartezeiten von 6 bis 7 Monaten zwischen Urteil und Vollzug hin.[15] Nach einer Untersuchung von Nolte aus den sechziger und siebziger Jahren vergingen in mehr als der Hälfte der Fälle mehr als zwei Monate zwischen Urteil und Arrestantritt.[16] Eine jüngere Untersuchung aus den Jahren 1993/94 verzeichnete eine durchschnittliche Dauer von über drei Monaten zwischen Aburteilung und Vollzugsbeginn.[17] Daraus ergab sich dann ein durchschnittlicher Zeitraum von fast 10 Monaten, der nach der Tat verging, bis die Sanktion, hier also der Jugendarrest, vollstreckt wurde.[18] In einer weiteren Untersuchung ergab sich 1997 für Jugendliche, die sich nicht in Untersuchungshaft befanden, eine durchschnittliche Dauer von der Rechtskraft des Urteils, in dem eine Jugendstrafe ohne Bewährung angeordnet wurde, bis zum Strafantritt von 5 Monaten und 10 Tagen.[19]

Ohne dass die Ergebnisse schon an dieser Stelle bewertet werden könnten, lassen sie doch zumindest aufhorchen. Sie fordern dazu heraus, nach Gründen für diese langen Zeiten und vor allem für die aufgezeigten Tendenzen zu suchen und zu überlegen, ob und auf welchem Weg Verkürzungen möglich und sinnvoll sein können.

---

zu dem Ergebnis, dass sich die Dauer der Verfahren in den neunziger Jahren des letzten Jahrhunderts nur in einem „verhältnismäßig begrenzten Ausmaß" verlängert habe.

13 BT-Drucksache 13/7992, S. 45.

14 Zusammenfassend zu den älteren Untersuchungen: Schaffstein, S. 314.

15 Sieverts, S. 273.

16 Nolte, S. 126.

17 Ostendorf, 1995, S. 364.

18 Ostendorf, 1995, S. 364.

19 Ostendorf, 1998, S. 484.

2. Ursachen der ansteigenden Verfahrensdauer

Wenn man die Verfahrensdauer, wie sie aus den vorangehenden Aufzeichnungen hervorgeht, für zu lang erachtet, dann liegt es nahe, nach möglichen Ursachen für dieses Problem zu suchen. Dies gilt umso mehr, als die öffentliche Diskussion den Eindruck vermittelt, dass die Tendenz eher noch zu immer längeren Verfahren neigt. Diese Frage mischt sich natürlich mit Überlegungen, inwieweit manche der Ursachen durch bestimmte Maßnahmen aus dem Weg geräumt werden können. In der vorliegenden Arbeit soll diesbezüglich jedoch getrennt vorgegangen werden. Mit welchen Mitteln man versucht, Verfahrensverkürzungen zu erreichen, soll erst Thema der späteren praktischen Erwägungen sein. An dieser Stelle soll lediglich zusammenfassend und ohne eingehende Bewertung aufgezeigt werden, welche Faktoren in der Wissenschaft für die gegebene Verfahrensdauer verantwortlich gemacht werden. Dabei wird in der Regel nicht zwischen Jugend- und Erwachsenenverfahren getrennt. Deshalb sei auch hier nur an einigen bezeichnenden Stellen auf die Besonderheiten des Jugendstrafverfahrens hingewiesen. Außerdem ist zu beachten, dass einige der im Folgenden dargelegten Überlegungen nicht empirisch belegt, vielleicht auch gar nicht belegbar sind, sondern mehr oder weniger gut begründete Vermutungen darstellen, die selbstverständlich im Einzelnen auch nicht unumstritten sind.

Zunächst wird mit dem Strukturwandel argumentiert, den das Strafrecht durchgemacht habe.[20] Genügte es im Rahmen eines Tatstrafrechts, welches grundsätzlich auf dem Vergeltungsgedanken beruht, den Sachverhalt, die Schuld des Täters und daraufhin seine Strafe zu bestimmen, erfordert das spezialpräventive Täterstrafrecht eine umfassende Persönlichkeitserforschung (für das Jugendstrafrecht in § 43 JGG niedergelegt).[21] Der Mehraufwand an Ermittlungs- und Untersuchungstätigkeit verlängere zwangsläufig die Dauer des Strafverfahrens. Nicht selten gerate der Richter hier auch an die Grenzen seiner fachlichen Fähigkeiten. Ein sich immer mehr ausdehnendes Sachverständigenwesen sei die Folge.[22] Mit diesem Strukturwandel gehe die vermehrte Verwendung subjektiver Elemente sowie unbestimmter Rechtsbegriffe in den Tatbeständen des materiellen Strafrechts einher, was nicht zuletzt auch einen Zuwachs an Definitionsmacht bei Polizei und Strafverfolgungsbehörden zur Folge habe.[23] Zu erwähnen seien aber auch ganz neue und vor allem komplizierte Straftatbestände, insbe-

---

[20] Küng-Hofer, S. 6 f.

[21] Siehe auch: Hanack, S. 705.

[22] Vgl. Peters, Karl, 1979, S. 84.

[23] Kohlmann, 1988, S. 206; Küng-Hofer, S. 7 f.

sondere auf dem Gebiet der Wirtschafts- und Umweltkriminalität, die zu sehr langen Verfahren führen.[24] Jedoch würden nicht nur die Tatbestände komplizierter, genauso verhalte es sich auch bei der Kriminalität selbst: Das moderne Wirtschaftsleben, die gesteigerte Mobilität der Straftäter, aber bisweilen auch ihre soziale und wirtschaftliche Macht, ihre Organisation sowie ihre ethnologisch-kulturelle Einstellung[25] machten die Überführung des Täters und den darauf folgenden Prozess immer schwieriger und umfangreicher, bis hin zur Notwendigkeit der Heranziehung von Sachverständigen.[26] Für den Bereich des Jugendstrafrechts gilt dies im Besonderen, da gerade die „einfache" Kriminalität in immer größerem Maße von der zunehmenden Diversionspraxis erfasst wird.

Als zweiter großer Problembereich wird auf die strafprozessualen Gegebenheiten verwiesen. Während die Laienbeteiligung am Prozess noch unterschiedlich beurteilt wird,[27] findet sich in der Literatur fast einhellige Kritik am extrem weiten Verständnis der Amtsermittlungsmaxime durch die Revisionsgerichte, was zur Uferlosigkeit des geltenden Beweisrechts geführt habe.[28] Dies werde darin deutlich, dass einige der gesetzlich genannten Gründe für eine zulässige Ablehnung von Beweisanträgen fast wirkungslos geworden seien.[29] Teilweise wird die lange Verfahrensdauer auch mit dem gut ausgebauten Rechtsmittelsystem begründet.[30] Zu berücksichtigen seien dabei aber immerhin die gegenüber dem Zivilprozess kürzeren Rechtsmittelfristen.[31] Ein Teil der Schuld wird auch auf die Verteidiger geschoben.[32] Ihnen wird vorgeworfen, das geltende Beweisrecht zu missbrauchen[33] und durch ein exzessives und verfahrensfremdes Verhalten unnötige Verhandlungsunterbrechungen herbeizuführen.[34] Dies habe zur Konsequenz, dass das Prozessklima zwischen Justizbehörden und Verteidiger immer schlechter werde, was am Ende sogar dem Beschuldigten selbst schaden kön-

---

24 Hanack, S. 705. Beispiele hierfür gibt Kohlmann, 1988, S. 206 ff.

25 Schünemann, 2002, S. 25; ter Veen, S. 374.

26 Vgl. auch: Pfeiffer, Gerd, 1992, S. 329.

27 Nach Peters, Karl, 1979, S. 86, kann sie der Beschleunigung dienen, da der Richter zu einer klaren, verständlichen Verhandlungsführung gezwungen ist. Küng-Hofer, S. 9, geht gegenteilig davon aus, dass die Verhandlung langsamer abläuft, damit die Laien ihr folgen können.

28 ter Veen, S. 374.

29 Gössel, 1994, S. C 17.

30 So z. B.: Küng-Hofer, S. 21, für die Schweiz.

31 Vgl. Roxin, Claus, S. 111.

32 Dagegen wenden sich für die Anwaltschaft auf dem DAV-Forum „Kurzer Prozeß – Langes Verfahren ?" 1996 in Bonn unter anderem Kempf, 1997, S. 75 ff., und König, S. 94 ff.

33 ter Veen, S. 374. Barton, 1996, S. 693 f., weist jedoch darauf hin, dass diese These nicht empirisch belegt ist.

34 Gössel, 1994, S. C 19. Siehe auch: Nehm/Senge, S. 387.

ne.[35] Die strafprozessuale Argumentationslinie muss jedoch im Rahmen des Jugendstrafrechts mit anderen Augen gesehen werden. Beweisanträge sind hier selten, auch Verteidiger nehmen meist – wenn überhaupt anwesend – nur eine zurückhaltende Rolle ein und die Rechtsmittel sind schon von Gesetzes wegen (siehe § 55 JGG) eingeschränkt.[36]

Neben einem beobachteten Wandel gesellschaftlicher Auffassungen, der sich in einer durch staatlichen Autoritätsschwund begründeten Minderung der Mitwirkungsbereitschaft weiter Bevölkerungskreise bei der Verbrechensaufklärung ausdrücke,[37] lässt sich der dritte Problemkreis unter dem Stichwort „justizinterne Ursachen" zusammenfassen. Hier wird zuvorderst eine ungenügende personelle und sachliche Ausstattung der Justiz beklagt,[38] die zu einer Überlastung der Gerichte führe,[39] wodurch oft schon die Anberaumung eines Hauptverhandlungstermins ungebührlich verzögert werde.[40] Darüber hinaus werden aber auch Mängel im Hinblick auf die fachliche und menschliche Eignung der Richter angemahnt.[41] Nicht zuletzt finden sich in der Literatur etliche Hinweise auf die schleppende justizielle Bürokratie, die nicht wenig Einfluss auf die langsame Verfahrensdauer zu haben scheint.[42]

Das Argument „Überlastung der Gerichte" lässt sich jedoch für den Jugendbereich kaum aufrechterhalten. So hat Ostendorf für die achtziger und neunziger Jahre eine im Durchschnitt sinkende Anzahl von Verfahren festgestellt bei gleichzeitig gestiegenem Personalbestand.[43] Als die wichtigsten Gründe für die lange Verfahrensdauer benennt er vielmehr zum einen, dass man sich an allzu lange Zeiten auch aufgrund unnötiger Bürokratie gewöhnt habe – d. h. „der Abschluss des Verfahrens brennt uns nicht unter den Fingernägeln"[44] – und zum anderen die mangelnde Zusammenarbeit unter den Verfahrensbeteiligten.[45]

---

35 So Küng-Hofer, S. 19 f.; Peters, Karl, 1979, S. 88 f.

36 So Ostendorf, 1998, S. 485, der für das Jugendstrafrecht sogar eher eine strengere Berücksichtigung der prozessualen Regeln einfordert.

37 Küng-Hofer, S. 11. Peters, Karl, 1979, S. 87, spricht diesbezüglich von einer „Strafrechtsmüdigkeit".

38 Etwa Hanack, S. 705; Kohlmann, 1988, S. 206; Pfeiffer, Gerd, 1992, S. 329.

39 Kintzi, S. 325.

40 Siehe Roxin, Claus, S. 111.

41 So z. B.: Gössel, 1994, S. C 15. Peters, Karl, 1979, S. 89, kritisiert diesbezüglich die einseitig auf Vermittlung von Rechtskenntnissen und Rechtstechnik ausgerichtete Ausbildung der Juristen.

42 Gössel, 1979, S. 241 f.; Hering/Sessar, S. 110; Weyel, S. 207.

43 Ostendorf, 1998, S. 484.

44 Noch einen Schritt weiter geht Barton, 1997, S. 531 ff., mit seiner interessanten, aber schwer nachzuweisenden These, dass die tatsächliche Zunahme der Verfahrensdauer vor

3. Historischer Abriss

Ein allgemeiner Beschleunigungsgrundsatz ist weder in der deutschen Strafprozessordnung noch im Jugendgerichtsgesetz niedergelegt. Auf die Normen, die in unmittelbarem Zusammenhang mit ihm stehen, wird später noch ausführlich einzugehen sein. Dennoch hat der Gedanke, dass Strafverfahren nicht zu lange dauern dürfen, in Deutschland und Europa schon eine lange Tradition.

Einen Hinweis kann man bereits in der Verdrängung des Anklageverfahrens durch den Inquisitionsprozess im Anschluss an die „Constitutio Criminalis Carolina" von 1532 (Peinliche Gerichtsordnung Karls V.) erkennen, da diese durch den Abbau prozessualer Formen nicht zuletzt auch zu einer schnelleren Erledigung der Sache führen sollte.[46] Wenn man jedoch nach England schaut, lässt sich sogar noch früher Konkretes finden. So besagte Art. 40 der „Magna Charta" von 1215 (die „Magna Charta" wurde im Laufe der Zeit zur wichtigsten Grundlage des englischen Verfassungsrechts): „To no one will We sell, to no one will We deny or delay, right of justice" (Wir werden Gerechtigkeit an niemanden verkaufen, noch niemandem versagen noch verzögern). Und der „Habeas Corpus Act" von 1679 (eines der englischen Staatsgrundgesetze zum Schutz der persönlichen Freiheit) schrieb vor, dass die Gefangenen in der nächsten Gerichtssitzung für Verbrechen und Vergehen abzuurteilen oder gegen Kaution zu entlassen seien, es sei denn, dass aufgrund Eides nachgewiesen werde, dass die Zeugen der Anklage für diese Sitzung nicht verfügbar seien. Dieser Gedanke des „prompt and speedy trial" findet noch heute vor englischen Gerichten Anwendung.[47]

1764 war es der bekannte Strafrechtler und Aufklärer Cesare Beccaria (1738-1794), der in seinem berühmten Werk „Dei delitti e delle pene" (Von Verbrechen und Strafen) schnelle Bestrafungen forderte, denn umso geschwinder die

---

allem auf der zunehmenden Klage über die Dauer beruht. Er spricht diesbezüglich vom Phänomen der Self-Fulfilling Prophecy, d. h. der Rolle, die die Wahrnehmung bzw. Erwartung bei der Schaffung von Realität spielt.

45 Ostendorf, 1998, S. 485. Auch Trenczek, 1994, S. 162 f., mahnt eine verstärkte Kooperation an.

46 So Schmidt, S. 194 f. Siehe auch: Scheffler, 1981, S. 455.

47 Pfeiffer, Gerd, 1992, S. 329; Schwenk, S. 726 ff.
Auch die Verfassung der USA gebietet im 6. Amendment: „In all criminal prosecutions, the accused shall enjoy the right to a speedy trial" (In allen Strafverfahren soll der Beschuldigte das Recht auf schnelle Verhandlung genießen), wobei dies von den Gerichten dergestalt interpretiert wurde, dass die Hauptverhandlung nicht unbedingt schnell vonstatten gehen, sondern schnell angesetzt werden solle.

Strafe auf ein begangenes Verbrechen erfolge, so Beccaria, desto gerechter und nützlicher sei sie.[48] Kritisch wendete sich dagegen der bedeutende Leipziger Strafrechtslehrer Karl Ferdinand Hommel (1722-1781) in seiner Kommentierung dieses Werks aus dem Jahre 1778: „Die Beschleunigung der Untersuchung darf man in Deutschland den Gerichtsherren ebenso sehr nicht einpredigen. (...) man hat eher Ursache sich über Eilfertigkeit, als Verzögerung, zu beklagen."[49] Die Tatsache, dass der aufgeklärte preußische Herrscher Friedrich der Große 1765 befohlen hat, ein besonderes Augenmerk auf die Beschleunigung der Strafjustiz zu richten, spricht jedoch eher für die Position Beccarias.[50] Ausgewogener ging der Strafrechtler Anselm von Feuerbach (1775-1833) vor, wenn er 1833 forderte: „Nicht Zögern ist Richterpflicht; aber eben so gewiss nicht eilen; denn Eile übereilt sich, und ein eilfertiger Rechtsspruch ist sehr oft nur ein eilendes Unrecht."[51] Konkreter wurde er dabei freilich nicht. Ganz eindeutig war demgegenüber die Meinung des Gesetzgebers, die sich in den Motiven zur StPO von 1877, welche auch auf Jugendliche Anwendung fand, so ausdrückte: „Unbestritten gehört zu den Erfordernissen einer guten Strafrechtspflege eine schnelle und energische Vollstreckung der erkannten Strafen."[52]

Auch zur Zeit der Weimarer Republik wurde, vor allem aufgrund des damals entstehenden Problems der Großprozesse – man sprach von „Monstreprozessen" –, über die lange Prozessdauer geklagt. 1931 sollten verschiedene Verordnungen, unter anderem auch zur Zulassung von Schnellverfahren, hier Abhilfe schaffen.[53] Als zumindest genauso bedeutend sah man den Beschleunigungsgrundsatz für das Jugendstrafrecht an, das ab 1923 eigens durch das neugeschaffene Jugendgerichtsgesetz geregelt wurde.[54] Auch hier erfolgte jedoch keine ausdrückliche Festlegung. Während der nationalsozialistischen Herrschaft in Deutschland[55] kümmerte man sich im Rahmen des Jugendstrafrechts insbesondere um eine beschleunigte Durchführung des Jugendarrests, bekannte aber auch

---

48 Beccaria, § XIX.
49 Hommel, S. 95.
50 Siehe Kern, S. 240. So auch: Hillenkamp, S. 133, und Küng-Hofer, S. 1, der in diesem Zusammenhang auch auf die preußische Kriminalordnung von 1805 hinweist, die in § 65 die Beschleunigung des Kriminalprozesses verlangt.
51 Feuerbach, S. 132.
52 Siehe Hahn, S. 293.
53 Hippel, S. 57 f.; Peters, Karl, 1979, S. 82. Auf der wissenschaftlichen Ebene argumentiert 1924 Kern, S. 237 ff., für eine möglichst rasche Bestrafung.
54 Scheffler, 1981, S. 456.
55 Ausführlich zum Jugendstrafrecht zur Zeit des Nationalsozialismus: Wolff.

grundsätzlich: „Von besonderer Bedeutung für einen erzieherischen Erfolg des Jugendstrafverfahrens ist seine Schnelligkeit.“[56]

Nach dem Zweiten Weltkrieg war hervorstechend die Einführung der Europäischen Konvention zum Schutz der Menschenrechte und Grundfreiheiten vom 4.11.1950 – innerstaatliches deutsches Recht geworden durch Bundesgesetz vom 7.8.1952 –, die in Art. 6 einen Anspruch auf rechtliches Gehör innerhalb einer angemessenen Frist gewährt, worüber unten noch detaillierter zu sprechen sein wird.[57] Zuletzt soll noch auf zwei Gesetze, die nicht so weit in der Vergangenheit liegen, hingewiesen werden; nämlich das Erste Gesetz zur Reform des Strafverfahrensrechts vom 9.12.1974 sowie das Strafverfahrensänderungsgesetz vom 5.10.1978, die mit verschiedenen Einzelmaßnahmen ebenfalls zu einer Straffung und Beschleunigung des Strafprozesses führen sollten.[58] Dass gerade auch in jüngster Zeit die vorliegende Problematik breit diskutiert wird, zeigt sich insbesondere darin, dass sich die strafrechtliche Abteilung des 60. Deutschen Juristentags 1994 in Münster mit ihr befasste.[59]

4. Rechtsgrundlage des Beschleunigungsgrundsatzes

Wie bereits ausgeführt, findet sich der Beschleunigungsgrundsatz weder in der StPO noch im JGG ausdrücklich niedergelegt.[60] Dies änderte sich auch nicht mit dem Ersten Gesetz zur Reform des Strafverfahrensrechts von 1974. Bei dessen Vorbereitungsarbeiten wurde zwar längere Zeit erwogen, ein gesetzliches Beschleunigungsgebot zu schaffen, letztlich wurde jedoch darauf verzichtet, da dies nur sinnvoll gewesen wäre, wenn zugleich Möglichkeiten zu seiner Sanktionierung geschaffen worden wären. Hierzu sah sich der Gesetzgeber aber angesichts der kontroversen Auffassungen in Wissenschaft und Rechtsprechung nicht in der Lage.[61] Unzweifelhaft hat der Beschleunigungsgrundsatz jedoch in-

---

[56] So beispielhaft: Kümmerlein, S. 556.
[57] Siehe zunächst: Prochnow, S. 4 f.
[58] Vgl. Küng-Hofer, S. 2. Detaillierter Pfeiffer, Gerd, 1992, S. 330 f.
[59] Siehe dazu das Gutachten von Gössel, 1994, sowie die Zusammenfassung der getroffenen Beschlüsse in NJW, 1994 (37), S. 3078 ff.
[60] Für eine ausdrückliche Aufnahme des Beschleunigungsgrundsatzes ins JGG sprechen sich jedoch sowohl die 2. Jugendstrafrechtsreform-Kommission der DVJJ, abgedruckt in: DVJJ-Journal 3/2002 (Nr. 177), S. 227 ff., 232, als auch Albrecht, Hans-Jörg, 2002, in seinem Gutachten zum 64. Deutschen Juristentag 2002, S. D 130, aus. Dagegen aber die entsprechenden Beschlüsse des Juristentages sowie mit guten Gründen Beulke/Dittrich/Mann, S. 124.
[61] Rieß, 1975, S. 81 f.

zwischen seine Stellung im Strafrecht eingenommen, unabhängig von Einzelproblemen, die weiterhin umstritten sind. Und so stehen auch die verschiedenen Rechtsgrundlagen, an die er angelehnt wird, eher nebeneinander als gegeneinander.

Zumeist wird mit einer allgemeinen prozessualen Fürsorgepflicht argumentiert. Solche ungeschriebenen Nebenpflichten erwachsen dem Gericht und den Strafverfolgungsbehörden aus dem Rechtsstaatsprinzip,[62] aus dem Grundsatz des Vertrauensschutzes, aus dem Recht auf Verteidigung und ein faires Verfahren sowie aus der allgemeinen Rechtspflicht, das Verfahren justizförmig, pfleglich und zweckvoll zu gestalten.[63] Nach wohl herrschender Ansicht zählt auch das Beschleunigungsgebot zu diesen Pflichten.[64] Noch weiter geht Kloepfer, nach dessen Meinung sich eine verfassungsrechtliche Beschleunigungsmaxime für die Gerichte bereits aus dem zentralen verfassungslegitimen Rechtsdurchsetzungsauftrag der Rechtsprechung ergibt.[65] Es wird ferner sogar die Auffassung vertreten, das Beschleunigungsgebot entwickele sich mehr und mehr zum selbständigen Rechtsinstitut.[66] Das Bundesverfassungsgericht zieht weiterhin Art. 2 I GG zur Begründung heran. In Verbindung mit dem Rechtsstaatsprinzip gewährleistet dieser dem Beschuldigten im Strafverfahren das Recht auf ein faires rechtsstaatliches Verfahren. „Dieses Prozeßgrundrecht fordert“, so das Bundesverfassungsgericht, „eine angemessene Beschleunigung des Verfahrens.“[67]

Fast ausnahmslos wird in diesem Zusammenhang auf die Bestimmungen der Europäischen Konvention zum Schutze der Menschenrechte und Grundfreiheiten vom 4.11.1950 als Rechtsgrundlage für den Beschleunigungsgrundsatz hingewiesen.[68] Nach Art. 6 I 1 MRK hat jedermann Anspruch darauf, dass seine Sache „in billiger Weise öffentlich und innerhalb einer angemessenen Frist ge-

---

62 Beulke, S. 15, will das Beschleunigungsgebot wohl sogar direkt aus dem Rechtsstaatsprinzip, Art. 20 III GG, ableiten.

63 Meyer-Goßner, Einl., Rn. 156.

64 Siehe z. B.: Meyer-Goßner, Einl., Rn. 160; Pfeiffer, Gerd, 2001, Einl., Rn. 10; Kohlmann, 1972, S. 504 f.; Pfeiffer, Gerd, 1992, S. 331; sowie aus der Rechtsprechung: BGH NJW, 1975 (28), S. 63 f. (24.9.1974), S. 64.

65 Kloepfer, S. 211 – im Weiteren leitet er den Beschleunigungsgrundsatz ab aus der Idee der Effektivität des Rechtsschutzes, aus den Justizgrundrechten sowie aus den einschlägigen übrigen Grundrechten unter den Aspekten der prozessbegleitenden Eingriffe, des Prozesses als Eingriff sowie des Prozesses als Grundrechtsverwirklichung.

66 Meyer-Goßner, Einl., Rn. 160.

67 BVerfG NJW, 1993 (46), S. 3254 ff. (19.4.1993), S. 3254.

68 Allgemein zur Europäischen Menschenrechtskonvention zusammenfassend und aktuell: Ehlers.

hört wird".[69] So umstritten die Bestimmung der zu beurteilenden Frist und die Frage ihrer Angemessenheit im Einzelnen sind,[70] so besteht doch wenigstens insofern kein Widerstreit, als sich aus Art. 6 I 1 MRK für das deutsche Recht grundsätzlich ein Beschleunigungsgebot ableiten lässt.[71] Bezüglich Haftsachen wird dies noch durch Art. 5 III 2 MRK verstärkt,[72] wonach der inhaftierte Beschuldigte einen unmittelbaren Anspruch auf Aburteilung innerhalb einer angemessenen Frist oder Haftentlassung während des Verfahrens hat.[73] Dieser Anspruch wird in der Regel verbunden mit dem Grundrecht aus Art. 2 II GG.[74] Auch die am 8.12.2000 in Nizza proklamierte Charta der Grundrechte der Europäischen Union enthält - wenn auch nicht rechtsbindend - in Art. 47 II das Recht einer jeden Person, dass ihre Sache innerhalb angemessener Frist verhandelt wird. Dennoch bleibt auch hier die Problematik der Fristberechnung und der Auslegung des unbestimmten Begriffs „angemessen" bestehen. Zusammenfassend lässt sich jedoch feststellen, dass der Beschleunigungsgrundsatz, obwohl nicht ausdrücklich in der StPO niedergelegt, durch seine Verankerung im Rechtsstaatsprinzip sowie in der MRK fester Bestandteil des deutschen Rechts ist.

5. Rechtliche Konsequenzen der Nichteinhaltung der angemessenen Geschwindigkeit

Da nicht einmal der Beschleunigungsgrundsatz selbst in der StPO niedergelegt ist, können sich dort natürlich auch keine Sanktionsmechanismen für eine mögliche Nichtbefolgung finden lassen. Jedoch sieht auch die Europäische Menschenrechtskonvention keine eigenständige Sanktion einer Verletzung des Beschleunigungsgebotes des Art. 6 I MRK vor. Vielmehr besteht die Sanktion bereits darin, dass die zuständigen Organe die Verletzung des Art. 6 I MRK ausdrücklich feststellen und gegebenenfalls in einer Art Nachverfahren eine Ent-

---

69 Wortlaut der deutschen, im BGBl. II, S. 685 ff., S. 688, veröffentlichten Übersetzung des Gründungstextes. Nach aktuellem Wortlaut besteht das Recht auf Verhandlung der Streitigkeit innerhalb angemessener Zeit.

70 Hierzu siehe: Frowein/Peukert, Art. 6, Rn. 136 ff.; Peukert, S. 261 ff.; sowie zur Problematik der Angemessenheit: Vogelsang, S. 1845 f.

71 So z. B.: Meyer-Goßner, Einl., Rn. 160; Pfeiffer, Gerd, 2001, Einl., Rn. 10; Pfeiffer, Gerd, 1992, S. 331; Prochnow, S. 4 f.

72 Erstfassung – heute: Art. 5 III 1 2. Halbsatz.

73 Vgl. etwa: OLG Bremen NJW, 1960 (13), S. 1265 f. (17.2.1960) – Mit einer Anmerkung von Freiherr von Stackelberg.

74 BVerfG NJW, 1966 (19), S. 1259 f. (3.5.1966); Meyer-Goßner, Einl., Rn. 160; Pfeiffer, Gerd, 2001, Einl., Rn. 10; Pfeiffer, Gerd, 1992, S. 331.

schädigung nach Art. 50 MRK festsetzen.[75] Deshalb ist es kaum verwunderlich, dass seit Bestehen der Menschenrechtskonvention umstritten ist, welche Konsequenzen aus der übermäßigen Dauer von Strafverfahren zu ziehen sind.

Nachdem der BGH 1962 noch erklärt hatte, der Länge des Strafverfahrens komme „grundsätzlich keine rechtliche Bedeutung" zu,[76] stellte er demgegenüber 1971 fest, dass einer überlangen Verfahrensdauer zwar nicht durch Verfahrenseinstellung, wie von einigen gewichtigen Stimmen vertreten, jedoch durch Berücksichtigung bei der Strafzumessung Rechnung zu tragen sei, da diese einen Spielraum gewähre, der ausreiche, um auf unangemessene Verfahrensverzögerungen zu reagieren.[77] Im Grundsatz hat sich diese Auffassung bis heute sowohl in der Rechtsprechung als auch in der Lehre als die überwiegende erhalten.[78] 1983 hat ein Vorprüfungsausschuss des Bundesverfassungsgerichts jedoch dann ein Verfahrenshindernis unmittelbar aus dem verfassungsrechtlichen Rechtsstaatsgebot abgeleitet, wenn „das Ausmaß der Verfahrensverzögerung besonders schwer wiegt" und durch die Verfahrensdauer eine so erhebliche Verletzung des Rechtsstaatsgebots vorliegt, „dass ein anerkennenswertes Interesse an weiterer Strafverfolgung (...) im Einzelfall nicht mehr besteht und eine Fortsetzung des Verfahrens rechtsstaatlich nicht mehr hinnehmbar ist."[79] 1987 ordnete dann auch der BGH den Abbruch eines Strafverfahrens wegen der „willkürlichen und schwerwiegenden Verletzung des Beschleunigungsgebots" an, betonte aber gleichzeitig, dass sich dies nicht notwendig decken müsse mit der Annahme eines allgemeinen Verfahrenshindernisses der überlangen Verfahrensdauer.[80]

Zusammenfassend lässt sich die herrschende Meinung in Rechtsprechung und Lehre also so verstehen, dass eine überlange Verfahrensdauer grundsätzlich kein Verfahrenshindernis darstellt, sondern im Rahmen der Strafzumessung mildernd zu berücksichtigen ist, dass eine Verfahrenseinstellung in besonders krassen Ausnahmefällen aber in Betracht kommen kann.[81] Die Möglichkeit der Aner-

---

75 Vgl. Ulsamer, S. 380. Zum Problem der Wiedergutmachung: Ress, S. 242 ff.

76 BGH DAR, 1963 (32), S. 169 (21.12.1969).

77 BGH St 24, S. 239 ff. (10.11.1971), S. 242.

78 So z. B.: BGH StV, 1982 (2), S. 339 ff. (3.2.1982); BGH NJW, 1999 (52), S. 1198 f. (21.12.1998); Meyer-Goßner, Art. 6 MRK, Rn. 9; Beulke, S. 16; Hanack, S. 708; Kohlmann, 1988, S. 211; Pfeiffer, Gerd, 1992, S. 339; Schäfer, Gerhard, S. 179 ff. Dagegen: Albrecht, Hans-Jörg, 1994, S. 396; Peters, Karl, 1979, S. 93; Roxin, Claus, S. 111 f.

79 BVerfG (Vorprüfungsausschuss) NJW, 1984 (37), S. 967 f. (24.11.1983), S. 967.

80 BGH St 35, S. 137 ff. (9.12.1987).

81 Vgl. kurz: Beulke, S. 15; Roxin, Claus, S. 111 ff. Ausführlich: Scheffler, 1991, S. 21 ff.; Roxin, Imme, S. 84 ff.

kennung eines Verfahrenshindernisses wurde zuletzt noch einmal vom BGH herausgearbeitet,[82] so dass man richtigerweise heute wohl sogar eine theoretische Dreiteilung vornehmen muss: Strafzumessungslösung im unteren Bereich, Absehen von Strafe bzw. Einstellung gemäß § 153 StPO im mittleren und von Amts wegen zu berücksichtigendes Verfahrenshindernis im oberen Bereich.[83] Auf die genannte Rechtsprechung verweist ausdrücklich das Kreisgericht Saalfeld, wenn es nach einer langen erzieherischen Begründung des Beschleunigungsgrundsatzes dieselben Kriterien auch auf das ihm vorliegende Jugendstrafverfahren anwendet und so wegen einer als „erheblich" bezeichneten Verfahrensverzögerung von 2 ½ Jahren die Einstellung des Verfahrens nach § 47 I 1 Nr. 1 JGG vorschreibt.[84] In diesem Zusammenhang ist noch zu erwähnen, dass die Gerichte selbst bei dringendem Tatverdacht unter Zitierung des Beschleunigungsgrundsatzes gerade in jüngerer Zeit wiederholt Haftbefehle aufgehoben haben, wenn die Fortdauer der Untersuchungshaft weder durch einen besonderen Ermittlungsaufwand noch durch sonstige wichtige Gründe i. S. d. § 121 I StPO gerechtfertigt war.[85]

6. Allgemein-strafrechtliche Diskussion des Beschleunigungsgrundsatzes

Aus einer aus empirischen Untersuchungen mehr oder weniger überzeugend hergeleiteten Feststellung, die Strafverfahren dauerten zu lang, folgt in der juristischen Literatur in der Regel auf der Grundlage des Beschleunigungsgebots die Forderung nach einer zeitlichen Verkürzung der Verfahren. Manche Autoren sehen dabei keine Notwendigkeit, diese Forderung näher zu begründen. Einen Verweis auf die vorliegenden Zahlen halten sie als Argumentation für ausreichend. Andere versuchen, die Problematik tiefer zu behandeln und präsentieren konkrete Argumente, von denen sie glauben, dass sie für eine möglichst schnelle Durchführung der Strafverfahren sprechen. Beschränkt man sich hierbei zunächst auf die juristische Literatur, so stößt man immer wieder auf die gleichen Begründungsmuster. Diese sollen nun zunächst dargestellt werden, bevor auf die Aspekte eingegangen wird, die von verschiedenen Juristen dem Beschleunigungsgrundsatz entgegengestellt werden oder ihn zumindest in seiner Bedeutung

---

[82] BGH StV, 2001 (21), S. 89 ff. (25.10.2000).

[83] Kempf, 2001.

[84] KreisG Saalfeld StV, 1993 (13), S. 535 (17.8.1993).

[85] OLG Koblenz StraFo, 2002, S. 208 (10.1.2002); ThürOLG StV, 2002, S. 555 (12.6.2002); LG Berlin StV, 2002, S. 608 (1.7.2002); OLG Bamberg StV, 2002, S. 608 (4.7.2002); OLG Celle StraFo, 2002, S. 103 (10.10.2002).

einschränken. Die Darstellung wird mit den besonders für das Erwachsenenstrafrecht vorgebrachten Argumenten und Gegenargumenten beginnen. Erst später soll untersucht werden, welche Rolle die genannten Aspekte für das eigentlich in dieser Arbeit zu behandelnde Jugendstrafrecht spielen und welche Begründungen eigens für diese Rechtsmaterie unter den Juristen diskutiert werden.

a) Begründung des Beschleunigungsgrundsatzes

Einen ersten Überblick über die Breite der Diskussion gibt der BGH, wenn er sagt, dass das Beschleunigungsgebot zwar in erster Linie dem Schutz des Beschuldigten diene, es aber zugleich auch ganz allgemein im öffentlichen Interesse liege.[86] Genauer finden sich in der einschlägigen juristischen Literatur drei Argumentationsstränge zugunsten des Beschleunigungsgrundsatzes, die sich natürlich zum Teil auch überschneiden. Zum einen soll er dem Interesse der Justiz dienen, zum anderen dem der Allgemeinheit; im Zentrum steht aber der Schutz des Beschuldigten selbst.

Für den Bereich der Justiz werden zunächst die hohen finanziellen Kosten langwieriger Strafverfahren,[87] der Zeitverlust zu Lasten anderer Verfahren[88] sowie die erhebliche physische und psychische Beanspruchung der beteiligten Rechtspflegeorgane angeführt.[89] Im Mittelpunkt der justiziellen Überlegungen steht aber die Frage der Wahrheitsermittlung. Als zentrales Anliegen des Strafprozesses ist nämlich die Ermittlung des „wahren Sachverhalts" anzusehen.[90] Diese Suche nach der Wahrheit werde jedoch mit zunehmender Verfahrensdauer erheblich erschwert.[91] Das Erinnerungsvermögen des Zeugen als das wichtigste Beweismittel könne in seinem Beweiswert – beeinträchtigt ohnehin durch die Grenzen des menschlichen Erkenntnisvermögens – durch Zeitablauf unter Umständen bis zur Bedeutungslosigkeit herabsinken.[92] Dies könne sich aber nicht nur zugunsten des Beschuldigten auswirken – wenn also seine Schuld nicht mehr nachgewiesen werden kann[93] –; auch ihm werde es immer schwerer fallen,

---

86 BGH St 26, S. 228 ff. (22.10.1975), S. 232; Meyer-Goßner, Einl., Rn. 160.
87 Berz, S. 729; Küng-Hofer, S. 21. Zur Kostenfrage näher: Albrecht, Hans-Jörg, 1994, S. 396 f.
88 BT-Drucksache 7/551, S. 35.
89 BGH St 26, S. 228 ff. (22.10.1975), S. 232 f.; Berz, S. 729; Küng-Hofer, S. 21.
90 BVerfG E 57, S. 250 ff. (26.5.1981), S. 275.
91 Albrecht, Hans-Jörg, 1994, S. 396.
92 Küng-Hofer, S. 23.
93 Vgl. Prochnow, S. 2 f.

ihn entlastende Argumente (etwa für ein Alibi) beizubringen.[94] Der strafprozessuale Grundsatz der Unmittelbarkeit verstärke dieses Problem vermutlich noch.[95] Aber auch wenn man als zweite Zielrichtung des Strafprozesses neben der Wahrheitsermittlung noch die Herstellung des Rechtsfriedens anerkennt,[96] wird zugunsten des Beschleunigungsgebotes das Argument angeführt, dass nach der langen Zeitdauer der Rechtsfrieden möglicherweise wiederhergestellt sei und durch eine nun eröffnete Hauptverhandlung eher gestört als gefestigt werde.[97] Bezüglich des justiziellen Argumentationsstrangs wird ferner darauf verwiesen, dass das Ansehen der Rechtsprechung und der gesamten Justiz in der Öffentlichkeit leide, wenn der Eindruck entstehe, dass sie nicht in der Lage sei, innerhalb eines angemessenen Zeitraums den staatlichen Strafanspruch, also ihren Rechtsdurchsetzungsauftrag,[98] zu erfüllen.[99] So gehöre zum Prinzip der Rechtsstaatlichkeit, dass der Staat die Pflicht hat, das Vertrauen seiner Bürger in die Funktionstüchtigkeit der Strafrechtspflege zu schützen.[100]

Betrachtet man nun die Begründungen, die sich auf die Allgemeinheit beziehen, so liegt es zunächst nahe, von dem soeben besprochenen Verlust des Ansehens der Justiz in der Öffentlichkeit nachteilige Auswirkungen auf das allgemeine Rechtsbewusstsein abzuleiten.[101] Hier wird aber vor allem auf den Abschreckungseffekt einer schnell nach der Tat erfolgenden Bestrafung verwiesen.[102] Der Beschleunigungsgrundsatz diene also der negativen Generalprävention. Die Abschreckungswirkung auf andere potentielle Täter wird als höher angesehen, wenn der Anlass für die Strafe noch frisch in der Erinnerung haftet, als dann, wenn der Bezug zur Tat kaum noch besteht.[103] Wer also mit einer schnellen Bestrafung rechnen müsse, werde demnach eher vor der Tat zurückschrecken als derjenige, der darauf hoffen könne, dass durch eine lange Verfahrensdauer die Wahrheitsfindung erschwert und die Urteilsvollstreckung hinausgeschoben wer-

---

94 Kohlmann, 1972, S. 502; Pfeiffer, Gerd, 1992, S. 332.
95 Vgl. Berz, S. 730.
96 Grundlegend dazu: Schmidhäuser, S. 511 ff.
97 Hillenkamp, S. 134; Küng-Hofer, S. 24.
98 So Kloepfer, S. 210.
99 Berz, S. 730; Küng-Hofer, S. 27; Prochnow, S. 2.
100 BVerfG E 51, 324 ff. (19.6.1979), S. 343; Pfeiffer, Gerd, 1992, S. 334. Hinsichtlich eines möglichen Vergeltungsbedürfnisses der Gesellschaft kommt Kern, S. 238, zu einem geteilten Ergebnis: Einerseits erfordert das Rechtsempfinden eine rasche Sühne, andererseits schwächt sich das Vergeltungsbedürfnis immer mehr ab, je mehr Zeit seit der Tatbegehung vergangen ist.
101 Berz, S. 730.
102 So z. B.: Hillenkamp, S. 135; Kern, S. 238 f.
103 Albrecht, Hans-Jörg, 1994, S. 396; Berz, S. 729; Pfeiffer, Gerd, 1992, S. 333.

de.[104] Wird die Strafe folglich zu spät verhängt oder vollstreckt, so geht nach dieser Auffassung ihre psychologische Wirkung auf die Allgemeinheit verloren.[105] Dem Schutz der Allgemeinheit diene darüber hinaus zweifellos auch die Tatsache, dass, je kürzer der Abstand zwischen Tat und Verurteilung bzw. Vollstreckung sei, desto weniger Gelegenheit der Beschuldigte habe, erneut straffällig zu werden.[106]

Im Zentrum der Überlegungen zum Sinn des Beschleunigungsgebots steht jedoch, wie bereits angedeutet, der Schutz der Interessen des Beschuldigten. Dabei wird zunächst der Gedanke der positiven Spezialprävention vorgebracht, wobei nicht vergessen werden darf, dass eine erfolgreiche Resozialisierung auch dem Schutz der Allgemeinheit dient, da sie von weiteren Straftaten des jeweiligen Delinquenten verschont bleibt. Eine lange Verfahrensdauer – so wird immer wieder erklärt – störe den Resozialisierungsprozess;[107] folge die Sanktion der Tat jedoch auf dem Fuße, so wachse die Chance einer erfolgreichen Resozialisierung,[108] die Rückfallanfälligkeit des Täters werde also verringert.[109] Begründet wird dies damit, dass durch den Zeitablauf die Erinnerung an die Tat vollständig verloren gegangen sei – etwa durch Verdrängungs-[110] oder Neutralisierungsmechanismen[111] – oder zumindest der Täter keinen Bezug mehr zwischen der Tat und der nachfolgenden Sanktion herstellen könne, was sich wiederum negativ auf seine Ansprechbarkeit auswirke.[112] Er könne die Strafe nicht mehr als gerecht empfinden;[113] es werde immer schwieriger, ihn zur Erkenntnis einer Schuld, zur Reue und Umkehr zu bewegen.[114] Daneben lassen sich aber auch einige Gesichtspunkte finden, die ausschließlich dem Interesse des Beschuldigten dienen.[115] Gesprochen wird hier von den verschiedenen schweren Belastungen, denen der Beschuldigte während des Verfahrens ausgesetzt ist und die mit zunehmender Dauer natürlich nicht leichter werden. Sie könnten so weit gehen, dass von ihnen eine „Quasi-Straf-Wirkung" ausgehe.[116] Genannt werden sollen

---

104 BT-Drucksache 7/551, S. 35; Asbrock, S. 159.
105 Peters, Karl, 1979, S. 82.
106 BT-Drucksache, 7/551, S. 35.
107 So z. B.: Hanack, S. 706.
108 Asbrock, S. 159.
109 BT-Drucksache 7/551, S. 35.
110 Küng-Hofer, S. 26.
111 Pfeiffer, Christian, S. 95 ff.
112 Berz, S. 730.
113 Jescheck, S. 204.
114 Kern, S. 238.
115 Kern, S. 238, spricht diesbezüglich von einer „richtig verstandenen Humanität."
116 So Kohlmann, 1988, S. 205.

hier nur die wichtigsten: die Bedrohung des Beschuldigten in seiner materiellen und beruflichen Existenz, wodurch auch seine Familie stark betroffen ist;[117] die seelischen Belastungen durch die Ungewissheit des Verfahrensausgangs;[118] die Zerstörung seines guten Rufs in der Öffentlichkeit und seine Festlegung auf die Rolle des Kriminellen[119] (zu beachten ist bis zum Urteil schließlich die Unschuldsvermutung);[120] und gegebenenfalls die besonders starke Belastung, falls sich der Beschuldigte in Untersuchungshaft befindet.[121]

Zuletzt und etwas abseits der drei genannten Begründungslinien wird noch vereinzelt die Lage des Geschädigten berücksichtigt. Auch diese spreche für den Beschleunigungsgrundsatz. So habe der Geschädigte ein Interesse an einer schnellen Bestrafung des Täters und an einem baldigen Ersatz des ihm zugefügten Schadens.[122] Eine lange Verfahrensdauer mit den damit verbundenen beständigen Anforderungen an die Opferzeugen sei hingegen dazu geeignet, eine Sekundärtraumatisierung auszulösen oder zu verstärken.[123]

b) Infragestellung der Beschleunigungsforderung

So einig man sich unter den Juristen über die Argumente ist, die für den Beschleunigungsgrundsatz sprechen, so sehr sieht man allenthalben auch Gefahren, die eine zu starke Beschleunigung des Strafverfahrens mit sich bringen kann. Während einige Darstellungen konkrete Maßnahmen genau an diesen Gefahren messen, beschränken sich viele Autoren auf sehr allgemeine und abstrakte Hinweise. Wiederum soll nur ein Überblick dessen gegeben werden, was in juristischen Kreisen als potentiell gefährliche Tendenzen eingestuft wird. Am besten lässt sich diese Gefahr wohl mit dem Begriff des „kurzen Prozesses" ausdrücken, vor dem allgemein gewarnt wird.[124] Unter diesem sprichwörtlichen Ausdruck wird ein Verfahren verstanden, das unter Zurückstellung rechtsstaatlicher Anforderungen nur danach trachtet, in möglichst kurzer Zeit einem Ende zugeführt zu werden. Hier wird schon deutlich, worin das Hauptproblem des Be-

---

117 Berz, S. 729; Hanack, S. 706; Pfeiffer, Christian, S. 97; Pfeiffer, Gerd, 1992, S. 331 f.
118 BT-Drucksache 7/551, S. 34; Asbrock, S. 160; Hillenkamp, S. 135.
119 BT-Drucksache 7/551, S. 34; Asbrock, S. 160; Pfeiffer, Christian, S. 97.
120 Vgl. Kohlmann, 1972, S. 503; Küng-Hofer, S. 28.
121 Prochnow, S. 3. Ausführlich: Berz, S. 729.
122 Küng-Hofer, S. 30.
123 Albrecht, Hans-Jörg, 1994, S. 396. Es ist auf der anderen Seite jedoch auch denkbar, dass gerade traumatisierte Opfer eine gewisse Zeit nach der Tat benötigen, bis sie in der Lage sind, das Verfahren zu verfolgen und als Zeuge bereitzustehen.
124 Siehe z. B.: Hillenkamp, S. 134; Scheffler, 1994, S. 2191; Schroeder, S. 237.

schleunigungsgebots in juristischer Hinsicht besteht, nämlich in seinem Spannungsverhältnis zum Rechtsstaatsgrundsatz.[125] Während das Rechtsstaatsprinzip oben noch als eine mögliche Rechtsgrundlage des Beschleunigungsgrundsatzes herangezogen wurde (s. S. 14), so bildet es doch offensichtlich mit seinen Verfahrensgarantien auch eine Grenze für prozessbeschleunigende Maßnahmen. Beschleunigung „um jeden Preis“[126], unter Aufgabe rechtsstaatlicher Garantien und schützender verfahrensrechtlicher Formen oder Mitwirkungsrechte des Beschuldigten, kann also nicht in Betracht kommen. Vielmehr ist die Gerechtigkeit immer in einem gerechten und menschlichen, oder juristischer ausgedrückt, in einem justizförmigen Verfahren zu verwirklichen.[127] Man spricht hierbei auch vom Grundsatz des „fair trial“.[128] Obwohl eine allumfassende Definition dessen, was unter einem fairen Verfahren zu verstehen ist, hier nicht möglich ist, soll Bottkes Versuch einer solchen – bezogen auf den Jugendstrafprozess – dennoch wiedergegeben werden, da hierdurch ein sehr verständliches und plastisches Bild der Thematik vermittelt wird:

„Ein fairer Prozeß akzeptiert den Jugendlichen als Verfahrenssubjekt mit wirksamen Abwehr- und Beteiligungsrechten, die alle staatlichen Prozeßbeteiligten fürsorglich achten und zu deren Wahrnehmung sie gegebenenfalls die fachkundige Hilfe eines unabhängigen Organs der Rechtspflege bereitstellen müssen. Tatorientiert dient ein fairer Jugendstrafprozeß anfänglich der Integrationsprävention durch wahrheitsfinale Ermittlungsaufnahme und willkürfreie Selektion. Täterorientiert dient ein faires Erziehungsstrafverfahren, unnötige Bemakelung und erzieherische Nachteile vermeidend, zur Spezialprävention hin.“[129]

Durch eine besonders intensive Beschleunigung des Verfahrens seien jedoch manche dieser Aspekte gefährdet. Zum Schutz des Beschuldigten sei – allgemein gesprochen – etwa darauf zu achten, dass seine Verteidigungsrechte im Sinne des Fairnessgebots durch gesicherte und effektive Einwirkungsmöglichkeiten und nicht zuletzt durch eine wirksame instanzielle Überprüfbarkeit bestehen bleiben.[130] Zumindest seien Maßnahmen, die der Verfahrenseffizienz zur

125 Ausführlich zum Rechtsstaatsprinzip in diesem Zusammenhang: Gössel, 1994, S. C 22 f.

126 Gays Forderungen gipfeln in der uneingeschränkten Aussage: „Schnelle Justiz – gute Justiz !“, S. 607.

127 Küng-Hofer, S. 32. Erschreckende Beispiele für Schnellgerichtsverhandlungen nennen Herzog, S. 125 f., und Scheffler, 1994, S. 2191.

128 Allgemein dazu: Dörr; Rzepka. Zum Bereich des Jugendstrafverfahrens: Albrecht, Peter-Alexis, S. 289 ff.

129 Bottke, 1983, S. 103.

130 Für viele: Küng-Hofer, S. 33. Nach Löwe-Rosenberg, Rieß, Einl. G33, stehen dem Beschleunigungsgrundsatz verfahrensverlängernde Maßnahmen dann nicht entgegen, wenn

Durchsetzung des materiellen Strafrechts dienen sollen, und der Schutz der Beschuldigtenrechte immer sorgsam gegeneinander abzuwägen,[131] wobei die Verteidigung der Rechtsordnung nicht überbetont werden dürfe.[132]

Das zweite bedeutende Spannungsverhältnis, in dem der Beschleunigungsgrundsatz stehe, sei zwischen einer schnellen Verfahrensdurchführung einerseits und einer umfassenden Sachverhaltsaufklärung und Wahrheitsfindung andererseits zu sehen.[133] Entscheidend müsse dabei sein, ein richtiges Urteil zu gewinnen,[134] also das richtige Recht in sorgfältiger Ermittlung zu finden.[135] Auch verfahrensverlängernde Maßnahmen könnten so notwendig sein, wenn sie im Interesse einer unverzichtbaren Sachaufklärung sachlich gerechtfertigt seien.[136] Um zu einem sachlich richtigen und qualitativ guten Urteil zu kommen, bedürfe es aber auch eines persönlichen Eingehens auf den Beschuldigten. Es gelte also, so weit wie möglich sein Tun aus seiner Persönlichkeit heraus zu verstehen. Gerade eine solche Persönlichkeitserforschung brauche jedoch Zeit und stehe dadurch dem Beschleunigungsgrundsatz entgegen. Insbesondere für das beschleunigte Verfahren nach §§ 417 ff. StPO wird deshalb davor gewarnt, die Erforschung der Persönlichkeit des Beschuldigten zu vernachlässigen, oder gar – wie vielfach vermutet – sie überhaupt nicht mehr vorzunehmen, um die Verhandlung zügig zum Ende zu bringen.[137]

Wie gesehen wird neben der Wahrheitsermittlung auch auf die Herstellung des Rechtsfriedens als Verfahrensziel verwiesen (s. S. 19). Auch diesbezüglich findet sich eine einschränkende Interpretation des Beschleunigungsgrundsatzes,

---

sie im Verteidigungsinteresse sachlich gerechtfertigt sind. Frister, S. 454, und Perron, S. 832, kommen deshalb zu dem Ergebnis, dass Einzelmaßnahmen zur Prozessbeschleunigung ausgereizt seien und weitere Verbesserungen nur durch tiefgreifende strafrechtliche Reformen möglich seien. Schroeder, S. 237 f., lehnt wegen der Gefahr der Zurückstellung rechtsstaatlicher Anforderungen sogar grundsätzlich die Herleitung eines allgemeinen Beschleunigungsgrundsatzes ab und fordert stattdessen die Anerkennung eines Verzögerungsverbots, also die Verpflichtung der Strafverfolgungsorgane, das Strafverfahren nicht unangemessen zu verzögern.

131 Küng-Hofer, S. 33.

132 Vgl. Schlüchter, 1983, S. 868.

133 Hanack, S. 705; Küng-Hofer, S. 33; Peters, Karl, 1985, S. 83. Natürlich kann dieser Aspekt auch als ein Merkmal des Rechtsstaatsgebots angesehen werden.

134 Kern, S. 240.

135 Kloepfer, S. 210.

136 Löwe-Rosenberg, Rieß, Einl. G 33.

137 Albrecht, Peter-Alexis, S. 381; Roxin, Claus, S. 483; Schlüchter, 1983, S. 868. Siehe dazu auch: Dähn, S. 35. Nicht zuletzt aus diesem Grund fordern Herzog, S. 129, und Scheffler, 1994, S. 2195, sogar die Abschaffung des beschleunigten Verfahrens.

wenn darauf hingewiesen wird, „dass das Strafverfahren seine friedensstiftende Funktion nur in einer ‚Atmosphäre ruhiger Gelassenheit' zu erfüllen vermag", entrückt „von aller emotioneller Aufgeladenheit."[138] In diesem Zusammenhang wird teilweise auch die ansonsten in juristischen Darstellungen meist unreflektiert wiederholte These kritisiert, nach der die Strafe der Tat auf dem Fuße folgen müsse, da sie nur dann spezialpräventiv wirksam sein könne. Die Kritik setzt daran an, dass ein solches Konzept eher einem „Dressurmodell" verpflichtet sei als einem Strafverfahren, „das auf den Beschuldigten in kommunikativer Weise Einfluß zu nehmen versucht."[139] Wiederum auf das beschleunigte Verfahren nach §§ 417 ff. StPO bezieht sich die kritische Warnung, dass eine Ausweitung dieser Verfahrensart das Strafprozessrecht in ein Zweiklassenrecht verwandle, so dass der Rechtsstaat nur noch für die Reichen und die Kapitaldelikte gelte, während das beschleunigte Verfahren eine „'StPO-light' für kleine Gauner, Ausländer, Minderbemittelte und andere soziale Randgruppen darstellen könnte."[140]

Zusammenfassend lässt sich also sagen, dass insbesondere aufgrund der folgenden Gefahren vor einer zu intensiven Anwendung des Beschleunigungsgrundsatzes gewarnt wird: zu starke Einschränkung des Rechtsstaatsgebots, vor allem in Bezug auf die Mitwirkungs- und Verteidigungsrechte des Beschuldigten; keine ausreichende Wahrheitsermittlung und Persönlichkeitserforschung; hektische Verhandlungsatmosphäre und Erziehung in der Art eines „Dressurmodells"; sowie Entwicklung des Strafprozessrechts hin zu einem Zweiklassenrecht.

7. Jugendstrafrechtliche Diskussion des Beschleunigungsgrundsatzes

Der Schwerpunkt dieser Arbeit liegt im Jugendstrafrecht. Deshalb soll nun geprüft werden, inwieweit die bisher aufgeführten Aspekte, die den Beschleunigungsgrundsatz für das allgemeine Strafrecht argumentativ stärken oder auch einschränken, in ihrer Bedeutung für das Jugendstrafrecht aufrechterhalten werden können. Während einige der genannten Aspekte sowohl im Erwachsenen- als auch im Jugendstrafrecht gelten, ist aufgrund der teilweise unterschiedlichen Zielrichtung dieser Rechtsgebiete davon auszugehen, dass andere Gesichtspunk-

---

[138] Bandisch, S. 158; Neumann, S. 275; Schünemann, 1968, S. 976.

[139] Neumann, S. 276. Auch Scheffler, 1994, S. 2195, der darauf hinweist, dass die genannte These schon zur Zeit des Nationalsozialismus sehr beliebt war.

[140] So Wächtler, S. 160. Dieselbe Gefahr sieht auch Herzog, S. 125.

te im Jugendstrafrecht höchstens eine untergeordnete Rolle spielen. Dafür drängt der Aspekt der Erziehung derart in den Vordergrund, dass er anschließend in einem eigenen Unterkapitel behandelt werden soll.

a) Übertragbarkeit der allgemein-strafrechtlichen Aspekte

Zunächst soll kurz dargelegt werden, inwiefern sich das Jugendstrafrecht substantiell vom Erwachsenenstrafrecht unterscheidet. Hier ist im Einzelnen vieles umstritten. Einigkeit herrscht jedoch wohl noch insoweit, als man das Erstere als „Sonderstrafrecht" bezeichnen kann.[141] Daraus ergibt sich, dass es sich auch beim Jugendstrafrecht um ein „echtes" Strafrecht mit der Voraussetzung einer schuldhaften Tat und der Möglichkeit einer Sanktionierung durch Strafe handelt.[142] Aufgrund der zahlreichen materiell- und verfahrensrechtlichen Sonderregelungen hebt es sich aber auch deutlich vom allgemeinen Strafrecht ab. Darüber hinaus könnte man es auch als Täterstrafrecht bezeichnen, was im Gegensatz zum auch Tatstrafrecht genannten Erwachsenenstrafrecht steht.[143] Während sich hier die Sanktion überwiegend nach der begangenen Tat richtet, wird das Jugendstrafrecht stärker durch die dem Täter nach seiner Persönlichkeit zu stellende Prognose bestimmt.[144]

Höchst umstritten ist jedoch das heutige Verständnis dessen, was seit der Einführung des Jugendgerichtsgesetzes 1923 „Erziehungsgedanke" genannt wird und den Grundsatz ausdrücken sollte, für Jugendliche ein in besonderer Weise am Gedanken der Spezialprävention orientiertes Strafrecht geschaffen zu haben.[145] Hierzu findet sich in Literatur und Rechtsprechung eine Vielzahl von Interpretationen, deren Extrempositionen im Verständnis des Jugendstrafrechts als „Erziehungsstrafrecht"[146] und der Forderung nach einer völligen Abkehr vom Erziehungsgedanken[147] bestehen. Unabhängig von Einzelfragen sieht die Rechtsprechung den Erziehungsgrundsatz auch weiterhin als „Basis aller Regelungen des Jugendstrafrechts" an.[148] Ein beträchtlicher Teil der Literatur folgt dieser

141 Vgl. Schaffstein/Beulke, S. 1.
142 Vgl. Böhm, 1996, S. 12.
143 Brunner/Dölling, § 43, Rn. 2.
144 Vgl. Schaffstein/Beulke, S. 1 f.
145 Vgl. Heinz, 1991, S. 896.
146 Schaffstein/Beulke, S. 1 f.
147 Nix-Nix, Einl., Rn. 12.
148 Etwa BGH St 36, S. 37 ff. (6.12.1988), S. 42; OLG Köln StV, 1999 (19), S. 667 f. (7.5.1999), S. 667.

Linie jedoch nicht mehr. Es wird dabei die fehlende Bestimmtheit des Erziehungsgedankens kritisiert.[149] Zuvorderst sieht man aber die Gefahr, dass es durch das Prinzip „Erziehung durch Strafe“ zu einer Schlechterstellung der Jugendlichen komme, gar zu einer „Strafinflation“ über die im Einzelfall schuldangemessene Sanktion hinaus.[150] Richtigerweise sei unter dem Erziehungsgedanken nichts anderes als „eine spezifisch jugendstrafrechtliche Umschreibung des materiellen Verhältnismäßigkeitsgebots“ zu verstehen, die sich konkretisiere in der „Verpflichtung zur strafrechtlichen Zurückhaltung“.[151]

Für die vorliegende Thematik stellt sich somit die Frage, ob die Verfahrensbeschleunigung auf erzieherischen Gesichtspunkten beruhen kann oder ob sie einzig aus rechtsstaatlichen Gründen geboten ist, und in einem späteren zweiten Punkt, ob erzieherische Gründe auch für eventuelle Verfahrensverzögerungen herangezogen werden können. An dieser Stelle ist es unmöglich, detailliert auf die zahlreichen verschiedenen in der Literatur vertretenen Positionen einzugehen.[152] Der Verfasser wendet sich jedoch gegen eine völlige Abkehr vom Erziehungsgrundsatz. Betrachtet man das vorrangige Ziel des Jugendstrafrechts, so besteht zwar Einigkeit, dass dieses in der Rückfallvermeidung und künftigen Legalbewährung des Jugendlichen besteht. Daraus wird jedoch teilweise gefolgert, dass darüber hinaus nie eine moralische Besserung bezweckt werden dürfe.[153] Dies ist in Abgrenzung zu religiösem, weltanschaulichem oder ideologischem Totalitarismus zweifellos richtig (so benutzten die Nationalsozialisten gerade den Begriff des „Erziehungsgedankens“ zur ideologischen Einflussnahme auf das Jugendstrafrecht). Dennoch kann auch eine nur auf Rückfallvermeidung zielende Erziehung nicht gänzlich darauf verzichten, auf Persönlichkeit, Verhaltensweisen und Wertorientierungen des jungen Menschen Einfluss zu nehmen, da die Legalbewährung gerade von solchen Aspekten abhängt.[154] Darüber hinaus kann man in diesem Zusammenhang nur in sehr begrenztem Maße von einer möglichen Schlechterstellung des Jugendlichen sprechen. Eine Differenzierung zwischen „schlechter“ und „besser“ ist nur innerhalb eines gemeinsamen Bezugsrahmens möglich, denkbar ist sie also innerhalb der ahnenden Maßnahme der Jugendstrafe, bei der eine Überschreitung des schuldangemessenen Strafrahmens aus erzieherischen Gründen rechtlich ausgeschlossen ist. In allen anderen Bereichen des Jugendgerichtsgesetzes kommt es aber – anders als

---

149 Eisenberg, 2002, § 5, Rn. 3 f.

150 Albrecht, Peter-Alexis, S. 70 f.; Ostendorf, 2000 (a), Grdl. z. §§ 1-2, Rn. 4.

151 Trenczek, 2001, S. 113.

152 Einen Überblick geben Brunner/Dölling, Einf. II, Rn. 4 ff.

153 Schaffstein/Beulke, S. 3; Streng, S. 83 ff.; Trenczek, 2001, S. 113; Westphal, S. 74 f.

154 Brunner/Dölling, Einf. II, Rn. 7; Bock, 1999, S. 637 f.; Grunewald, S. 456 f.

im Erwachsenenstrafrecht – gerade auf den jugendspezifischen individualpräventiven Umgang an, so dass nicht eine Schlechterstellung zu befürchten, sondern eine Andersbehandlung zu befürworten ist.[155] So wird über die konkreten Umsetzungen des Erziehungsgedankens im Weiteren zu diskutieren sein. Gänzlich kann und darf das Jugendstrafrecht aber nicht auf die Erziehung des betroffenen Jugendlichen verzichten, um seine Ziele zu erreichen.[156]

Zunächst soll jedoch untersucht werden, inwieweit in einem solchen Jugendstrafrecht auch noch die anderen bisher genannten Aspekte zur Begründung des Beschleunigungsgrundsatzes Geltung beanspruchen können. Zwei Punkte bereiten hier keinerlei Probleme. Zum einen gilt es natürlich auch im Jugendstrafrecht, die materielle Wahrheit zu suchen. Das Argument, eine besonders lange Verfahrensdauer erschwere diese Suche, kann ebenso wie im Erwachsenenstrafrecht auch hier angeführt werden. Zum anderen ist natürlich auch gegenüber Jugendlichen der Beschuldigtenschutz zu beachten angesichts der quälenden Ungewissheit über den Verfahrensausgang, der materiellen und seelischen Belastungen, die das Verfahren mit sich bringt, insbesondere im Falle der Untersuchungshaft, sowie der gesellschaftlichen Festlegung des Betroffenen auf seine Rolle als Krimineller.[157] Es liegt außerdem nahe, eine besondere Schutzwürdigkeit jugendlicher Beschuldigter anzunehmen, da sie sich in der Regel in einem Entwicklungsabschnitt befinden, in dem die Grundlagen für ein zukünftiges sozialadäquates Leben gelegt werden. So ist hier vor allem die berufliche Ausbildung in Gefahr, aber auch eine frühe Stigmatisierung kann besonders großen Schaden anrichten.
Sehr viel schwerer fällt es demgegenüber, die Aspekte, die sich auf die Allgemeinheit beziehen, auf das Jugendstrafrecht zu übertragen. Wie bereits angedeutet, ist das Jugendstrafrecht als Täterstrafrecht primär vom Zweck der Spezial-

---

[155] Grunewald, S. 456; im Ergebnis wohl auch Burscheidt, S. 33. Deshalb ist auch der Vorschlag der 2. Jugendstrafrechtsreform-Kommission der DVJJ, abgedruckt in: DVJJ-Journal 3/2002 (Nr. 177), S. 227 ff., in einem neuen § 2 a IV JGG einen Grundsatz der Nichtschlechterstellung von Jugendlichen festzulegen, abzulehnen. So auch: Beulke/Dittrich/Mann, S. 123 f.

[156] Zuletzt forderte Albrecht, Hans-Jörg, 2002, S. 104 ff., in seinem Gutachten für den 64. Deutschen Juristentag 2002 die Abschaffung des Erziehungsgrundsatzes, erfuhr dabei aber Widerstand sowohl in der Literatur, etwa Kreuzer, S. 2348; Walter, 2002, S. 452 ff., als auch beim Juristentag selbst, wo sich eine deutliche Mehrheit für die Beibehaltung des Erziehungsgedankens aussprach (64:5:6 Stimmen), abgedruckt in: NJW 2002, S. 3077. Auch die 2. Jugendstrafrechtsreform-Kommission der DVJJ hält grundsätzlich am Erziehungsgedanken fest, DVJJ-Journal 3/2002 (Nr. 177), S. 227 f., S. 228.

[157] Etwa Eisenberg, 2002, § 55, Rn. 36; Ostendorf, 2000 (a), § 43, Rn. 6; Böhm, 1996, S. 90 f.; Ostendorf, 1998, S. 483; Scheffler, 1981, S. 451.

prävention geleitet.[158] Umstritten ist jedoch, inwieweit daneben noch Platz für generalpräventive Strafzwecke bleibt. Dabei ist zwischen der positiven Generalprävention, die auf die Stärkung des Rechtsbewusstseins der Allgemeinheit abzielt, und der negativen Generalprävention mit dem Zweck, andere potentielle Straftäter abzuschrecken, zu unterscheiden. Der Strafzweck der positiven Generalprävention findet sich in § 17 II 2. Alt. JGG, wonach Jugendstrafe wegen Schwere der Schuld verhängt werden kann.[159] Dies soll einen „Ausgleich für die Erschütterung des Rechtsvertrauens durch schwerwiegende Rechtsverletzungen gewährleisten",[160] wenn ein Absehen von Jugendstrafe „in unerträglichem Widerspruch zum allgemeinen Gerechtigkeitsgefühl stehen würde."[161] Ob jedoch auch die negative Generalprävention, also die Abschreckung Dritter, als ein Begründungsansatz des Beschleunigungsprinzips im Erwachsenenstrafrecht, hier Berücksichtigung finden kann, ist streitig. Auch sie wird im Rahmen der Verhängung der Jugendstrafe nach § 17 JGG diskutiert. Die überwiegende Meinung in Rechtsprechung und Schrifttum lehnt die Einbeziehung negativ generalpräventiver Gesichtspunkte bei der Jugendstrafe zu Recht ab.[162] Die dagegen vorgebrachte Auffassung, wonach die Abschreckungserwägungen nur bei der Verhängung der Jugendstrafe ausgeschlossen seien, dass sie aber durchaus eine Rolle spielen könnten bei der Bemessung der aus anderen Gründen verhängten Jugendstrafe,[163] ist abzulehnen, da sie sich nicht mit der Vorschrift des § 18 II JGG verträgt. Es ist ohnehin festzustellen, dass die Befürworter der Generalprävention auch bei der Jugendstrafe in der Regel ihre positive Ausprägung im Auge

---

158 Siehe dazu: Ostendorf, 2000 (a), Grdl. z. §§ 1-2, Rn. 4; Pfeiffer, Christian, S. 81 f.; Schaffstein/Beulke, S. 1 f.

159 Umfassend dazu: Hartmann, Christoph.

160 Ostendorf, 2000 (a), § 17, Rn. 5; Schneider/Schneider, S. 234. Diese Meinung ist allerdings nicht unumstritten. Siehe etwa: Eisenberg, 2002, § 17, Rn. 5.

161 Schaffstein/Beulke, S. 156. Umstritten ist die Position des BGH St 15, S. 224 ff. (11.11.1960), der auch wegen Schwere der Schuld Jugendstrafe nur dann zulassen will, wenn dies aus erzieherischen Gründen erforderlich ist. Dazu – die Literatur auswertend: Eisenberg, 2002, § 17, Rn. 34 f. Diese Frage bedarf hier aber keiner weiteren Ausführungen.

162 BGH St 15, S. 224 ff. (11.11.1960), S. 226; BGH StV, 1990 (10), S. 505 (14.9.1989); Diemer/Schoreit/Sonnen, § 18, Rn. 16; Eisenberg, 2002, § 17, Rn. 5; Ostendorf, 2000 (a), Grdl. z. §§ 17-18, Rn. 3; Bock, 2000, S. 322; Böhm, 1996, S. 214; Schneider/Schneider, S. 235 f. Das ändert aber natürlich nichts daran, dass jugendstrafrechtliche Reaktionen generalpräventiv wirken können. Bock, 2000, S. 322, spricht deshalb von „nichtintendierten Nebeneffekten".

163 So Schaffstein/Beulke, S. 157. Siehe auch: Bottke, 1984, S. 13 f., der aufgrund seiner Interpretation des JGG zu dem Ergebnis kommt, dass „in jedem Schuld- und Tatfolgenausspruch spezial- und generalpräventive Zwecke intrikat gemischt" seien, S. 36.

haben.[164] Demzufolge darf im täterstrafrechtlich ausgerichteten Jugendstrafrecht der Prozess gegenüber dem individuellen jugendlichen Beschuldigten nicht von Aspekten beeinflusst werden, die die Allgemeinheit betreffen.

Dementsprechend spielen im Jugendstrafrecht die zuoberst genannten Argumente zugunsten des Beschleunigungsgrundsatzes erst recht keine Rolle; also die hohe Beanspruchung der Rechtspflegeorgane oder gar die finanziellen Kos-ten langer Verfahren.[165] Gleiches gilt für die Begründung, ein schnelles Verfahren fördere das Ansehen der Justiz in der Öffentlichkeit und damit das Vertrauen der Bürger in die Funktionsfähigkeit der Strafrechtspflege. Nicht ganz so eindeutig abgelehnt werden kann die Argumentation anhand der Opferinteressen an einem schnellen Verfahren. Hierbei ist zu berücksichtigen, dass das Jugendstrafrecht dem Opfer etwa in §§ 10 I 3 Nr. 7, 15 I 1 Nr. 1, 2 JGG eine nicht unbedeutende Rolle zuschreibt. Es steht auch außer Frage, dass eine ernsthafte Auseinandersetzung zwischen Täter und Opfer in allseitigem Interesse ist. Dennoch dürfte wohl nach dem Gesagten auch dies nicht zu einer Beeinflussung der Strafverfahrensdauer führen können.[166]

Genauso wie im Erwachsenen- wird auch im Jugendstrafrecht erkannt, dass mit der grundsätzlich befürworteten Verfahrensbeschleunigung auch gewisse Gefahren einhergehen können. Hier bestehen keine tiefgreifenden Unterschiede zwischen den beiden Rechtsmaterien. Auch im Jugendstrafrecht wird vor einer Aushöhlung des Rechtsstaatsprinzips gewarnt,[167] es wird eine sorgfältige Wahrheitserforschung gefordert,[168] was sich auch in § 78 III 1 JGG niederschlägt, und aufmerksam gemacht auf das Spannungsverhältnis zwischen einem schnellen Verfahren und einer ausreichenden Persönlichkeitserforschung.[169] Speziell für das Jugendstrafrecht sei noch ein weiterer Gesichtspunkt hinzuzufügen. § 38 JGG beschreibe die bedeutende Rolle der Jugendgerichtshilfe im Strafverfah-

---

[164] Vgl. Maurach/Gössel/Zipf, S. 725; Schlüchter, 1986, S. 415.

[165] Dennoch kommen Eisenberg, 2002, §§ 76-78, Rn. 3, sowie ausführlich Scheffler, 1981, S. 451 ff., zu dem Ergebnis, dass hinter Maßnahmen, die der Verfahrensbeschleunigung dienen sollen, zumindest tatsächlich auch verfahrensökonomische Interessen der Strafjustiz stehen.

[166] Vgl. auch die Vorschläge der 2. Jugendstrafrechtsreform-Kommission der DVJJ, abgedruckt in: DVJJ-Journal 3/2002 (Nr. 177), S. 227 ff., 244, sowie Stahlmann-Liebelt, S. 177.

[167] Eisenberg, 2002, § 55, Rn. 37; Ostendorf, 2000 (a), Grdl. z. §§ 76-78, Rn. 3; Albrecht, Peter-Alexis, S. 410; Jung, 1981, S. 44; Nothacker, 1982 (a), S. 452 f.; Ostendorf, 1998, S. 486.

[168] Brunner/Dölling, § 43, Rn. 17; Schaffstein, S. 316.

[169] Dallinger/Lackner, § 43, Rn. 13 f.; Eisenberg, 2002, § 43, Rn. 11; Schaffstein, S. 318 f.

ren,[170] insbesondere im Hinblick auf die bereits erwähnte Persönlichkeitserforschung. Je schneller jedoch der Prozess ablaufe, desto größer sei die Gefahr, dass die Jugendgerichtshilfe nicht in ausreichender Form die ihr zufallende Aufgabe bewältigen könne. So wenig ihre Mitwirkung zu einer ungebührlichen Verfahrensverzögerung führen dürfe, so wichtig sei sie doch mit ihrem pädagogischen Sachverstand für ein faires Verfahren und ein sinnvolles Urteil.

Wie gesehen lassen sich also nicht alle Begründungsansätze für den Beschleunigungsgrundsatz vom Erwachsenen- auf das Jugendstrafrecht übertragen. Teilweise verläuft die Argumentation jedoch auch parallel. Es ist aber insgesamt festzustellen, dass in der jugendstrafrechtlichen Literatur nur sehr vereinzelt überhaupt auf die bisher genannten Aspekte eingegangen wird. Stattdessen wird von den Autoren, die versuchen, den Beschleunigungsgrundsatz argumentativ herzuleiten, fast ausschließlich auf den Erziehungsgedanken als seine Grundlage abgestellt. Dies soll nun genauer ausgeführt werden.

b) Begründung anhand des Erziehungsgedankens

Wie bereits angedeutet, handelt es sich beim Jugendstrafrecht um Täterstrafrecht. Erkennt man nun, wie es auch der Verfasser tut (s. S. 25 ff.), den Erziehungszweck des Jugendstrafverfahrens an, so liegt es nahe, auch den Beschleunigungsgrundsatz erzieherisch zu begründen. So wurde die entscheidende und im Grunde noch heute – teilweise sogar wörtlich – verwendete Argumentation für den Beschleunigungsgrundsatz bereits in der ersten Wahlperiode des Bundestags von politischer Seite aus verlautbart. Zwei Zitate sollen hier angeführt werden, da sie die Leitlinien dieser Argumentation sehr klar wiedergeben. Sie behandeln den Beschleunigungsgrundsatz im Zusammenhang mit der Frage einer Rechtsmittelbeschränkung im Jugendstrafrecht. So heißt es in der Amtlichen Begründung des Entwurfs der Bundesregierung über ein Gesetz zur Änderung des Reichsjugendgerichtsgesetzes vom 31.3.1952:

„Im Jugendstrafverfahren besteht ein besonders dringendes Bedürfnis, schnell zu einer rechtskräftigen Entscheidung zu gelangen. Die Strafe hat nur dann die notwendige erzieherische Wirkung, wenn sie der Tat so bald wie möglich folgt. Jede unnötige Verzögerung des Verfahrens verursacht eine Abschwächung der Strafwirkung.“[171]

---

[170] Allgemein zur Jugendgerichtshilfe etwa: Korth; Wild; Wilhelm.
[171] BT-Drucksache 1/3264, S. 46.

Etwas detaillierter wird der Schriftliche Bericht des Ausschusses für Rechtswesen und Verfassungsrecht vom 5.6.1953 zu diesem Gesetzentwurf:

„Ganz abgesehen von dem das Strafrecht beherrschenden Grundsatz, daß zwischen Tat und Sühne ein zeitlicher Zusammenhang bestehen muß, spielt im Jugendstrafrecht aus Erziehungsgründen die Notwendigkeit möglichster Beschleunigung und Verkürzung der Jugendstrafverfahren eine entscheidende Rolle. Alle im JGG vorgesehenen Maßnahmen haben nämlich die erforderliche erzieherische Wirkung in der Regel nur, wenn sie noch in unmittelbarem Zusammenhang mit der Tat angeordnet werden. Hat der Jugendliche erst die innere Beziehung zu seiner Verfehlung verloren, so empfindet er die verspätete Vollziehung von Maßnahmen oder Jugendstrafe nicht mehr als einleuchtende Reaktion auf seine Tat, sondern als ein mehr oder weniger unverständliches Übel, dem er sich notgedrungen beugen muß. Dadurch würde der mit der Maßnahme angestrebte Erziehungserfolg stark beeinträchtigt, wenn nicht gar vereitelt.“[172]

So oder ähnlich lautet bis heute die ganz überwiegende Ansicht der Rechtswissenschaft. Entscheidendes Argument ist also, dass nur die der Tat auf dem Fuße folgende Reaktion erzieherische Wirkung entfalten könne, da anderenfalls der Jugendliche nicht in der Lage sei, die Strafe als konsequente Folge seines eigenen Tuns zu verstehen, er sie somit auch nicht als gerecht akzeptieren könne.[173] In die gleiche Richtung gehen die Mindestgrundsätze der Vereinten Nationen für die Jugendgerichtsbarkeit vom 29.11.1985, die in Nr. 20 fordern, dass jeder Fall von Anfang an zügig und ohne jede unnötige Verzögerung zu behandeln sei. Begründet wird dies mit dem folgenden Kommentar:

„Die zügige Erledigung der förmlichen Verfahren in Jugendsachen ist von überragender Bedeutung. Kommt es zu Verzögerungen, wird die möglicherweise positive Wirkung des Verfahrens und der Entscheidung selbst in Frage gestellt. Je mehr Zeit verstreicht, desto schwieriger, wenn nicht gar unmöglich wird es für

---

[172] BT-Drucksache 1/4437, S. 9.

[173] BVerfG NStZ, 1988 (8), S. 34 f. (23.9.1987), S. 34; BayObLG NJW, 1956 (9), S. 1488 (13.7.1956); BayObLG NJW, 1964 (17), S. 1084 f. (21.2.1964), S. 1085; Brunner/Dölling, § 43, Rn. 16; Dallinger/Lackner, § 43, Rn. 13; Diemer/Schoreit/Sonnen, § 55, Rn. 3; Ostendorf, 2000 (a), Grdl. z. §§ 55-56, Rn. 4; Böhm, 1996, S. 90 f.; Herz, S. 122 f.; Schaffstein/Beulke, S. 261; Feuerhelm, S. 139; Hinz, S. 111; Ostendorf, 1998, S. 481; Peters, Karl, 1947, S. 50; Schaffstein, S. 314.

den Jugendlichen, das Verfahren und die getroffene Entscheidung geistig und psychologisch noch mit der Tat in Verbindung zu bringen."[174]

Vereinzelt wird in der juristischen Literatur auch auf weitere Aspekte hingewiesen. Bei einer zeitnahen Verhandlung sollen die Verdrängungsmechanismen beim Jugendlichen noch nicht eingesetzt haben, die seine Ansprechbarkeit stark einschränken können.[175] Darüber hinaus wird der Beschleunigungsgrundsatz auch mit der Auffassung unterstützt, die Psyche des Jugendlichen sei so gestaltet, dass er schnell beeindruckt sei, aber ebenso schnell wieder vergesse.[176]

Es soll jedoch nicht unterschlagen werden, dass es auch in der Rechtswissenschaft einzelne kritische Stimmen zu dieser Argumentation gibt, die hauptsächlich auf der Erkenntnis beruhen, dass es ganz typisch für ein förmliches Strafverfahren ist, dass ohnehin eine längere Zeit zwischen Tatbegehung und rechtskräftiger Verurteilung verstreicht.[177] Diese Auffassung bleibt jedoch deutlich in der Minderheit gegenüber der herrschenden Ansicht, die den Beschleunigungsgrundsatz mit dem Erziehungsgedanken begründet. Im Folgenden soll die herrschende Argumentation genauer untersucht werden. Es soll versucht werden, anhand einer erfahrungswissenschaftlichen Hinterfragung über die verbreitete oberflächliche Auffassung hinauszugehen und diese entweder ganz oder in Teilen abzulehnen oder zu relativieren.

8. Zusammenfassung

Bevor der Beschleunigungsgrundsatz im weiteren Verlauf dieser Arbeit einer intensiven doppelten Hinterfragung unterzogen werden soll, war es zunächst erforderlich, diejenigen Themenbereiche zusammenzutragen, die in der juristischen Literatur im Zusammenhang mit ihm bereits diskutiert werden.

Ihren Ausgangspunkt finden die Diskussionen in der Aussage, Strafverfahren allgemein, insbesondere aber im Jugendstrafrecht, dauerten zu lang. Eine eigene Statistik über die Dauer von Jugendstrafverfahren gibt es zwar nicht, aber einzelne Untersuchungen deuten darauf hin, dass die Verfahrensdauer gerade in den neunziger Jahren tatsächlich angestiegen ist. Kennzeichnend ist ferner ein

---

[174] Abgedruckt in ZStW, 1987 (Band 99/2), S. 253 ff., S. 277.
[175] So Hering/Sessar, S. 99; Pfeiffer, Christian, S. 95 ff.; Stahlmann-Liebelt, S. 177.
[176] So Middendorf, S. 71.
[177] So Eisenberg, 2002, § 55, Rn. 35; Bottke, 1983, S. 102; Frommel, S. 7; Nothacker, 1982 (a), S. 452. Kritisch auch: Pieplow, S. 217; Scheffler, 1981, S. 453.

großer Zeitraum zwischen dem rechtskräftigen Urteil und der Vollstreckung. Zur Begründung der angestiegenen Verfahrensdauer wird auf ganz verschiedene Faktoren verwiesen. Da sei zunächst der Strukturwandel, den das Strafrecht sowohl in materieller als auch prozessualer Hinsicht durchgemacht habe. Daneben sei in der Gesellschaft eine verminderte Mitwirkungsbereitschaft zu verzeichnen. Schließlich wird eine ungenügende personelle und sachliche Ausstattung der Justiz beklagt, andererseits aber auch teilweise auf die schleppende Bürokratie, mangelnde Eignung der Verfahrensbeteiligten sowie deren mangelhafte Zusammenarbeit hingewiesen.

Festzustellen ist grundlegend, dass die Forderung nach einer Verfahrensbeschleunigung weder im allgemeinen noch im Jugendstrafrecht ausdrücklich normiert ist. Dennoch hat das Beschleunigungsgebot eine lange historische Tradition, die dazu führte, dass es zumindest auf internationaler Ebene, nämlich in Art. 6 MRK, schriftlich niedergelegt wurde. In dieser Norm, zumeist in Verbindung mit Art. 2 I GG und dem Rechtsstaatsprinzip, wird folglich auch die Rechtsgrundlage des Beschleunigungsgebots gesehen. Die Beantwortung der Frage, welche Konsequenzen aus einer zu langen Verfahrensdauer zu ziehen sind, hat sich im Laufe der bundesrepublikanischen Rechtsprechung jedoch stark verändert. Während anfangs der Länge des Strafverfahrens keinerlei rechtliche Bedeutung zugemessen wurde, kann heute in besonderen Fällen sogar die Annahme eines von Amts wegen zu berücksichtigenden Verfahrenshindernisses in Betracht kommen.

Verschiedene Argumente werden nun zur Begründung des Beschleunigungsgebots im allgemeinen Strafverfahrensrecht hervorgebracht. Die Beschleunigung solle zunächst dem Interesse der Justiz dienen, da die Wahrheitssuche mit zunehmender Prozessdauer immer schwieriger werde. Ferner sei sie auch im Interesse der Allgemeinheit, da ein schneller Prozess eine höhere abschreckende Wirkung auf potentielle andere Täter habe. Im Mittelpunkt stehe aber der Schutz der Interessen des Beschuldigten selber. Eine lange Verfahrensdauer störe nämlich den Resozialisierungsprozess und steigere seine materiellen und seelischen Belastungen. Auf der anderen Seite wird jedoch auch auf das Spannungsverhältnis des Beschleunigungsgrundsatzes zum Rechtsstaatsprinzip hingewiesen und vor einem „kurzen Prozess" unter Aufgabe wichtiger rechtsstaatlicher Garantien und Verteidigungsrechte des Beschuldigten gewarnt. Außerdem wird teilweise befürchtet, dass in einem zu schnellen Verfahren eine ausreichende Wahrheitsermittlung und Persönlichkeitserforschung nicht mehr möglich sei.

Konkretisiert man die Frage nach der Bedeutung des Beschleunigungsgrundsatzes auf den Bereich des Jugendstrafrechts, so ist zunächst festzustellen, dass die genannten generalpräventiven Erwägungen hier keine Rolle spielen dürfen. Die Aspekte der Wahrheitssuche und der Belastungen sowie andererseits der Rechtsstaatsproblematik und der Persönlichkeitserforschung gelten gegenüber Jugendlichen natürlich genauso wie im allgemeinen Strafrecht. Ins Zentrum der jugendstrafrechtlichen Diskussion rückt jedoch der Erziehungsgedanke, der entgegen einer verbreiteten Auffassung in der Literatur auch weiterhin aufrecht zu erhalten ist. Überwiegend wird der Beschleunigungsgrundsatz nämlich damit begründet, dass nur solche Strafen erzieherisch positive Wirkungen entfalten könnten, die in unmittelbarem Zusammenhang mit der Tat angeordnet werden, ihr also „auf dem Fuße" folgen. Anderenfalls habe der Jugendliche den Bezug zu seiner Tat verloren und könne die Sanktion nicht mehr als Konsequenz seines eigenen Handelns erkennen und akzeptieren.

Ob diese Aussage jedoch richtig ist, wird Thema der nun folgenden erfahrungswissenschaftlichen Hinterfragung des Beschleunigungsgrundsatzes sein.

III. ERFAHRUNGSWISSENSCHAFTLICHE HINTERFRAGUNG

1. Einführung

Im ersten großen Hauptteil dieser Arbeit soll die von Politikern und auch Juristen in der Regel als selbstverständlich vorausgesetzte Annahme, dass eine Strafe nur dann als erzieherisch sinnvoll gelten könne, wenn sie der Straftat auf dem Fuße, also so schnell wie möglich, nachfolge, erfahrungswissenschaftlich hinterfragt werden. Dabei will die Darstellung ergebnisoffen sein. Auf der einen Seite entspricht die genannte Aussage zweifelsohne dem „gesunden Menschenverstand". Auf der anderen Seite jedoch kann dies eine wissenschaftliche Überprüfung nicht ersetzen. Als bewusster Kontrast soll schon an dieser Stelle die Aussage eines Psychiaters vorangestellt werden, die aber ebenso wenig als wissenschaftlich überprüft angesehen werden kann: „Es sind mir auch keine wissenschaftlichen Untersuchungen bekannt geworden, die die Richtigkeit dieser ‚Volksweisheit' (dass also nur Strafen erzieherisch wirksam sind, die der Tat auf dem Fuße folgen – Anm. d. Verf.) bestätigen würden. Nach meinen über mehrere Jahrzehnte sich erstreckenden Erfahrungen als forensischer Gutachter haben eher längerwährende Verfahren eine nachhaltigere und positive Wirkung als kurze."[178]

Deutlich geworden ist aber bereits, dass eine solche Hinterfragung nicht auf der Ebene der Rechtswissenschaft stehen bleiben darf. Schon aufgrund seiner Ausbildung wird der Jurist zumeist nicht in der Lage sein, im Einzelnen zu wissen, was sich im straffällig gewordenen Jugendlichen vor, während und nach der Tat bzw. seiner Aburteilung abspielt, welche Gedanken ihn beschäftigen, welche Kräfte ihn treiben. Seine Konzentration liegt vielmehr auf der rechtlichen Beurteilung des Geschehenen. Schon die Rechtsfolgenseite, also das Sanktionsrecht, bei dem die Fähigkeit des Strafrechtlers zur Prognoseerstellung (etwa bei der Strafaussetzung zur Bewährung nach § 56 StGB) sowie zur allgemeinen Beurteilung von Tat und Täter (siehe § 46 StGB zu den Grundsätzen der Strafzumessung und vor allem das Jugendgerichtsgesetz) vorausgesetzt werden, spielt in der Ausbildung nur eine sehr untergeordnete Rolle. Noch mehr gilt dies für die Erkenntnisse anderer Disziplinen, die sich mit dem Menschen und seiner Entwicklung beschäftigen.[179] Weitaus offener zeigt sich hier die Kriminologie,

---

[178] Weinschenk, S. 155. Ähnlich äußerte sich der Hamburger Jugendrichter Achim Katz in einem nicht veröffentlichten Vortrag beim 25. Jugendgerichtstag 2001 in Marburg: Nach seinen persönlichen Erfahrungen wächst mit zunehmender Verfahrensdauer die Einsichtsfähigkeit der Jugendlichen eher noch an.

wicklung beschäftigen.[179] Weitaus offener zeigt sich hier die Kriminologie, die als interdisziplinäre Wissenschaft (s. S. 55) solche Erkenntnisse aufnimmt und umzusetzen versucht.

Zuvor sollen jedoch die für diese Fragestellung relevanten Disziplinen der Psychologie und der Pädagogik genutzt werden. Dabei ist darauf hinzuweisen, dass nicht erwartet werden kann, dass sich die Erkenntnisse der einzelnen Wissenschaften im Sinne einer additiven Interdisziplinarität zu einem einheitlichen Bild zusammenfügen. Vielmehr stehen die Ergebnisse aufgrund der ganz verschiedenen Wirklichkeitssphären, auf denen sich die Disziplinen bewegen, zunächst relativ beziehungslos nebeneinander.[180] Erst in einem zweiten Schritt soll versucht werden, manches in Beziehung zueinander zu setzen und auch zu Bewertungen zu kommen, ohne dass jedoch ein völlig einheitliches Ergebnis der erfahrungswissenschaftlichen Hinterfragung des Beschleunigungsgrundsatzes erwartet werden darf.

Ein Aspekt ist jedoch noch vorwegzuschicken. In den Diskussionen bleibt nämlich oft begrifflich unklar, was unter der „Strafe“ verstanden wird, die der Tat „auf dem Fuße folgen“ soll. Aufgrund der besonderen Stellung des Jugendstrafrechts ist als Strafe im Rechtssinn vom Jugendgerichtsgesetz einzig die Jugendstrafe nach §§ 17 f. JGG vorgesehen.[181] Im Zusammenhang mit der Forderung nach einer Beschleunigung der Jugendstrafverfahren wird „Strafe“ jedoch allgemeiner aufgefasst, im Sinne einer jeden jugendstrafrechtlichen Reaktion auf ein strafrechtlich relevantes Verhalten eines Jugendlichen. So soll auch in der vorliegenden Arbeit vorgegangen werden. Vom Begriff der „Strafe“ sollen hier also auch die Erziehungsmaßregeln und Zuchtmittel, die ja in besonderem Maße auf einem erzieherischen und weniger repressiven Hintergrund beruhen,[182] mit umfasst sein.

2. Psychologie

Wenn man versucht, Erkenntnisse über den Sinn des Beschleunigungsgrundsatzes zu sammeln, dann liegt es nahe, zunächst die Psychologie als die empirische Wissenschaft, die sich mit dem menschlichen Verhalten im weitesten Sinne be-

[179] Schon Franz von Liszt mahnte 1882 in seinem berühmten „Marburger Programm" ein Zusammenwirken der Disziplinen zum Kampf gegen das Verbrechertum an.
[180] Vgl. Bock, 1998, S. 711 ff., zum Bereich der Drogenkriminalität.
[181] Böhm, 1996, S. 200.
[182] Dazu genauer: S. 128 ff.

fasst,[183] heranzuziehen. Dabei besteht die Hoffnung, dass die Psychologie in der Lage ist zu erklären, warum Menschen (hier jugendliche Straftäter) in einer bestimmten Weise auf Eingriffe in ihr Leben (also vor allem Sanktionen) reagieren, bzw. im Sinne von Verhaltenskontrolle gesprochen, durch welche Eingriffe ein erwünschtes (also nicht delinquentes) Verhalten der Betroffenen herbeigeführt werden kann. Von Interesse für die vorliegende Arbeit sind also psychologische Erkenntnisse über Bestrafungen und ihre Wirksamkeit. Bei der Durchsicht der fachspezifischen Literatur wird schnell deutlich, dass sich überwiegend drei Teildisziplinen mit dieser Fragestellung beschäftigen. Das ist in besonders hohem Maße das Gebiet der Lerntheorien, das sich in viele verschiedene Ansätze auffächert, und des Weiteren die Entwicklungs- sowie die Persönlichkeitspsychologie.

a) Lerntheorien

Die Grundannahme der psychologischen Lerntheoretiker ist, dass jedes Verhalten – und folglich auch das sozial abweichende – erlernt wird, wobei unter Lernen grundsätzlich (sozusagen als kleinster gemeinsamer Nenner) die Veränderung des Verhaltens aufgrund von Erfahrungen verstanden wird.[184] Somit ist dieser Vorgang abzugrenzen von Verhaltensänderungen, die auf Reflex- oder Instinktmechanismen beruhen.[185] Mit der Annahme, dass kriminelles Verhalten erlernt wird, verabschiedet man sich endgültig von den kriminalanthropologischen Vorstellungen des „geborenen Verbrechers“, wie sie vor allem von Cesare Lombroso und „seiner“ italienischen Schule im 19. Jahrhundert vertreten wurden.[186] Vielmehr kann jeder Mensch kriminell werden.[187]

Schon vor Entstehung einer Psychologie als Wissenschaft hat die Philosophie zwei Prinzipien entwickelt, die – wie zu sehen sein wird – einige lerntheoretische Überlegungen vorwegnehmen. Das ist zum einen das Gesetz der Assoziation, nach dem Wissen erworben wird durch die Herstellung einer geistigen Verbindung zweier Ereignisse, die in zeitlicher und räumlicher Nähe zueinander

[183] Eine geläufige Definition lautet: „Gegenstand der Psychologie sind Verhalten, Erleben und Bewusstsein des Menschen, deren Entwicklung über die Lebensspanne und deren innere (im Individuum angesiedelte) und äußere (in der Umwelt lokalisierte) Bedingungen und Ursachen.“, Zimbardo/Gerrig, S. 2.

[184] Für viele: Joerger, S. 15.

[185] Vgl. Niesing, S. 12.

[186] Hierzu etwa: Hering, Karl-Heinz.

[187] Vgl. Schneider, Hans-Joachim, S. 502.

auftreten, und zum anderen das Prinzip des adaptiven Hedonismus, nach dem Menschen ihre Handlungen nach Lustgewinn und Schmerzvermeidung ausrichten.[188] Diese Prinzipien finden sich auch in den neueren Lerntheorien wieder, natürlich in einer differenzierteren Form, wie die weitere Darstellung zeigen wird.

Die Lerntheorien wollen die Bedingungen beschreiben, unter denen sich Lernprozesse vollziehen können. Der entscheidende Punkt dabei ist die Annahme, dass, wenn kriminelles Verhalten erlernt wird, es auch wieder verlernbar sein müsste.[189] Hieraus ergibt sich, dass die Lerntheorien, die zunächst Erklärungsmodelle zur Entstehung von Kriminalität liefern, auch in der Lage sein sollten zu erklären, durch welche Maßnahmen auf ein unerwünschtes Verhalten reagiert werden muss, um zu erreichen, dass der Betroffene in Zukunft nicht mehr delinquent wird. So müssten also auch Erkenntnisse über Bestrafungen und den Sinn des Beschleunigungsgrundsatzes zu erzielen sein. Dabei lässt sich Bestrafung ganz allgemein lerntheoretisch als eine ungünstige oder abschreckende Konsequenz – man spricht auch von einem aversiven Reiz – definieren, die einem bestimmten Verhalten nachfolgt.[190]

Natürlich beschäftigen sich nicht alle Lerntheoretiker spezifisch mit der vorliegenden Fragestellung. Dennoch soll im Folgenden versucht werden, die Grundkonzeptionen der wichtigsten Vertreter nach der Darstellung ihres Ansatzes diesbezüglich weiterzudenken, um so einige Erkenntnisse zu diesem Problem zusammenzutragen.

Als Ausgangspunkt anzusehen ist die berühmte Theorie des „klassischen Konditionierens" von **Iwan Petrowitsch Pawlow** (1849-1936),[191] die auf der Erkenntnis von angeborenen, also unkonditionierten Reiz-Reaktions-Verbindungen beruht, wie z. B. Speichelbildung beim Anblick von Futter. Durch wiederholte Verbindung dieses Reizes (Futter) mit einem beliebigen anderen Reiz (etwa einem Glockenton) wird der beliebige Reiz zu einem konditionierten und somit die Reaktion (Speichelbildung) zu einer konditionierten.[192] Der Lernvorgang liegt darin, dass die konditionierte Reaktion nun auch durch den konditionierten Reiz hervorgerufen wird. Es haben sich also Assoziationen entwickelt. Eine zu-

188 Vgl. Zimbardo, S. 265.
189 Vgl. Breland; Niesing, S. 207.
190 Für viele: Edelmann, S. 89.
191 Allgemein und im Einzelnen zu seinem Werk: Pawlow.
192 Bredenkamp/Wippich, S. 9.

vor nicht vorhandene Eigenschaft wurde erworben.[193] Genauso verhält es sich im Grunde, wenn man mit einem negativen Reiz, also einer Bestrafung, arbeitet; man spricht auch von aversiver Konditionierung. Bei diesem Prozess entsteht eine umfassende konditionierte Furchtreaktion.[194] Von großer Bedeutung ist bei beiderlei Vorgehen, dass der konditionierte und der unkonditionierte Reiz zeitlich sehr nah (man denkt hier meist in Sekunden) beieinander liegen müssen, um vom Organismus als verbunden wahrgenommen zu werden. Durch diesen Gedanken erfährt die Idee der Beschleunigung also eine erste Unterstützung. Umstritten ist jedoch beim Modell der klassischen Konditionierung die Frage der Löschungsresistenz. Während zum Teil die Auffassung vertreten wird, konditionierte Furchtreaktionen könnten sich auch dann jahrelang halten, wenn der ursprünglich furchterregende Reiz nie wieder erfahren werde,[195] gehen andere Stimmen davon aus, dass bei Ausbleiben des konditionierten Reizes die gelernte Reiz-Reaktions-Verbindung schon bald wieder geschwächt und schließlich gelöscht werde, so dass für einen dauerhaften Lernerfolg eine ständige Bekräftigung erforderlich sei.[196]

Mit **Hans Jürgen Eysenck** (1916-1997) findet sich auch ein jüngerer Vertreter des Lernkonzepts der klassischen Konditionierung. Mit seiner behavioristischen Kriminalitätstheorie hat er auch Eingang gefunden in die kriminologische Fachliteratur.[197] Durch eine zeitlich nahe wiederholte Verbindung eines unerwünschten Verhaltens mit einer Reaktion (Schmerz und Furcht) findet auch nach seiner Auffassung eine Konditionierung von Furchtreaktionen statt, wodurch das entsteht, was wir gemeinhin „Gewissen" nennen.[198] Eine sehr wichtige Rolle bei diesem Prozess spielt also der Zeitfaktor. Dabei geht Eysenck jedoch nicht so weit wie O.H. Mowrer, der in seiner Theorie vom integrativen Lernen der juristischen Bestrafung aufgrund des Fehlens der zeitlichen Nähe zum zu bestrafenden Zustand als dem entscheidenden Faktor jegliche Wirksamkeit abspricht.[199] Vielmehr hält Eysenck es für möglich, dass auch durch eine späte rechtliche Sanktion ein gewisses Maß an Konditionierung – jedoch weniger stark als beim „richtigen" konditionellen Reiz – herstellbar sei, nämlich wenn ein Zusammenhang zwischen Tat und Strafe dadurch hergestellt werden kann, dass der Betrof-

---

193 Straub/Kempf/Werbik, S. 281.
194 Zimbardo, S. 271.
195 So Zimbardo, S. 272.
196 So z. B.: Pongratz, S. 323; Guss, 1979, S. 26, der bei Befolgen der Prinzipien des klassischen Konditionierens sogar die Gefahr eines vollständigen Überwachungssytems sieht.
197 Vgl. z. B.: Göppinger, S. 114 ff.
198 Eysenck, 1977, S. 147.
199 Zu seiner Lerntheorie: Mowrer. Zum Problem der zeitlichen Nähe v. a.: S. 418 ff.

fene in der Zwischenzeit durch Nachdenken in Worten und Bildern die Umstände seiner Tat ideational wiederholt.[200] Diese These kann er jedoch nicht empirisch belegen. Darüber hinaus kam Eysenck durch seine Untersuchungen zu dem Ergebnis,[201] dass ein starker Zusammenhang bestehe zwischen dem Maß der Konditionierbarkeit und der Persönlichkeitsdimension „Extraversion", und zwar dergestalt, dass eine introvertierte Person besser konditionierbar sei als eine extravertierte, die in der Regel mögliche negative Reaktionen schlechter antizipieren könne und weniger Angst vor Strafe habe.[202] Der Frage, inwieweit möglicherweise mehr Zeit zur Feststellung der jeweiligen Persönlichkeitsstruktur erforderlich ist, geht er jedoch nicht mehr nach. Die Notwendigkeit einer verzögerten Bestrafung könnte sich aber durchaus ergeben, wenn man aus dieser letzten Feststellung folgert, dass auf verschiedene Personen in unterschiedlicher Weise konditionierend eingewirkt werden muss, um Lernerfolge zu erzielen.

Edwin Ray Guthrie (1886-1959) ging noch einen Schritt weiter als Pawlow und behauptete, schon die einmalige Verbindung eines Reizes mit einer Reaktion genüge, um einen dauerhaften Konditionierungseffekt zu erzielen.[203] Die Förderung eines Lernprozesses durch Übung hielt er demnach für nicht erforderlich. Nach seiner Kontiguitätstheorie ist also die Gleichzeitigkeit von Reiz und Reaktion die zwar notwendige, aber auch ausreichende Bedingung für einen Lernvorgang.[204] Für die Wirksamkeit einer Bestrafung kann dies wiederum nur bedeuten, dass die Strafe der missbilligten Handlung in unmittelbarem zeitlichem Zusammenhang nachfolgen muss.[205]

Edward Lee Thorndike (1874-1949) verkörpert einen Zwischenschritt zwischen den Vertretern des klassischen Konditionierens und dem hauptsächlich mit dem Namen Skinner (s. S. 41 f.) in Zusammenhang gebrachten operanten Konditionieren. Zwar interpretierte er wie Erstere das Lernen als Aufbau von Reiz-Reaktions-Verbindungen (vor dessen Beginn liegt lediglich eine Art „trial and error"-Verhalten vor). Von zentraler Bedeutung waren für ihn jedoch die dem Verhalten nachfolgenden Stimuli (d. h. dessen Konsequenzen).[206] Mit seinem „Law of effect" (Gesetz der Wirkung) beleuchtete er also die Zusammenhänge zwischen Auswirkungen und Folgen eines vergangenen Verhaltens auf

---

200 Eysenck, 1977, S. 190.
201 Zur Frage der empirischen Bewährung in diesem Fall: Amelang, S. 182 ff.
202 Eysenck, 1967, S. 126 ff.; Eysenck/Eysenck, S. 246 f. Vgl. auch Göppinger, S. 115 f.
203 Zeier, S. 31.
204 Guss, 1979, S. 27.
205 Smith/Guthrie, S. 84.
206 Vgl. Fortmüller, S. 54.

künftiges Verhalten. Lohn und Strafe verstand er dabei als befriedigende bzw. unbefriedigende Nacheffekte und kam so zu dem Schluss, dass durch Belohnung ein bestimmtes Verhalten gefördert werde, während Bestrafungen dazu führten, dass die Wiederholungswahrscheinlichkeit sinke.[207] Belohnungen hielt er jedoch – zumindest in späterer Zeit – für grundsätzlich Erfolg versprechender.[208] Thorndike erkannte aber selbst, dass das Effektgesetz in dieser Einfachheit nicht haltbar ist, und modifizierte es später durch Zusatzprinzipien. Eines davon ist das Prinzip der zeitlichen Nähe. Er stellte nämlich fest, dass Reaktionen, die in zeitlicher Nachbarschaft mit erfolgreichen Reaktionen stehen, ebenfalls mit verstärkt werden.[209] Daraus zog er den Schluss, dass der negative Nacheffekt „Strafe" nur dann wirksam werden könne, wenn er dem betreffenden Verhalten möglichst dicht auf dem Fuße folge.[210]

Während das klassische Konditionierungsmodell nur Reiz-Reaktions-Verbindungen anerkennt, konzentrierte sich **Burrhus Frederic Skinner** (1904-1990) in Übereinstimmung mit Thorndike auf vom Individuum spontan – also unabhängig von jeglichem Reiz – hervorgebrachte Verhaltensweisen.[211] Man spricht vom operanten oder auch instrumentellen Konditionieren, wenn nun durch positive oder negative Verstärkung – d. h. Hinzufügen oder Entfernen eines Reizes – die Wahrscheinlichkeit des Wiederauftretens der Verhaltensweise erhöht wird.[212] Die Bestrafung, nicht zu verwechseln mit der negativen Verstärkung, bewirkt demgegenüber die Unterdrückung eines Verhaltens, indem ein angenehmer Reiz entfernt oder ein unangenehmer der Situation hinzugefügt wird.[213] Auch Skinner sah jedoch Bestrafungen als weit weniger effektiv an als Verstärkungen. Er bezweifelte, dass durch Strafe die Wiederholungswahrscheinlichkeit geringer werde,[214] da durch die Strafe die Verhaltensweise nur unterdrückt werde, sie bei Aufhebung der Straffolgen aber wieder auftreten könne.[215] Dies gelte zumindest für Verhaltensweisen, die mit Verzögerung bestraft würden, während eine Verhaltenslöschung eventuell denkbar sei bei solchen, die

---

207 Bower/Hilgard, Band I, S. 48; Thorndike, S. 111.

208 Blöschl, S. 53.

209 Haseloff/Jorswieck, S. 41.

210 Guss, 1979, S. 23.

211 Guss, 1979, S. 29 f.

212 Skinner, 1953, S. 73.

213 Lefrancois, S. 35.

214 Skinner, 1971, S. 167.

215 Skinner, 1973, S. 67 f. Nach derselben Logik könnte man aber auch behaupten, so jedenfalls Steiner, S. 71 f., dass positive Verstärkung unwirksam sei, da die Reaktion ja gelöscht wird, wenn die Verstärkung entzogen wird.

sofort nach ihrem Auftreten bestraft würden.[216] Für einen längerfristigen Lernerfolg sei also eine Verhaltenskontingenz, d. h. eine konsistente Beziehung zwischen Verhalten und folgender Reizbedingung, erforderlich, in deren Rahmen auch die zeitliche Komponente im Sinne des Beschleunigungsgrundsatzes eine mitentscheidende Rolle spielt. Für eine möglichst schnelle Bestrafung im Rahmen des operanten Konditionierens spricht daneben aber auch die Gefahr, dass das unerwünschte Verhalten in der Zwischenzeit durch andere Geschehnisse verstärkt werden könnte. Zu denken ist hier etwa an das Gewöhnen an gewisse materielle Vorteile, an ein mögliches Bewundertwerden von anderen Personen oder Ähnliches.[217]

Im Gegensatz zu den bisher vorgestellten traditionellen Behavioristen, die ihre Untersuchungen auf Reize und Reaktionen reduzieren, da diese problemlos und objektiv beobachtet und gemessen werden können,[218] erweitern die **kognitiven Lerntheorien** ihre Sicht auf alle Vorgänge, durch die ein Lebewesen Kenntnis von seiner Umwelt erlangt. Kognition ist demnach der allgemeine Begriff für alle Formen des Erkennens und Wissens. Bei Menschen ist vor allem zu denken an Wahrnehmung, Vorstellung, Denken, Urteilen, Sprache.[219] Der traditionelle Behaviorismus wird als „zu stark simplifizierende Betrachtung menschlichen Verhaltens“ abgelehnt, in den Mittelpunkt der Überlegungen rückt das Bewusstsein, die Kognition.[220] Für **Edward Chace Tolman** (1886-1959) ist jegliches menschliche Verhalten zielgerichtet. Belohnungen und Bestrafungen seien nun Ereignisse, die durch Beeinflussung des wollenden Wesens helfen, ein Ziel zu erreichen.[221] Auch er kam aufgrund von Untersuchungen jedoch zu dem Ergebnis, dass die Akzentuierung eines „richtigen“ Verhaltens wirkungsvoller sei als die Betonung eines „verkehrten“.[222] Auch die **Gestalttheorie** versteht Lohn und Strafe in einem viel weiteren Sinne als die traditionellen Lerntheorien. Durch diese Erziehungsmittel soll nicht ein von außen gewolltes Handeln erzwungen werden, sondern man will Hilfe zur Selbstverwirklichung geben, damit der Be-

---

216 Vgl. Zimbardo, 1995, S. 279.
217 Vgl. Niesing, S. 21 f.
218 Der Ausdruck „Behaviorismus“ wurde von John B. Watson geprägt und meint die Beschäftigung mit den beobachtbaren Aspekten des Verhaltens (behavior). Das Ziel einer behavioristischen Psychologie ist es, Gesetze abzuleiten, die die Beziehungen zwischen den verschiedenen dem Verhalten vorausgehenden Bedingungen, dem Verhalten und den Konsequenzen erklären, vgl. Lefrancois, S. 17.
219 Edelmann, S. 114.
220 Lefrancois, S. 95.
221 Guss, 1979, S. 32 f.
222 Tolman/Hall/Bretnall, S. 601 ff.

troffene je nach Situation „richtig“ handeln kann.[223] Dabei können auch individuelle Erfahrungen, entstehend aus einer Wechselbeziehung des Individuums mit seiner Umwelt, z. B. die Erschütterung über einen angerichteten Schaden, als Bestrafungen oder Belohnungen wirken, und das möglicherweise bei verschiedenen Personen in unterschiedlicher Weise.[224] Ferner kann ein größerer zeitlicher Abstand zwischen der Reaktion und ihren Konsequenzen, der etwa nach Skinner dazu führt, dass ein unerwünschtes Verhalten nur kurzfristig unterdrückt, nicht aber endgültig gelöscht wird, durch Kognitionen (etwa die Erinnerung an ähnliche Erfahrungen in der Vergangenheit oder die Antizipation möglicher Konsequenzen) ausgefüllt werden, so dass eine Konditionierung entstehen kann.[225] Die Berücksichtigung solcher Faktoren relativiert demnach die Argumentation der lediglich auf Reiz-Reaktions-Verbindungen beruhenden Lerntheorien in Bezug auf den unmittelbaren zeitlichen Zusammenhang zwischen missbilligter Handlung und Strafe. Der Sinn eines Beschleunigungsgrundsatzes wird also nicht abgelehnt, aber die erforderliche Verhaltenskontingenz kann auch auf anderem Wege erzielt werden, so dass der zeitliche Zusammenhang an Bedeutung verliert.

Mit der für das Lernen aggressiven Verhaltens entwickelten sozialen Lerntheorie versucht **Albert Bandura** (geb. 1925) die kognitive Psychologie mit den Prinzipien der Verhaltensmodifikation[226] zu verbinden.[227] Grundlegende Feststellung dieser Theorie ist, dass die Wahrnehmung eines Modells (z. B. Eltern, Lehrer, Gruppenleiter etc.) einen Beobachter beeinflussen kann, weshalb man auch vom „Modelllernen“ spricht.[228] Während zuvor Lernen immer als die Ausführung von Reaktionen und das Erleben ihrer Wirkungen interpretiert wurde, ereignen sich nach Bandura nahezu alle Lernphänomene, die sich aus der unmittelbaren Erfahrung ergeben, auf einer stellvertretenden Basis, nämlich durch Beobachtung des Verhaltens anderer Menschen sowie der Konsequenzen, die ihnen dieses Verhalten einträgt.[229] Von Bedeutung kann diesbezüglich auch die Rolle von Verstärkungen und Bestrafungen sein. Das eigene Verhalten kann so auf der Grundlage antizipierter Konsequenzen reguliert werden. Beobachtete und auch unmittelbar erfahrene Bestrafungen informieren den Beobachter dar-

---

223 Guss, 1975, S. 125.
224 Guss, 1979, S. 40.
225 Vgl. Zimbardo, S. 282.
226 Damit ist die Methode zur Korrektur von Verhaltensweisen gemeint, die von einer Mehrheit als sozial abweichend bewertet werden.
227 Bower/Hilgard, Band II, S. 283.
228 Edelmann, S. 189.
229 Bandura, 1979 (b), S. 22.

über, wann bestimmte Formen aggressiven Verhaltens gefahrlos und wann sie gefährlich für den Beobachter sind.[230] Bestrafungen können bei der Verhaltenskontrolle also durchaus effektiv wirken, zumindest wenn bestimmte Faktoren beachtet werden.[231] Unter anderem bestimmt auch die Zeit, die zwischen den aggressiven Handlungen und den negativen Verhaltensfolgen verstreicht, deren Wirksamkeit.[232] Über solche externe Handlungsregulationen hinaus betont Bandura die Fähigkeit von Tätern, sich moralisch die Selbstverurteilung durch eine kognitive Eigensteuerung in Form von Neutralisierungstechniken zu ersparen, um so zu vermeiden, sich innerlich schämen zu müssen.[233] Grundsätzlich ist jedoch zu sagen, dass die soziale Lerntheorie in ihren Zusammenhängen empirisch noch nicht ausreichend untersucht ist, wobei dies aufgrund der Vielzahl der zu berücksichtigenden Einflussgrößen und der Möglichkeiten ihrer kognitiven Verarbeitung auch eher illusorisch erscheint.[234]

Wie gesehen stand die Lernpsychologie in weiten Teilen lange Zeit Bestrafungen schon grundsätzlich ablehnend gegenüber. Abgesehen von moralischen Einwänden, die gegen bestimmte Arten von Strafen aufgeworfen werden,[235] wird die Gefahr unerwünschter Nebenwirkungen aufgezeigt. Es wird gesagt, dass Strafen Angst hervorrufen[236] und Aggressionen erzeugen können,[237] bis hin zu neurotischen Störungen,[238] wobei solche negativen emotionalen Zustände anstatt mit dem unerwünschten Verhalten möglicherweise mit dem Bestrafenden in Zusammenhang gebracht werden,[239] wodurch wichtige soziale Beziehungen gestört werden können.[240] Denkbar ist auch, dass die Bestrafung durch die mit ihr einhergehende Aufmerksamkeit des Bestrafenden vom Betroffenen subjektiv sogar als belohnende Zuwendung und somit verstärkend aufgefasst wird.[241] Als wichtigstes Argument gegen die Wirksamkeit von Strafen wird jedoch sehr oft vorgebracht, dass eine solche das missbilligte Verhalten keinesfalls beseitigen,

---

230 Bandura, 1979 (a), S. 247.

231 Insoweit orientiert sich Bandura weitgehend an den unten beschriebenen Untersuchungen zu den Bedingungen, unter denen Strafe erzieherisch wirksam sein kann (s. S. 46).

232 Bandura, 1979 (a), S. 247; Bandura, 1969, S. 302 ff.

233 Sehr ausführlich: Bandura, 1979 (a), S. 235. Die Neutralisierungstechniken werden unten noch eingehend besprochen.

234 Göppinger, S. 119; Lösel, S. 260.

235 Krech/Crutchfield, Band 3, S. 38.

236 Edelmann, S. 89.

237 Kanfer/Phillips, S. 394.

238 Christoph-Lemke, S. 35.

239 Lefrancois, S. 47.

240 Edelmann, S. 91.

241 Edelmann, S. 92.

sondern höchstens vorübergehend unterdrücken könne.[242] Die Wegnahme des Strafstimulus führe somit schnell zu einer Wiederaufnahme des unterdrückten Verhaltens. Dies werde noch durch die Tatsache verstärkt, dass bloße Strafe die Aufmerksamkeit auf das unerwünschte Tun konzentriere, ohne dass dem Betroffenen gezeigt werde, wie ein alternatives wünschenswertes Verhaltensmuster aussehen könnte.[243] Statt sein Tun zu ändern, könne der Bestrafte konsequenterweise auch auf andere, ebenfalls nicht wünschenswerte Weise weitere Bestrafungen vermeiden lernen, etwa durch leere Versprechungen oder Lügen.[244]

Auf der anderen Seite dürfte die Forderung von Skinner,[245] Bestrafungen dadurch unnötig zu machen, dass man eine Welt schafft, in der kein unerwünschtes Verhalten auftreten kann, wohl auch auf lange Sicht hin utopisch bleiben. Die in weiten Teilen der psychologischen Wissenschaft veränderte Auffassung gegenüber Bestrafungen lässt sich besonders gut an **William Kaye Estes** (geb. 1919) festmachen. Während er zunächst anhand experimenteller Forschungsarbeiten zu dem Schluss kam, dass Strafen im Grunde keine Wirkung entfalten und höchstens eine vorübergehende Unterdrückung der unerwünschten Reaktion bewirkten – bei seinen Versuchen kam es nach Beendigung der jeweiligen Bestrafungsperiode zu einer Erholung der Reaktionsrate, die manchmal sogar über der der nicht bestraften Kontrollgruppe lag –,[246] relativierte er später seine eigenen Ergebnisse und wollte sie nicht mehr als generelle Ablehnung von Bestrafung zur Erziehung von Kindern verstanden wissen. Vielmehr können Strafen nach seiner revidierten Auffassung positive Wirkungen entfalten, wenn nur bestimmte Bedingungen erfüllt sind.[247]

Eine dementsprechende Meinung findet sich auch in vielen anderen Bearbeitungen dieser Thematik wieder. So kommen viele Autoren zu dem Schluss, dass Bestrafung mindestens genauso effektiv sein könne wie andere Verfahren zur Abschwächung von Reaktionen.[248] Folgt man nun dieser Auffassung, so stellt sich die entscheidende Frage, welche Bedingungen es sind, die dazu führen, dass eine Bestrafung in sinnvoller, also in erzieherisch positiver Weise wirksam sein kann. Genau dieser Frage widmeten sich die meisten Wissenschaftler.

---

[242] Christoph-Lemke, S. 35; Lefrancois, S. 47.
[243] Kanfer/Phillips, S. 394; Lefrancois, S. 46 f.
[244] Kanfer/Phillips, S. 394; Skinner, 1973, S. 68.
[245] Skinner, 1973, S. 69 f.
[246] Krech/Crutchfield, Band 3, S. 38; Estes, 1944, S. 34 f.
[247] Estes, 1969, S. 73 ff.; Estes, 1970, S. 40.
[248] Azrin/Holz, S. 436 ff.; Church, S. 396; Fowler, S. 537; Solomon, S. 251; Walters/Grusec, S. 135.

Dabei tauchen in der psychologischen Literatur immer wieder die gleichen Merkmale auf, die zur Voraussetzung wirksamer Bestrafung gemacht werden. Zu den wichtigsten gehören die Forderungen, dass der Strafreiz nicht ansteigend, sondern von Beginn an und im Idealfall nach jeder Reaktion so intensiv wie nur möglich – bei Beachtung der Verhältnismäßigkeit – verabreicht werden solle, ferner, dass keine unerlaubte Flucht möglich sein solle. Es sei darüber hinaus darauf zu achten, dass das Verhalten keine positive Verstärkung erfahren könne, und vor allem solle dem Bestraften ein wünschenswertes Alternativverhalten vor Augen geführt werden. Diese Aspekte wurden von den Lernpsychologen Azrin/Holz in einer allgemein akzeptierten und vielfach zitierten Auflistung zusammengefasst.[249]

Wie verhält es sich nun mit der zeitlichen Komponente ? Zahlreiche Tierversuche mit verschiedenen Zeitintervallen zwischen dem Tun und der Bestrafung wurden durchgeführt, um festzustellen, ob eine größere zeitliche Nähe zu höherer Wirksamkeit der Strafe führt. Dabei wurde teilweise festgestellt, dass eine sofortige Bestrafung wirksamer ist als eine verzögerte.[250] Andere Untersuchungen wiederum gelangten zu keinen nennenswerten Unterschieden,[251] wobei man hier die Durchführung der Bestrafung auf einen Zeitraum von weniger als einer Stunde beschränkte. Erweiterte man jedoch diesen Zeitraum auf über eine Stunde, so stellte sich heraus, dass sich nach dieser Zeit die Reaktionsraten bei nicht unmittelbarer Bestrafung wenn nicht gar vollständig so doch wesentlich erholten, während bei unmittelbarer Bestrafung die Reaktion auf unbestimmte Zeit, oft sogar vollständig erhalten blieb.[252] Aus diesen Untersuchungen wurde abgeleitet, dass eine Strafe, wenn sie wirksam sein solle, möglichst unmittelbar dem unerwünschten Verhalten nachfolgen müsse.[253] Ob eine solche eindimensionale Interpretation der Forschungsergebnisse jedoch gerechtfertigt ist und inwieweit überhaupt das bisher Gesagte zur Überprüfung des erzieherischen Gehalts des Beschleunigungsgrundsatzes im strafprozessualen Zusammenhang herangezogen werden kann, bedarf noch einer weiteren Klärung.

---

249 Azrin/Holz, S. 426 f.

250 Banks/Vogel-Sprott, S. 357; Christoph-Lemke, S. 53; Renner, S. 901.

251 Estes, 1944, S. 34 f.

252 Azrin/Holz, S. 394 f. Kritisch gegenüber manchen Untersuchungsmethoden: Clark.

253 Azrin/Holz, S. 426; Church, S. 376; Solomon, S. 240.

b) Entwicklungspsychologie

Die Entwicklungspsychologie[254] beschäftigt sich mit den Entwicklungsstadien und Prozessen, die im Laufe des Lebens auftreten. Da gerade das für diese Arbeit interessante Jugendalter gekennzeichnet sein kann durch besondere Belastungen (zu denken ist etwa an die körperliche Reifung und die Neubestimmung der eigenen sozialen Rolle)[255], könnte die Entwicklungspsychologie weitere Erkenntnisse zur erzieherischen Effektivität des Beschleunigungsgrundsatzes liefern. Zu problematisieren ist also zuvorderst die Strafhandlung eines Erwachsenen gegenüber einem „in Entwicklung befindlichen Menschen", wobei sich die Frage aufdrängt, ob und inwieweit eine solche Entwicklungstatsache strafrelevant ist.[256] Einen bedeutenden Ansatz zur Beantwortung dieser Frage bietet die Theorie der Moralentwicklung von **Lawrence Kohlberg** (1927-1987), die vor allem auf den Arbeiten des Entwicklungspsychologen Jean Piaget sowie des Sozialpsychologen George Herbert Mead aufbaut.[257] Dabei versteht man unter Moral „ein System von Glaubenssätzen und Werthaltungen, das Urteilen über richtige und falsche Handlungen zugrunde gelegt wird."[258]

Kohlberg erarbeitete ein Stufenmodell der Moralentwicklung des Menschen aus einer kognitiv-entwicklungspsychologischen Perspektive.[259] Dabei unterschied er im Groben eine vormoralische Stufe, bei der überhaupt keine Vorstellung von Regeln oder „gut und böse" besteht, eine vorkonventionelle, bei der zwar Regeln aufgenommen werden, das eigene Verhalten sich aber nur an den erwarteten physischen Konsequenzen bzw. der Befriedigung von Bedürfnissen orientiert, eine konventionelle Stufe, in der es als Wert an sich gilt, den Erwartungen einer bestimmten sozialen Ordnung, wie Familie, Gruppe oder Nation, zu entsprechen, was sich nicht nur in Konformität, sondern auch Loyalität gegenüber dieser Ordnung ausdrückt, sowie eine postkonventionelle Stufe, bei der sich die Maßstäbe des eigenen Handelns zunächst aus mehrheitlich akzeptierten Normen ergeben, später dann aus unabhängigen, universal gültigen Prinzipien. Nach Kohlberg durchläuft der Mensch zwar eine Stufe nach der anderen, die meisten

---

254 Allgemein zur Entwicklungspsychologie sehr ausführlich: Trautner; kürzer: Rossmann.

255 Siehe dazu etwa: Masche; Rollett, S. 71 ff.

256 Schreiner, S. 237.

257 Zur gesamten Entwicklungsgeschichte: Garz. Zu Piagets Ansatz grundlegend: Piaget, 1954, sowie in einer aktuellen pädagogischen Umsetzung: Piaget, 1999. Zur Arbeit Meads: Mead, 1968 sowie 1969.

258 Zimbardo, 1995, S. 86.

259 Zusammenfassende Darstellung von Kohlberg selbst: Kohlberg/Turiel, S. 18. Ausführlich in: Kohlberg.

bleiben jedoch zeit ihres Lebens auf der konventionellen Stufe stehen.[260] Diese Entwicklung hängt funktional ab von der Entwicklung des logischen Denkens sowie der Entwicklung sozial-kognitiver Kompetenz, wie z. B. Perspektivenübernahmen.[261] In kriminologischer Hinsicht ging Kohlberg ferner davon aus, dass höhere moralische Stufen eine schützende Wirkung haben vor Anreizen für delinquentes Verhalten.[262]

Während die Theorie Kohlbergs in der Wissenschaft bis heute vor allem empirisch sehr umstritten ist,[263] versucht Gerhard Portele den verschiedenen Moralstufen Lernmuster, wie sie bereits im Rahmen der psychologischen Lerntheorien vorgestellt wurden, zuzuordnen. Ohne dass er diesen Zuordnungen Allgemeingültigkeit zumisst, verbindet er die vormoralische Stufe mit der klassischen, die vorkonventionelle mit der operanten Konditionierung. Der konventionellen Stufe ordnet er das Beobachtungslernen zu und auf der nachkonventionellen Stufe entsteht nach seiner Theorie Lernen durch Einsicht und kognitive Konflikte.[264]

Inwieweit Kohlbergs Moraltheorie eine direkte Verknüpfung von unerwünschtem Verhalten und Sanktion verlangt, ließe sich nun anhand der jeweiligen lerntheoretischen Erkenntnisse beurteilen. Wollte man das Konzept jedoch konsequent umsetzen, so müsste zunächst der betroffene Jugendliche korrekt in das Stufenmodell eingeordnet werden, d. h. es müsste festgestellt werden, auf welcher Entwicklungsstufe er sich gerade befindet, damit die sinnvollste Bestrafungsform angewendet werden kann. Dies erscheint jedoch nicht immer möglich, zumindest ist die Vorgehensweise schwierig und zeitlich recht aufwendig.[265] Eine sehr schnelle Reaktion auf ein Verhalten, wie oftmals von den Lerntheoretikern verlangt, erscheint also im Rahmen dieses Modells nur schwer möglich. Sicherlich verlangt eine solche Sicht der Dinge aber, dass eine schließlich für sinnvoll erachtete Reaktion schnell umgesetzt wird, da andernfalls die

---

[260] Vgl. Hering, Eike, S. 42.

[261] Vgl. Lösel, S. 262.

[262] Vgl. Göppinger, S. 121.

[263] Von einem Schulprojekt berichten Kohlberg/Wassermann/Richardson, S. 215 ff. Bejahend auch: Lind, 2000. Kritisch: Kurtines/Blank Greif, S. 468 f.; Peltzer. Ausgewogen: Blasi, S. 10 ff.

[264] Portele, S. 147 ff. Zusammengefasst und umgesetzt auf die jeweils dazu passenden Bestrafungsformen von Schreiner, S. 238 f.

[265] Vgl. Lösel, S. 262. Lind, 1978, S. 171 ff., beschreibt die mögliche Vorgehensweise bei einer solchen Untersuchung.

Gefahr besteht, dass sich der betroffene Jugendliche in der Zwischenzeit weiterentwickelt, oder anders ausgedrückt, „wegentwickelt" hat.[266]

c) Persönlichkeitspsychologie

Eine weitere Herangehensweise an die vorliegende Problematik bietet die von **Sigmund Freud** (1856-1939) begründete Psychoanalyse.[267] Sie wird hier als persönlichkeitspsychologische Theorie eingeordnet,[268] da sie sich im Grundsatz mit dem Individuum, mit seiner Verschiedenheit von anderen Individuen und seiner Vergleichbarkeit mit ihnen beschäftigt.[269] Nach der Theorie der Psychoanalyse befinden sich Jugendliche in der so genannten Adoleszenzphase, in der sie sich vom eltern-geleiteten Kind zum ich-geleiteten Erwachsenen entwickeln.[270] Das sich nun entwickelnde „Ich", das psychische Funktionen wie z. B. Triebsteuerung, Denken oder Gedächtnis repräsentiert, soll zwischen den im Unterbewusstsein latent vorhandenen Triebregungen – als „Es" bezeichnet – und den ebenfalls in dieser Zeit entstehenden kulturellen Moral-, Wert- und Normvorstellungen – dem „Über-Ich" – vermitteln.[271] Entwicklungsstörungen beim Aufbau von „Ich" und „Über-Ich", die ihren Ursprung in aller Regel in der frühen Kindheit haben,[272] prägen nun stark die Persönlichkeitsreifung und können unter anderem auch delinquentes Verhalten auslösen.

Weniger als mit der Entstehung von Kriminalität beschäftigen sich die Vertreter der Psychoanalyse mit der Frage, wie auf Delinquenz zu reagieren ist. In diesem Zusammenhang stellt sich zunächst das Problem, ob Bestrafungen mit diesem Ansatz überhaupt vereinbar sind. Während vor allem von frühen Vertretern die neue Denkrichtung verabsolutiert wurde, d. h. anstelle jeglicher Art von Strafe „auf dem Gebiet der gesamten Strafrechtspflege das Heil nur von der Psycho-

---

[266] Hering/Sessar, S. 100.

[267] Allgemein zur Psychoanalyse: Jongbloed-Schurig; Leuzinger-Bohleber; Toman, 1978. Zu einer psychoanalytischen Kriminalitätstheorie: Schneider, Hans-Joachim, S. 471 ff.

[268] So auch die meisten Darstellungen. Muck, S. 7 ff., ordnet sie in die Entwicklungspsychologie ein. Allgemein zur Persönlichkeitspsychologie: Fisseni.

[269] Vgl. Thomae, S. 10.

[270] Hering, Eike, S. 41.

[271] Vgl. Göppinger, S. 108 f. Diese Persönlichkeitsstrukturen werden jedoch von Gegnern dieses Modells als fiktiv abgelehnt, vgl. Lösel, S. 256.

[272] Toman, 1983, S. 50. Nach Moser, S. 269, scheint das Gelingen der Sozialisation davon abzuhängen, „in welchem Ausmaß Eltern oder Erziehungspersonen in der Lage sind, die Frustrationen der Triebeinschränkung in erträglichen Grenzen zu halten, bzw. sie durch Angebote von Kompensation und Verhaltensalternativen konstruktiv zu verwenden."

analyse“ erwartet wurde,[273] sieht man die Problematik heute weniger eindimensional.[274] Bei schwerstgestörten Delinquenten sieht man Strafe weiterhin als nutzlos oder gar kontraproduktiv an und verweist stattdessen auf psychoanalytische Behandlungen, wohingegen pädagogische Strafen sinnvoll sein können bei Tätern mit stabiler Persönlichkeitsstruktur, die noch offen sind für pädagogische Ziele.[275] Mit zunehmender Entwicklung des Jugendlichen nimmt die Abhängigkeit der Gewissensbildung, also der Entwicklung des „Über-Ichs“, von Lohn und Strafe dann ab.[276]

Von großer Bedeutung ist nun aber sowohl für den richtigen Umgang des Richters mit dem Beschuldigten beim Verfahren als auch für die Ermittlung der angemessenen Rechtsfolge eine korrekte persönlichkeitsstrukturelle Einordnung des Jugendlichen.[277] Wie schon im Fall der Moraltheorie Kohlbergs relativiert auch dieses Erfordernis den Ruf nach besonderer Schnelligkeit bei der Aburteilung eines beschuldigten Jugendlichen.[278] Jedoch lässt sich feststellen, dass so früh wie möglich die für eine psychoanalytische Begutachtung des Falls nötigen Aspekte aufzuklären sind,[279] was sicherlich gleichfalls auf die Moraltheorie übertragbar ist.

3. Pädagogik

In der vorliegenden Arbeit soll der erzieherische Gehalt des Beschleunigungsgrundsatzes im Jugendstrafrecht untersucht werden. Nach dem Blick in die Psychologie gilt es nun festzustellen, wie die wissenschaftliche Pädagogik[280] als „der Sammelbegriff für die Wissenschaft, die sich mit den Tatbeständen und Prozessen der Erziehung befasst“[281] zum Thema „Bestrafung“, insbesondere de-

[273] So z. B.: Wittels, S. 114.

[274] So sieht Redl, S. 167, in der Strafe zwar kein Allheilmittel, da mit einem möglichen äußeren Erfolg die Gefahr von inneren Schädigungen verbunden ist. Er entwickelt dann aber ein Konzept, wie pädagogisch sinnvolle Strafe aussehen muss, ohne jedoch auf den dieser Arbeit zugrunde liegenden Zeitfaktor einzugehen.

[275] Köhn, S. 257.

[276] Herren, S. 198; Köhn, S. 63.

[277] Zum Umgang vor Gericht: Wendl, S. 73 ff. Zur psychoanalytischen Begutachtung von Straftätern: Becker-Toussaint; Menne.

[278] Mit Hilfe einer psychoanalytisch ausgerichteten Pädagogik meint Nothacker, 1982 (a), S. 452, dem Beschleunigungsgrundsatz auch die Argumentationsgrundlage eines beim Jugendlichen reduzierten Erinnerungsvermögens entziehen zu können.

[279] So Böllinger, S. 99.

[280] Einführend in das Gebiet der Pädagogik etwa: Gudjons; Kron.

[281] Dietrich, S. 24.

ren Ausgestaltung, steht.[282] Schon bei einer ersten Durchsicht der einschlägigen Forschungsliteratur fällt auf, dass sich die Pädagogik diesbezüglich mit zwei grundlegenden Fragestellungen beschäftigt. Zunächst stellt sich das Problem, ob die Bestrafung überhaupt als vertretbares Erziehungsmittel anzusehen ist. Anschließend ist zu fragen, wie die Strafe beschaffen sein muss, um gegebenenfalls erzieherische Wirkung entfalten zu können.

a) Strafe als Erziehungsmittel ?

Objektiv lässt sich Strafe aus pädagogischer Sicht als ein Verfahren definieren, das „mit einiger Wahrscheinlichkeit ein unangenehmes oder schmerzvolles Gefühlserlebnis im Edukanden auslöst."[283] Nach einer heute üblichen Beschreibung vom erziehungstheoretischen Standpunkt aus soll der Edukand mit einer Strafe von der Wiederholung des unerwünschten Verhaltens abgehalten, und zu gleicher Zeit sollen seine „sittliche Läuterung", „Besserung" und „Charakterfestigung" bewirkt werden.[284] Diese Erklärung impliziert bereits die Bejahung der eben gestellten Frage, ob also Bestrafung überhaupt als vertretbar angesehen werden kann. Vor allem vor einem historischen Hintergrund kann eine solche Antwort jedoch nicht als selbstverständlich angesehen werden.

Während Strafe jahrtausendelang ein unreflektiertes, aber allgemein gebräuchliches Mittel im Rahmen der Erziehungspraxis war, wurde „Strafe in der Erziehung" seit der Aufklärung und vor allem der Reformpädagogik Anfang des 20. Jahrhunderts[285] zum viel diskutierten und umstrittenen Thema.[286] Im Zuge der Studentenbewegung in den sechziger Jahren des letzten Jahrhunderts und unter dem Schlagwort der antiautoritären Erziehung erfuhr diese Frage jedoch eine weitgehende Tabuisierung, die sich auch darin niederschlägt, dass sich seitdem nur sehr wenige Pädagogen damit beschäftigt haben.[287] Das wohl revolutionierendste Werk der Erziehungsgeschichte ist Jean Jacques Rousseaus (1712-1778) 1762 erschienener Roman „Emile, ou de l'éducation", in dem er eine sehr kritische Position zur herkömmlichen Strafpraxis bezieht, deren Gefahren anprangert

---

[282] Wie Kinder selbst über Bestrafungen denken, wurde untersucht und beschrieben von Valtin/Walper, S. 975 ff. Darauf soll hier aber nicht eingegangen werden.
[283] Uhl, 1996, S. 206.
[284] Netzer, S. 6 f. ; Uhl, 1996, S. 206.
[285] Zur Reformpädagogik: Blättner, S. 259 ff.
[286] Oswald, S. 894.
[287] Bastian, S. 25.

und das Alternativkonzept einer „natürlichen Strafe“ entwickelt,[288] worauf noch zurückzukommen sein wird.

Unmittelbare Grundlage für noch heute existierende ablehnende Haltungen zur Strafe als Erziehungsmittel ist aber die „klassische“ Straftheorie **Friedrich Ernst Daniel Schleiermachers** (1768-1834), der sich in seinen pädagogischen Vorlesungen 1820/21 sehr ausführlich mit dem Phänomen der pädagogischen Strafe auseinander setzte. Während Schleiermacher „die eigentliche pädagogische Tätigkeit“[289] im Prinzip der „Unterstützung“ sah, worunter er Faktoren wie Bejahung, Ermutigung oder Hilfe verstand,[290] hielt er die Strafe für etwas ursprünglich Nicht-Pädagogisches.[291] Sie habe folglich „an und für sich keinen Wert“;[292] „bessern kann die Strafe in keiner Weise (...). Als Erziehungsmittel darf die Strafe durchaus nicht gebraucht werden, sondern sie kann nur entschuldigt werden.“[293] Durch das Aufgreifen solcher Zitate wurde jedoch oft übersehen, dass sich Schleiermacher sehr viel tiefsinniger mit diesem Thema beschäftigt hat. So hat er als Erster eine grundsätzliche innere Widersprüchlichkeit zwischen Strafe und Erziehung gesehen, die ihm zufolge im Wesen der Strafe liegt, während bis dahin das mögliche Versagen von Strafe auf ihre falsche Handhabung oder eine besondere Widersetzlichkeit des Zöglings zurückgeführt wurde.[294] Die Rechtsstrafe empfand er zwar als notwendig für den Bestand der Gesellschaft, sah in ihr aber ein Zeichen für deren Unvollkommenheit,[295] worin sich zeige, „dass die Erziehung nicht das geleistet hat, was sie eigentlich leisten soll nach ihrer Idee.“[296] Einen erzieherischen Erfolg kann Strafe nach Schleiermacher jedoch nur dann erreichen, wenn sie vom Bestraften selbst angenommen und bejaht wird und somit seine Selbsterziehung fördert. Um dies zu verwirklichen, forderte Schleiermacher ähnlich wie Rousseau „natürliche“ Strafen, bei denen das Übel auf den Punkt zurückfällt, wo die Schuld ist,[297] oder zumindest einen hohen Grad an Verbindung zwischen Tat und Strafe, wo ein solcher „Naturzusammenhang“ nicht herstellbar ist. Dabei ließe sich konsequenterweise gar darüber streiten, ob die „natürliche“ Strafe überhaupt als Strafe im strikten Wortsinn anzusehen ist, oder ob sie nicht vielmehr lediglich die naturgesetzlich

---

[288] Näher dazu: Scheibe, S. 55 ff.; und beispielhaft: Rousseau, S. 15-18 und 21-26.
[289] Schleiermacher, Band I, S. 99.
[290] Scheibe, S. 137.
[291] Schleiermacher, Band II, S. 173.
[292] Schleiermacher, Band II, S. 175.
[293] Schleiermacher, Band I, S. 241.
[294] Scheibe, S. 144.
[295] Schleiermacher, Band I, S. 241.
[296] Schleiermacher, Band I, S. 94 f.
[297] Schleiermacher, Band II, S. 181.

bedingte Tatfolge darstellt.[298] Diese Frage bedarf hier jedoch keiner Beantwortung.

Im Laufe der Zeit haben sich zahlreiche Pädagogen in die Nachfolge Schleiermachers gestellt und die Anerkennung von Strafe als Erziehungsmittel abgelehnt.[299] Teilweise wird sogar der Begriff „Erziehungsmittel“ als in sich widersprüchlich kritisiert. Durch ein „Erziehungs-Mittel“ im strikten Wortsinn werde eben gerade nicht zur Selbstbestimmung erzogen, sondern manipuliert und dressiert.[300]

Demgegenüber vertreten andere Autoren die Auffassung, dass eine Strafe auch positive Züge enthalte und somit – jedenfalls wenn bestimmte Voraussetzungen eingehalten seien – durchaus auch als Erziehungsmittel, also positiv aufbauend wirkend, denkbar sei.[301] Auch hier wird jedoch genauso wie bei den grundsätzlichen Kritikern einer Erziehungsstrafe anerkannt, dass eine Bestrafung starke schädliche Auswirkungen haben kann. Dies wurde ja bereits im Rahmen der psychologischen Überlegungen diskutiert (s. S. 44 ff.). Die pädagogische Literatur geht jedoch noch über die dort bereits aufgeführten Erwägungen hinaus, also die Gefahr des Aufbaus von Aggressivität, Aversionen, aber auch Destruktivität und Entmutigung, sowie die These, dass Bestrafungen ein bestimmtes Verhalten nur kurzfristig unterdrücken, nicht aber auslöschen können. Es wird kritisiert, eine Erziehung auf der Grundlage von Angst vor neuer Strafe aufzubauen, da die Angst mit ihrer psychisch destabilisierenden Wirkung eher verdrängt werde, als dass sie handlungsleitend wirke, und überdies ein solches Vorgehen aufgrund des Fehlens konstruktiver Elemente Lerndefizite verursachen könne.[302] Ferner wird auf die allgemeinen Moralvorstellungen auch in Erziehungsfragen verwiesen.[303] Strafleidszufügungen – ganz besonders körperliche Strafen, die oft genug den Grad schwerer Kindesmisshandlungen erreichen[304] – werden als inhuman und angesichts des ohnehin schon großen Leides in der Welt unberech-

298 So Oswald, S. 901.

299 So z. B.: Fischer, S. 74 f.; Scheibe, S. 296 f.; und besonders radikal: Brunner, S. 121 ff., der sogar so weit geht, Bestrafung mit Foltermethoden auf eine Stufe zu stellen.

300 Brezinka, S. 240; Heitger, S. 70; Oswald, S. 895 f.

301 Etwa Dietrich, S. 120; Geissler, S. 176 f.; Uhl, 1996, S. 206. Auch Müller, Anselm Winfried, S. 139 ff., mit dem Konzept einer „bildenden Strafe“.

302 Hering, Eike, S. 39.

303 Uhl, 1996, S. 205.

304 Vgl. Dietrich, S. 124 ff.

tigt angesehen,[305] und auch so genannte „emotionale" Strafen werden abgelehnt.[306]

Doch bleiben auch die meisten eindeutigen Kritiker von Strafe als Mittel in der Erziehung nicht bei ihrer Kritik stehen, sondern erkennen an, dass Strafe eine gesellschaftliche Wirklichkeit darstelle – auf die wohl noch keine Gesellschaft gänzlich verzichten konnte – und dadurch auch zu einem erziehungsbedeutsamen Faktor werde, mit dem sich der Erzieher beschäftigen müsse, auch wenn er sich seiner grundsätzlich nicht bedienen dürfe.[307]

b) Wie muss Strafe beschaffen sein ?

Bei der Untersuchung dieser Frage fallen einige Gesichtspunkte auf, die immer wieder in der Pädagogik genannt werden. Für besonders wichtig erachtet wird die Herbeiführung eines positiven pädagogischen Verhältnisses zwischen Strafendem und Bestraftem, ein kooperatives Vertrauensverhältnis, das nicht zu stark das Selbständigwerden des jungen Menschen einschränkt.[308] Nicht zu übersehen ist dabei natürlich die besondere Schwierigkeit der Kriminalpädagogik, bei der das pädagogische Verhältnis durch einen Zwangsakt entsteht und in personaler Hinsicht zufällig gestaltet ist.[309] Ferner solle darauf geachtet werden, dass sich die Bestrafung nicht auf die Negation eines unerwünschten Verhaltens beschränkt, sondern gleichzeitig dem Edukanden Lernhilfen für ein positives Alternativverhalten an die Hand gegeben werden.[310] Es wird darüber hinaus auch gefordert, dass für den Bestraften ein Zusammenhang zwischen Tat und Strafe herstellbar sein müsse, wobei hier in der Regel an einen inhaltlichen Zusammenhang im Sinne der schon von Rousseau bekannten natürlichen Strafe gedacht wird.[311] Hier kann es auch helfen, dem Betroffenen die Bestrafung näher zu begründen, um die Chance zur Einsicht zu verbessern.[312]

---

305 Geissler, S. 153 f.

306 Darunter versteht man allgemein, dass bestimmte Verhaltensmuster an Angst-, Schuld-, Schamgefühle oder Minderung der Selbstachtung gebunden werden, Lay, S. 68, auf einem psychoanalytischen Hintergrund. Auch Knapp, S. 143.

307 So z. B.: Oswald, S. 899.

308 Brezinka, S. 204; Dietrich, S. 122 f.; Geißler, S. 163, 173; Hellmer, S. 105; Melder, S. 73 ff.; Reble, S. 123 f.

309 Willman-Institut, S. 392 f.

310 Hering, Eike, S. 39; Knapp, S. 143; Uhl, 1997, S. 670.

311 Oswald, S. 901; Reble, S. 116; Scheibe, S. 314. Begrenzt auch: Dietrich, S. 123.

312 Uhl, 1996, S. 218 ff.

Erst in jüngerer Zeit bezieht man auch den Aspekt des Zeitpunktes der Bestrafung in die pädagogischen Überlegungen mit ein. Hier fehlen jedoch weitgehend fachspezifische Gedanken. Vielmehr wird meist auf Untersuchungen anderer Fachrichtungen verwiesen, vor allem werden diesbezügliche Erkenntnisse der psychologischen Lerntheorien übernommen.[313] Dabei kommt man selbstverständlich zu den Ergebnissen, die oben bereits dargestellt wurden, dass also eine Strafe grundsätzlich am wirksamsten sei, wenn sie dem unerwünschten Verhalten unmittelbar nachfolge und dass ihre Wirkung mit zunehmendem Zeitraum zwischen Verhalten und Bestrafung abnehme.[314] Auf die bereits im Rahmen der Psychologie angesprochenen entgegengesetzten Aspekte wird dabei jedoch nicht eigens eingegangen. Ob eine solche Übernahme aber so uneingeschränkt möglich ist, wird Thema der späteren Bewertung sein.

4. Kriminologie

Da sich die Kriminologie (abgeleitet von lateinisch: crimen – zu deutsch: Verbrechen) im weitesten Sinne mit Verbrechen und Verbrechern beschäftigt,[315] liegt es nahe, auch auf diesem Gebiet nach einer Lösung für die dieser Arbeit zugrunde liegende Problemstellung zu suchen. Die Kriminologie ist interdisziplinär ausgerichtet, lebt also auch von den Einflüssen und Ergebnissen ihrer Bezugswissenschaften, wie etwa der Psychologie, der Pädagogik, der Soziologie oder der Rechtswissenschaft. Trotzdem besteht heute weitgehend Einigkeit darüber, dass sie mehr ist als nur ein Sammelbecken der Erkenntnisse dieser Fächer, dass sie vielmehr eine selbständige Erfahrungswissenschaft darstellt.[316] Ihre interdisziplinäre Ausrichtung hat indes zur Folge, dass eine eindeutige Qualifizierung mancher Wissenschaftler als z. B. Psychologen, Soziologen oder eben Kriminologen nicht möglich ist, so dass der Arbeit diesbezüglich keine zwingende Ordnung zugrunde liegt. Manche bereits dargestellten Autoren hätten auch ebenso erst in diesem Kapitel erwähnt werden können – und umgekehrt. Hier wird lediglich versucht, einen für diesen Zusammenhang sinnvollen Auf-

---

[313] Allgemein zur Übertragung der psychologischen Lerntheorien auf das Gebiet der Pädagogik: Roth, S. 179 ff.

[314] Hering, Eike, S. 40 f.; Miller, S. 46; Uhl, 1996, S. 216 ff; Uhl, 1997, S. 664.

[315] Eine einheitliche Definition hat sich bis heute nicht durchsetzen können. Kaiser, 1996, S. 1, definiert sie beispielsweise als „die geordnete Gesamtheit des Erfahrungswissens über das Verbrechen, den Rechtsbrecher, die negativ soziale Auffälligkeit und über die Kontrolle dieses Verhaltens."

[316] Für viele: Göppinger, S. 1; Mergen, S. 4; Schneider, Hans-Joachim, S. 153 ff.; Schwind, S. 7. Ausführlich zu dieser Frage: Kaiser, 1996, S. 11 ff.

bau zu wählen. Natürlich kann im Rahmen dieser Arbeit auch kein umfassender Überblick gegeben werden über die Sicht aller kriminologischen Theorien zum Thema „Strafe“. Erwähnung finden sollen daher lediglich diejenigen Theorien, die weitere Erkenntnisse zulassen in Bezug auf den erzieherischen Sinngehalt des Beschleunigungsgrundsatzes.

a) Kriminologische Lerntheorien

Als erster „Kriminologe“ soll der Amerikaner **Edwin Hardin Sutherland** (1883-1950) Erwähnung finden, da seine Hauptthesen zur Kriminalität an bereits bekannte Aspekte anknüpfen.[317] Mit seiner Theorie der differentiellen Kontakte lehnte er sich stark an die psychologischen Lerntheorien an. In diesen Ansatz bezog er sein eigenes Forschungsgebiet mit ein. Sein Ausgangspunkt war also, dass wie jedes andere Verhalten auch das kriminelle Verhalten erlernt werde. Dabei konzentrierte er seinen Blick auf Interaktionen mit anderen Personen, also vor allem auf intime persönliche Gruppen, in denen nach seiner Theorie hauptsächlich kriminelles Verhalten erlernt werde.[318] Während Sutherland selbst zunächst nur psychologisch unspezifisch vom „Lernen“ sprach, versuchten andere Autoren nun, die verschiedenen Konditionierungsarten in seiner kriminologischen Lerntheorie zusammenzubringen.[319] Stärker auf den Ansatz des operanten Konditionierens konzentriert sich hingegen die Theorie der differentiellen Verstärkung, die auf den Thesen Sutherlands aufbaut.[320] Das kriminelle Verhalten hänge danach vom Eintreten bzw. Ausbleiben positiver oder negativer Verstärker ab.

Ganz neue Erkenntnisse zum erzieherischen Sinn des Beschleunigungsgrundsatzes lassen sich durch den kriminologischen lerntheoretischen Ansatz nicht gewinnen. Vielmehr würden sich die Vertreter diesbezüglich wohl an den Aussagen der psychologischen Lerntheorien orientieren und somit die Notwendigkeit zeitlicher Kontiguität zwischen unerwünschtem Verhalten und Reaktion herausstreichen.[321]

---

[317] Ausführlich zu seiner Arbeit sein mittlerweile in 9. Auflage von Cressey weitergeführtes Lehrbuch: Sutherland/Cressey.

[318] Sutherland, S. 395 ff.

[319] Barkey; Killias.

[320] Burgess/Akers.

[321] Breland, S. 64.

b) Kontrolltheorien

Als Kontrolltheorien fasst man die verschiedenen Halt- und Bindungstheorien zusammen, welche entgegen den traditionellen kriminologischen Theorien die Frage nach den Ursachen kriminellen Verhaltens umkehren und stattdessen den Versuch machen herauszufinden, warum trotz der angenommenen natürlichen und ubiquitären Neigung des Menschen zur Kriminalität sich die meisten Menschen einigermaßen sozial konform verhalten.[322] Einig sind sie sich insoweit, dass kriminelles Verhalten unterdrückt werde, wenn der Mensch funktionierenden Kontrollmechanismen unterworfen sei,[323] wobei diese formeller oder informeller, äußerer oder innerer Art sein können.[324] Den Ausgangspunkt der Kontrolltheorien bilden die Untersuchungen von Albert J. Reiss zum Erfolg von Bewährungsstrafen jugendlicher Rechtsbrecher sowie von Francis J. Nye zum Einfluss der Familienvariablen auf die Delinquenzentstehung.[325] Weit größere Bedeutung haben jedoch die Halttheorie von **Walter Cade Reckless** (1898-1988) sowie die Bindungstheorie von **Travis Hirschi** erlangt. Nach Reckless ist der innere Halt entscheidender für das Verhalten als die äußere Kontrolle. Der innere Halt werde in erster Linie vom eigenen Selbstkonzept, dem individuellen Selbstwertgefühl, beeinflusst.[326] Ein günstiges Selbstkonzept „gewährt Halt gegenüber dem Druck von Widerwärtigkeiten, gegenüber dem Zug der kriminellen Subkulturen, wie auch bei Impulsen aus Unzufriedenheit und Frustrationserlebnissen."[327] Der innere Halt sei jedoch keineswegs ein angeborener Mechanismus, sondern vielmehr ein Produkt der durchlebten Lernerfahrungen des Betroffenen, so dass sich die Halttheorie sowie die lerntheoretischen Aussagen gegenseitig ergänzen.[328]

Der zentrale Aspekt in der Theorie Hirschis[329] ist das Maß der sozialen Bindungen. Eine stabile Bindung zu seiner Umwelt könne den Menschen davor schützen, kriminell zu werden.[330] Dabei untergliedert Hirschi die sozialen Bindungen

---

[322] Vgl. Göppinger, S. 111. Bei einer derartigen Fragestellung ergeben sich auffällige Parallelen zu Sigmund Freud, vgl. Bock, 2000, S. 63.
[323] Niesing, S. 72.
[324] Schneider, Hans-Joachim, S. 529.
[325] Siehe dazu: Haage, S. 50 ff., 85 ff.
[326] Niesing, S. 75.
[327] Reckless, S. 9.
[328] Haage, S. 101 ff.; Niesing, S. 76.
[329] Siehe dazu: Hirschi/Selvin.
[330] Siehe dazu: Schneider, Hans-Joachim, S. 532.

des Menschen in vier Elemente:[331] „attachment to meaningful persons" (die emotionale Bindung zu Bezugspersonen, die sich in der Empfindsamkeit für andere und der Fähigkeit zur Rücksichtnahme ausdrückt, erzeugt eine Verpflichtung, sich mit Rücksicht auf diese Bezugspersonen konform zu verhalten); „commitment to conventional goals" (eine auf einer Kosten-Nutzen-Abwägung beruhende Lebensplanung strukturiert das Handeln und führt dadurch, dass man bedenkt, was man zu verlieren hat, zu einer Verpflichtung konventionellen Zielen gegenüber); „involvement to conventional activities" (je mehr Zeit eine Person für ihren sozialkonformen Lebensstil in Beruf und Freizeit aufwendet, desto weniger Zeit und Gelegenheit verbleibt ihr, um delinquent zu werden); „belief in social rules" (die innere Billigung des konventionellen Wertsystems hält die eigene Wertorientierung in Übereinstimmung mit den gesellschaftlichen Normen und Werten). Diese Erkenntnisse konnten durch empirisch gewonnene Forschungsergebnisse gestützt werden. Sie stehen wie die Halttheorie auch in engem Zusammenhang mit den Lerntheorien, die zur Erklärung der Entwicklung einzelner Bindungselemente herangezogen werden können.[332]

Gemeinsam mit **Michael Gottfredson** hat Hirschi seine Überlegungen mit dem Anspruch weiterentwickelt, eine allgemeine Kriminalitätstheorie aufzustellen, und auf einen zentralen Aspekt hin konzentriert. Dabei handelt es sich um das Konzept der geringen Selbstkontrolle. Hintergrund dieser Theorie ist die Annahme, dass der Mensch von Natur aus auf die Befriedigung seiner Bedürfnisse aus sei.[333] Vom Funktionieren der Selbstkontrolle hänge es nun ab, inwieweit eine Person auf eine unmittelbare, mit geringem Aufwand verbundene Befriedigung verzichten könne.[334] Da aber gerade Kriminalität oft eine solche Bedürfnisbefriedigung liefere – nach Gottfredson/Hirschi zeichnet sie sich nämlich überwiegend durch spontane, strukturlose und in ihrer Ausführung triviale Taten aus, für die also nur ein geringer kognitiver und manueller Aufwand erforderlich ist[335] – stelle Straffälligkeit im Wesentlichen die Folge einer geringen Selbstkontrolle dar,[336] wobei auch bei diesen Personen eine Kosten-Nutzen-Analyse stattfinde, hier aber in der Regel die kurzfristige Befriedigungsmöglichkeit größeres

[331] Ausführlich bei Hirschi. Gut zusammengefasst bei Göppinger, S. 112 f., sowie Niesing, S. 77 ff.
[332] Haage, S. 37 ff.; Kaiser, 1996, S. 203 ff.; Niesing, S. 80 f.
[333] Vgl. Lamnek, S. 122.
[334] Gottfredson/Hirschi, S. 119.
[335] Göppinger, S. 113; Gottfredson/Hirschi, S. 119.
[336] Das Gleiche gilt für andere Formen „unvorsichtigen" Verhaltens, wie z. B. Rauchen, Trinken, Glücksspiel, vgl. Eisenberg, 2000, S. 64 f.

Gewicht habe als langfristige Interessen bzw. langfristig zu befürchtende Nachteile.[337]

Welche Konsequenz ist nun aus den Erkenntnissen der dargestellten Kontrolltheorien zu ziehen ? Zunächst ist es wichtig festzustellen, dass z. B. Mängel in der Selbstkontrolle durch eine angemessene Sozialisation ausgeglichen werden können, wobei verschiedene individuelle Prädispositionen durchaus anerkannt werden.[338] Genauso ist es möglich, einen inneren und äußeren Halt im Sinne Reckless' bei Straffälligen zu errichten, um die Widerstandskraft gegen die Versuchung weiterer Kriminalität zu stärken, etwa indem man ihn mit wirksamen Bezugsgruppen in Berührung bringt.[339] Jedoch dürfte es in einem allzu kurzen Verfahren wohl kaum möglich sein, zuerst überhaupt zu erkennen, dass ein solcher Mangel beim betroffenen Jugendlichen besteht,[340] und dann noch Wege zu finden, wie diesem Mangel abzuhelfen ist, mit welchen Mitteln also seine Eingebundenheit, sein innerer und äußerer Halt bzw. seine zu geringe Selbstkontrolle wirksam gestärkt werden können. Um solche Strategien zu entwickeln,[341] bedarf es einiger Zeit, was wiederum die Bedeutsamkeit des Beschleunigungsgrundsatzes etwas relativiert.

c) Neutralisierungstechniken

Auch **Gresham M. Sykes** und **David Matza** erkennen grundlegend an, dass delinquentes Verhalten wie die meisten Formen sozialen Verhaltens in einem Prozess sozialer Interaktion gelernt wird.[342] Sie kritisieren jedoch, dass man sich in der Forschung neben dem Prozess des Lernens zu wenig mit dem Inhalt dessen, was gelernt wird, beschäftigt habe. Ausdrücklich nehmen sie aus dieser Kritik die Subkulturtheorien aus, denen sie aber dennoch ihren eigenen Theorieansatz entgegenstellen. Während die Subkulturtheorien davon ausgehen, dass auch die so genannten „delinquency areas“ durch ein Normensystem sozialer Kontrolle gekennzeichnet sind, wobei Albert K. Cohen in diesen Normen eine reine Negation von Mittelschichtstandards,[343] Walter B. Miller jedoch eine darüber hinaus-

[337] Niesing, S. 82 f.
[338] Gottfredson/Hirschi, S. 96.
[339] Reckless, S. 14.
[340] Vgl. auch: Lamnek, S. 153.
[341] Siehe auch: Hering, Eike, S. 45.
[342] Sykes/Matza, S. 360.
[343] Zur Subkulturtheorie Cohens: Cohen, 1961; Cohen, 1963.

gehende gewachsene Unterschichtskultur sieht,[344] lehnen Sykes/Matza für die meisten jugendlichen Straftäter eine solche geschlossene sub- oder gegenkulturelle Werte- und Vorstellungswelt ab.[345] Sie argumentieren dabei mit folgenden Beobachtungen: Viele Delinquenten erleben bei der Verhaftung ein – wohl nicht nur taktisch anzusehendes – Gefühl der Schuld oder Scham, häufig zollen die jugendlichen Straftäter gesetzestreuen Personen Bewunderung und Respekt, ferner wird oft eine scharfe Grenze gezogen zwischen potentiellen Opfern und Personen, die als Opfer nicht in Frage kommen, und Strafen führen wohl nicht nur zu einer höheren Vorsicht bei zukünftiger Delinquenz, sondern häufig auch zu einer gewissen Internalisierung der Forderung nach Konformität.[346]

Daraus ziehen die Autoren nun den Schluss, dass jugendliche Straftäter eben doch wenigstens teilweise die herrschende soziale Ordnung anerkennen,[347] woraus sich allerdings die Frage ergibt, warum sie die Gesetze, an die sie offensichtlich glauben, trotzdem verletzen. Sykes/Matza erklären dies durch ein System von Rechtfertigungen abweichenden Verhaltens, den so genannten „Techniken der Neutralisierung", die sie im Wesentlichen verstehen als eine subjektive Ausweitung von gesetzlich oder moralisch anerkannten Rechtfertigungen.[348] So wie z. B. Notwehr ein ansonsten verbotenes Verhalten strafrechtlich rechtfertigen könne, versuche der Straftäter, durch Ausweitung bestehender oder Aufstellen neuer Rechtfertigungstatbestände, sein vom allgemein anerkannten Rechtssystem abweichendes Verhalten zu entschuldigen, um sich vor Selbstvorwürfen, aber auch vor Missbilligungen seiner sozialen Umwelt zu schützen, sie zu neutralisieren. Diese Techniken, Sykes/Matza teilen sie in fünf Gruppen ein, nämlich „die Ablehnung der Verantwortung", „die Verneinung des Unrechts", „die Ablehnung des Opfers", „die Verdammung des Verdammenden" sowie „die Berufung auf höhere Instanzen", könnten sowohl das abweichende Verhalten nachträglich rechtfertigen als auch ihm vorausgehen und es so erst ermöglichen.[349]

---

344 Zur Subkulturtheorie Millers: Miller.

345 Cohen/Short, S. 373 f., sehen jedoch keinen Widerspruch zwischen den Subkulturtheorien und den Neutralisierungstechniken von Sykes/Matza. Vielmehr sehen sie die Subkulturbildung als die wohl am meisten verbreitete und wirkungsvollste Neutralisierungstechnik an. So auch: Wiswede, S. 163, der die Neutralisierungstheorie als das gegenüber den Subkulturtheorien umgreifendere Konzept ansieht.

346 Sykes/Matza, S. 361 ff.

347 Sykes/Matza, S. 364.

348 Sykes/Matza, S. 365 f.

349 Sykes/Matza, S. 365 ff. Döbert/Nunner-Winkler verbinden diesen Gedanken mit den dargestellten entwicklungspsychologischen Erwägungen. Eher kritisch hinsichtlich der empirischen Bewährung: Amelang, S. 188 ff.

Andere Autoren haben diese Erkenntnisse auf die Frage des Beschleunigungsgrundsatzes umgesetzt. Dabei liegt es nahe festzustellen, dass die erzieherische Effektivität von Strafen durch den Einsatz der Neutralisierungstechniken gefährdet ist. Je mehr Zeit zwischen Tat und Sanktion vergeht, desto größer ist also die Versuchung für den Jugendlichen, sein Verhalten in der genannten Form zu rechtfertigen, um ein inneres Gleichgewicht oder ein positives Selbstbild wiederherstellen zu können. Eine zu späte Sanktion kann der jugendliche Delinquent nach einem solchen Verdrängungsprozess dann natürlich nicht mehr als Konsequenz seines Handelns akzeptieren.[350] Mit der Anerkennung solcher Neutralisierungstechniken wird folglich für eine schnelle Aburteilung der betroffenen Jugendlichen argumentiert. Dies ist jedoch so nicht zwingend. Die Theorie spricht tatsächlich nur für eine schnelle Reaktion, die aber nicht unbedingt in der Aburteilung gesehen werden muss. Vielmehr kann eine solche Reaktion auch schon im Vorfeld des juristischen Verfahrens erfolgen, wobei etwa an die Tatentdeckung und eine polizeiliche Vernehmung zu denken ist (s. auch S. 85).

d) Etikettierungsansätze

Die in diesem Kapitel bisher dargestellten Theorien bezeichnet man im kriminologischen Sprachgebrauch auch als ätiologische (Ätiologie ist die Lehre von den Wirkungsursachen) Modelle zur Delinquenzerklärung, da sie die Ursachen für die Kriminalität in der Person und/oder der Situation des Delinquenten suchen. Einen eindeutigen Perspektivenwechsel haben sich die so genannten Etikettierungsansätze – man spricht auch vom „labeling-approach" – zu Eigen gemacht.[351] Ihren theoretischen Hintergrund finden sie in der soziologischen Richtung des symbolischen Interaktionismus.[352] Als ihr geistiger Vater gilt Howard Becker,[353] nach Deutschland „importiert" hat diesen Ansatz Fritz Sack.[354] Entscheidende Grundlage für den „labeling-approach" ist die Auffassung des symbolischen Interaktionismus, dass die den Menschen umgebende Wirklichkeit nur vermittelt werde durch Bedeutungen und Symbole, die wiederum soziale Festlegungen darstellten, aber nur in konkreten Interaktionen von Menschen praktisch

[350] Hering, Eike, S. 40; Hering/Sessar, S. 99; Pfeiffer, Christian, S. 96.

[351] Allgemein dazu: Matza. Zur empirischen Überprüfung des „labeling-approach": Schneider, Hans-Joachim, S. 552 ff.

[352] Grundlegend dazu aus der Sicht des Sozialbehaviorismus: Mead.

[353] Und zwar mit seinem Buch: Außenseiter – Zur Soziologie abweichenden Verhaltens. Keupp, S. 106 f., führt den Ursprung noch weiter zurück auf Frank Tannenbaum und sogar Karl Marx.

[354] Sack, S. 431 ff.

relevant würden.[355] Das habe zum einen zur Konsequenz, dass es kein abweichendes Verhalten als solches gebe, sondern es nur dadurch geschaffen werde, dass bestimmte gesellschaftliche Gruppen Regeln aufstellten, deren Verletzung abweichendes Verhalten konstituiere – und die diese Regeln verletzenden Menschen würden dann als Außenseiter abgestempelt –;[356] und zum anderen, dass eine sozial selektive Sanktionierung dergestalt stattfinde, dass bestimmte Interaktionsbeteiligte aufgrund ihrer geringeren Definitionsmacht, die wiederum abhängen könne etwa von Schichtzugehörigkeit, Alter, Intelligenz oder sprachlichen Fähigkeiten, beim Aushandeln der Wirklichkeit benachteiligt seien.[357]

Ferner sei zu beachten, dass auch die Identität des Menschen eine durch Etikettierungsvorgänge geschaffene soziale Konstruktion der Wirklichkeit sei.[358] Wird nun ein Betroffener immer wieder mit bestimmten Zuschreibungen – etwa dem Etikett „kriminell“ – konfrontiert, wird er dies in sein Selbstbild aufnehmen und sich zunehmend auch danach verhalten.[359] Bestrafungen werden demnach von den „Labeling“-Theoretikern, ebenso wie auch andere erzieherisch gemeinte und mit den ätiologischen Theorien begründete soziale und strafrechtliche Institutionen, wie etwa Jugendfürsorge, Sozialarbeiter, Polizei und insbesondere Gerichtsverfahren, sehr kritisch betrachtet,[360] da sie den betroffenen Jugendlichen stigmatisieren,[361] ihn in seiner Rolle festschreiben.[362] Auf diesem Weg entstünden kriminelle Karrieren, man spricht auch von sekundärer Devianz, als Folge der gesellschaftlichen Reaktion auf primäre Devianz.[363]

---

355 Vgl. Göppinger, S. 133.

356 So Becker, S. 8.

357 Dies führte dazu, dass sich die kriminologische Forschung zunehmend weg vom Täter orientiert hat hin zu Gebieten wie der Instanzenforschung oder der Dunkelfeldforschung, wobei Letztere entgegen der Erwartungen der Labeling-Vertreter nicht grundsätzlich die Ubiquitätsthese, wonach im Dunkelfeld das strafbare Verhalten über alle Schichten hinweg gleich verteilt sei, stützen konnte.

358 Bock, 2000, S. 82.

359 Amelang, S. 220, spricht von „self-fulfilling-prophecy“, betont aber, dass auch Becker Etikettierung nicht als deterministischen, sondern probabilistischen Faktor für zukünftige Abweichungen ansieht.

360 Keckeisen, S. 27 f., spricht von der Ätiologie als der „Verwissenschaftlichung der sozialen Kontrolle“.

361 Grundlegend zum Problem der Stigmatisierung: Goffman.

362 Seinen radikalen Höhepunkt erreicht dieser Gedankengang im Abolitionismus und der Auffassung einer Gesellschaft ohne Staat. Hierzu etwa: Blankenburg. Wegen der gegensätzlichen praktischen Forderungen, die sich aus den Konzepten ergeben, spricht Bock, 2000, S. 84, auch von einem „Erklärungspatt zwischen Ätiologie und Labeling.“

363 Einen anderen Weg sieht John Braithwaite mit seiner Theorie des „reintegrative shaming“, wonach gesellschaftliche Reaktionen auf Kriminalität dann nicht zu sekundärer Devianz führen, wenn ihnen ein bestimmtes Reintegrationszeremoniell nachfolgt, Braithwai-

Man könnte nun einen Widerspruch zwischen der Theorie der Neutralisierungstechniken und den Etikettierungsansätzen insofern erblicken, als nach Ersterer der betroffene Delinquent sein Selbstbild durch die genannten Rechtfertigungsmuster „reinigt", während bei den Letzteren das Selbstbild gerade im Sinne der Zuschreibungen gefestigt wird.[364] Dieses Problem braucht hier aber nicht weiter verfolgt zu werden, da im Hinblick auf die zugrunde liegende Fragestellung das Ergebnis das gleiche ist. Wenn schon eine Bestrafung als gesellschaftliche Reaktion auf ein abweichendes Verhalten nicht gänzlich ausbleiben soll, dann muss sie wenigstens mit einer möglichst geringen Form der Stigmatisierung einhergehen. Dies kann – neben weiteren Faktoren – nur bedeuten, dass der durch die verschiedenen Verfahrensphasen gekennzeichnete Zeitraum möglichst kurz sein muss, damit sich die dabei erfolgenden Zuschreibungen nicht allzu stark in das Selbstbild des jugendlichen Delinquenten einprägen.

5. Diskussion

Nachdem im vorangegangenen Kapitel die Wissenschaften, die sich am intensivsten mit den Themen Mensch, Verhalten, Erziehung und Kriminalität beschäftigen, also Psychologie, Pädagogik und Kriminologie, auf der Grundlage der Fragestellung dieser Arbeit untersucht wurden, gilt es nun, die zusammengetragenen und zumeist noch beziehungslos nebeneinander stehenden Erkenntnisse so weit als möglich zu ordnen, sie zueinander in Beziehung zu setzen, wichtige Leitlinien und Argumentationsstränge herauszuarbeiten und nicht zuletzt auch zu ersten Bewertungen zu kommen, um sich so der Frage, ob nur die möglichst schnell erfolgende Bestrafung erzieherisch sinnvoll sein kann, weiter anzunähern. In diese Bewertung werden aber natürlich auch noch einige neue Gedanken Eingang finden. Dennoch darf – wie bereits angedeutet – auch hier nicht eine eindeutige Beantwortung der gestellten Frage mit „ja" oder „nein" erwartet werden. Es hat sich schon bis hierhin gezeigt, dass die verschiedenen Gesichts-

---

te. Zusammenfassend dazu: Schneider, Hendrik, S. 329 ff. Übrigens muss auch dieses Modell einer allzu schnellen Verfahrensdurchführung widersprechen, da der Richter in der Regel eine gewisse Zeit benötigen wird, um ein auf den individuellen Jugendlichen zugeschnittenes und für ihn wirkungsvolles Zeremoniell in die Wege zu leiten, falls dies nicht durch die Gesellschaft selbst geschieht.

364 Andererseits ist eine undurchlässige Trennung zwischen „labeling-approach" und Ätiologie auch nicht zwingend notwendig. So kann man vertreten, dass der Begriff der „Stigmatisierung" weitgehend deckungsgleich ist mit der aus der ätiologischen Anomietheorie bekannten „Verringerung der legitimen Zugangschancen", und Ähnliches gilt auch für die lerntheoretischen Erkenntnisse. So jedenfalls: Amelang, S. 232; Opp, S. 195. Dem soll hier aber nicht weiter nachgegangen werden.

punkte, die zu berücksichtigen sind, zu vielschichtig sind, um sie auf einen gemeinsamen Nenner zu bringen. Außerdem sollen nicht im Sinne einer „Mehrheits"-entscheidung wichtige gegenteilige Aspekte im Ergebnis unberücksichtigt bleiben. Ziel dieser zusammenfassenden Bewertung soll vielmehr sein, die für die dieser Arbeit zugrunde liegende Fragestellung entscheidenden Kriterien herauszuarbeiten, um sie dann zur Grundlage der weiteren praxisrelevanten Überlegungen machen zu können.

Unterschieden werden soll hier grob zwischen einem eher pädagogischen Ansatz, der zwar zunächst eine grundsätzliche Kritik an Strafen äußert, sich dann aber auch Gedanken um eine sinnvolle Form von Bestrafung macht, sowie einem lerntheoretischen Ansatz, bei dem vor allem zu problematisieren ist, inwieweit die dort gewonnen Erkenntnisse auf die Fragestellung dieser Arbeit übertragbar sind. Dabei wird jedoch keine strikte Trennung nach den einzelnen Wissenschaften oder Positionen wie im vorigen Kapitel vorgenommen.

a) Pädagogischer Ansatz

Wie gesehen gehen einige – vor allem pädagogische – Wissenschaftler über die Frage der sinnvollen Strafform hinaus und äußern der Strafe gegenüber eine Fundamentalkritik. Nicht bestimmte Erscheinungsformen von Bestrafung werden abgelehnt, sondern ihre grundsätzliche Anwendung im Rahmen der Erziehung. Argumentiert wird dabei mit moralischen (Leid in der Welt), pädagogischen (Störung von persönlichen Beziehungen), allgemein-psychologischen (Aufbau von Aggressivität, Angst, Entmutigung, etc.) sowie speziell lerntheoretischen (zeitweise Unterdrückung statt langfristige Löschung von unerwünschten Verhaltensweisen) Gesichtspunkten. Teilweise werden solche – im Grundsatz allgemein anerkannten – negativen Auswirkungen als so stark erachtet, dass die Strafe aus dem Kreis der zulässigen Erziehungsmittel endgültig ausgeschlossen wird. Vielmehr solle man sich auf die Förderung von erwünschtem Verhalten in Form etwa von Belohnungen beschränken und unerwünschtes Verhalten ignorieren.[365] Diese Vorgehensweise lässt sich psychologisch durch die Methode

[365] Möglicherweise nach dem Vorbild des Staates „Lilliput", in dem nach dem Roman „Gullivers sämtliche Reisen" (1726) von Jonathan Swift jeder Bürger, der beweisen kann, dass er die Gesetze 73 Monde lang streng befolgt hat, gewisse Vorrechte oder eine bestimmte dafür ausersehene Geldsumme beanspruchen kann, entwickelt auch Buikhuisen, 1986, S. 284 ff., ein alternatives Modell. Dabei soll jedem Bürger eine bei seiner Geburt von Seiten des Staats überlassene Geldsumme in bestimmten Abständen ausgezahlt werden, sofern er keine Straftaten begeht. Anderenfalls wird die Summe entsprechend der Tat gekürzt. Da-

des operanten Konditionierens begründen, wonach eine Konzentration auf die Verstärkung des erwünschten Verhaltens gefordert wird, während das unerwünschte schon dadurch gelöscht werde, dass es eben gerade keine Verstärkung erfahre.[366] Es ist jedoch fraglich, ob eine solche Vorgehensweise im jugendstrafrechtlichen Bereich angebracht oder überhaupt nur möglich ist. Dabei braucht nicht mehr betont zu werden, dass die Verstärkung von erwünschtem Verhalten aufgrund der hier fehlenden Nebenwirkungen ein sinnvolles und wirksames Erziehungsmittel darstellt, das in allen Bereichen der Erziehung höchste Beachtung verdient. Zu diskutieren ist lediglich die Frage, ob darüber hinaus auf Bestrafungen vollständig verzichtet werden kann.

Zunächst ist noch einmal auf die erwähnte Forderung von Skinner einzugehen (s. S. 45), eine Welt zu schaffen, in der keine Verbrechen vorkommen können. Auch der Sozialismus und die in ihm verwurzelten Kriminalitätstheorien, nach denen das Verbrechen eine bloße Folge der bestehenden kapitalistischen Gesellschaftsordnung darstellt, verfolgen die „Idee einer allgemeinen Weltverbesserung und Weltbeglückung und gestalten das Ideal eines sozialistischen Staates, in welchem alle Erscheinungen, die das natürliche Ziel der menschlichen Gesellschaft – Glück und Frieden – gefährden, fehlen werden."[367] Nachdem aber letzteres Konzept zweifellos als gescheitert und auch weitere ähnliche Hoffnungen wie die von Skinner zumindest in absehbarer Zeit wohl als utopisch anzusehen sind, können solche Gedanken die aufgeworfene Frage nicht obsolet machen.

Dennoch bleibt die These bestehen, dass Bestrafungen unnötig seien, da das unerwünschte Verhalten im Sinne des operanten Konditionierens schon durch Ignorieren gelöscht werden könne. Diese Erwartungen gehen auf Verhaltensmodifikationsforschungen zurück, die jedoch überwiegend unter Laborbedingungen isolierte Zweier-Beziehungen untersucht haben. Dabei wird aber übersehen, dass z. B. gruppendynamische Prozesse – etwa der Zuwachs an Ansehen in einer

---

bei sagt er jedoch nicht, ob dies die einzige Reaktion auf die Straftat sein soll. Auf die Probleme der Finanzierung eines solchen Systems, der Verstärkung materialistischen Denkens und auf die Dunkelfeldproblematik macht Buikhuisen selbst aufmerksam. Darüber hinaus besteht aber auch die Gefahr, dass sich die Menschen bei Etablierung dieses Modells an die Ausbezahlung der Geldsumme gewöhnen, sie also nicht mehr als besondere Belohnung für rechtstreues Verhalten empfinden, vielmehr die Kürzung der Summe als Bestrafung ansehen. In diesem Fall hätte das System seinen Zweck, nämlich die Ersetzung von Strafe durch Belohnung erwünschten Verhaltens, gänzlich verfehlt.

366 Vgl. Cloer, S. 102 f., der jedoch dieser eindimensionalen Sicht kritisch gegenüber steht.

367 Auch allgemein zu den sozialistischen Kriminalitätstheorien: Hering, Karl-Heinz, S. 115 ff., hier S. 121.

Gruppe durch Störungen – unerwünschte Verstärkungen des Verhaltens mit sich bringen können. So haben empirische Unterrichtsforschungen das Konzept eines reinen Ignorierens unerwünschter Verhaltensweisen mittlerweile sehr in Frage gestellt.[368] Das Gleiche gilt natürlich auch, wenn es innerhalb von jugendlichen „Cliquen“ zu kriminellen Handlungen kommt. Auch hier können gruppendynamische Prozesse zu unerwünschten Verstärkungen führen und eine positive Entwicklung stören.

Darüber hinaus ist eine übermäßige Konzentration auf Belohnungen zur Verhaltenssteuerung im vorliegenden strafrechtlichen Zusammenhang zunächst nur schwer denkbar. Während ein Lehrer in seinem Unterricht mit unzähligen erwünschten und unerwünschten Verhaltensweisen seiner Schüler konfrontiert wird und sich so zumindest theoretisch auf die Belohnung der Ersteren konzentrieren könnte – die pädagogische Literatur beschäftigt sich mit dem Thema „Strafe“ neben der elterlichen Erziehung vor allem im Rahmen des Schulalltags –, hat der Strafrichter ausschließlich mit negativen Verhaltensauffälligkeiten zu tun, auf die er natürlich nicht direkt mit Verstärkern reagieren kann. Seine Ziele sind zunächst darauf beschränkt, diese unerwünschten Verhaltensweisen in der Zukunft nicht mehr auftreten zu lassen. Erst in einem zweiten Schritt kommt die Verstärkung einer positiven Entwicklung des jugendlichen Straftäters überhaupt nur in Betracht, worauf später noch einmal zurückzukommen sein wird. Als direkte Reaktion auf das dem Strafrichter vorliegende Verhalten kommt also neben dem Ignorieren nur die Bestrafung in Betracht.

Doch neben dem Problem der ungewollten Verstärkungen eines auffälligen Verhaltens ist ferner zu berücksichtigen, dass auch einem Ignorieren Wirkung zukommen kann, wodurch die Gefahr besteht, dass die Löschung erheblich gefährdet wird. Zu diesem Ergebnis muss man kommen, wenn man die **ökonomischen Kriminalitätstheorien** in die Argumentation mit einbezieht.[369] Diese auch als „rational-choice“-Ansatz bezeichnete Denkrichtung – in der Tradition der utilitaristischen Philosophie stehend[370] – setzt das Menschenbild eines „homo oeconomicus“ voraus, der sein gesamtes Verhalten am subjektiv erwarteten Nutzen, man spricht auch von „Nutzenmaximierung“, ausrichtet.[371] Kriminell wird er dementsprechend dann, wenn der erwartete Nutzen aus einer Straftat

---

368 Vgl. Cloer, S. 104; Rutter/Maughan/Mortimore/Ouston, S. 218. Siehe auch: Roth, S. 240 f.

369 Ausführlich zu den ökonomischen Kriminalitätstheorien: Becker/Landes; Müller, Jens; Wittig.

370 Vgl. Göppinger, S. 144.

371 Kunz, S. 188 f.

größer ist als der, der sich aus einer legalen Tätigkeit ergäbe.[372] Darüber hinaus werden aber auch die möglichen Kosten des jeweiligen Tuns berücksichtigt. In kriminologischer Hinsicht ist hier vor allem an eine mögliche Bestrafung zu denken, genauer an die Strafschwere bzw. die Verfolgungsintensität. Das gesamte menschliche Handeln unterliegt nach diesem Ansatz also einer rationalen Kosten-Nutzen-Rechnung. Auf der Kosten-Seite wird wie gesehen überwiegend auf generalpräventive Aspekte abgestellt,[373] es ist jedoch naheliegend anzunehmen, dass auch in spezialpräventiver Hinsicht der delinquente Jugendliche die Ignorierung seines auffälligen Verhaltens dergestalt auffassen könnte, dass er für zukünftige Kriminalität keinerlei Kosten in seine Rechnung aufnimmt. Die Wiederholungswahrscheinlichkeit würde demnach steigen, von einer Löschung könnte keine Rede sein. Für die vorliegende Darstellung hat dieser Ansatz jedoch nur begrenzten Aussagewert. Während etwa im Rahmen der Wirtschaftskriminalität die ökonomischen Theorien zweifellos wertvolle Erkenntnisse liefern, sind sie wohl kaum in der Lage, den Bereich der Jugendkriminalität vollständig zu erfassen, da hier der jugendliche Delinquent oft gerade durch Plan- und Ziellosigkeit, durch Inkompetenz, durch verminderte Steuerungsfähigkeit aufgrund der körperlichen oder psychischen Bedingungen und durch andere Entwicklungsstörungen gekennzeichnet ist, und eine rationale Kosten-Nutzen-Rechnung offensichtlich nicht stattfindet.[374]

Während die ökonomischen Theorien aus präventiven Erwägungen heraus Bestrafungen also grundsätzlich befürworten, kommt man mit den dargestellten Etikettierungstheorien zu grundlegend anderen Ergebnissen. Hier wird auf die mit den Strafen einhergehenden Stigmatisierungen verwiesen (s. S. 61 ff.). So ist diesen Ansätzen unter anderem die heutige Tendenz zu immer umfassenderen Diversionsmodellen zu verdanken. Durch weitgehend folgenlose Verfahrenseinstellungen sollen kriminelle Festschreibungen der betroffenen Jugendlichen mit der Folge sekundärer Devianz möglichst verhindert werden. Auch die Forderung nach Entkriminalisierung von Bagatelldelikten geht hierauf zurück. Radikalisiert wird dies durch die Denkrichtung des Abolitionismus.[375] In der Diversion allerdings sehen manche Abolitionisten sogar die Gefahr einer Ausweitung der sozialen Kontrolle durch einen so genannten „net-widening-Effekt".[376] Ihre Forderungen zielen daher letztlich auf die Abschaffung des staatlichen Strafrechts

[372] Müller, Jens, S. 62.
[373] Siehe dazu: Bönitz.
[374] Vgl. Göppinger, S. 147.
[375] Siehe dazu auch: Lamnek, S. 314.
[376] Peters, Helge, S. 177. Siehe auch: Fn. 634

schlechthin[377] und seine Ersetzung durch privatrechtliche Regelungen des Schadensausgleichs.[378] Hier wäre unter anderem an das Modell des Täter-Opfer-Ausgleichs zu denken, das im Bereich des Jugendstrafrechts seinen gesetzlichen Niederschlag im Rahmen der Weisungen (§ 10 I Nr. 7 JGG) sowie der Auflagen (§ 15 I Nr. 1 JGG) gefunden hat. Während jedoch, wie bereits angedeutet, solche Auffassungen über eine Gesellschaft ohne Staat wohl ins Reich der Utopie verwiesen werden müssen,[379] ist an dieser Stelle noch einmal herauszustreichen, wie in der vorliegenden Darstellung „Strafe" aufgefasst wird. Wie bereits erklärt (s. S. 36), findet eben keine Beschränkung auf den Fachbegriff der „Jugendstrafe" (vgl. § 17 JGG) statt, sondern es werden auch Erziehungsmaßregeln und Zuchtmittel mit einbezogen, folglich auch der angesprochene Täter-Opfer-Ausgleich.[380] Ganz ohne solche Maßnahmen – also Strafen im weitesten Sinne[381] – wird auch ein Staat, der auf ein staatliches Strafrecht verzichtet, nicht auskommen können. Bestehen bleibt jedoch die durch die „Labeling"-Theoretiker hervorgehobene Gefahr von sekundärer Devianz durch die Stigmatisierung delinquenter Jugendlicher, was im Rahmen der praktischen Erwägungen unten nicht unberücksichtigt bleiben darf.

Doch selbst wenn man den radikalsten Weg geht und schlechterdings jegliche Bestrafung von vornherein ablehnt, so muss man doch erkennen, dass Strafe zumindest zur Zeit eine faktisch erhebliche Bedeutung auf allen Ebenen der Erziehung innehat. Deshalb kann es in diesem Fall für eine umfassende Behandlung der Thematik auch nicht unterbleiben zu untersuchen, in welcher Form die Bestrafung durchzuführen ist, um einen möglichst positiven erzieherischen Effekt herzustellen oder wenigstens die negativen Auswirkungen so weit wie möglich zu unterbinden. Deshalb sollen an dieser Stelle noch einmal die bereits oben angedeuteten Faktoren aufgegriffen werden, die im weiteren Rahmen der Pädagogik als in besonderem Maße zu berücksichtigen gelten. Dabei wird nun das Augenmerk darauf gelenkt, welche Auswirkungen diese Gesichtspunkte auf den Beschleunigungsgrundsatz haben.

---

377 Vgl. Scheerer, S. 94.

378 Peters, Helge, S. 177.

379 So auch: Göppinger, S. 177 f.

380 Etwas anders könnte man den Täter-Opfer-Ausgleich höchstens unter dem Gesichtspunkt verstehen, dass die Teilnahme eine aktive Partizipation, einen aktiven Ausgleichsprozess durch den Jugendlichen erfordert, vgl. Matt, S. 45 f. Dennoch bleibt es auch hier noch bei einem erheblichen Rest Zwang, den der Jugendliche erlebt.

381 Vgl. Hering, Eike, S. 33 (Fn. 2).

Zunächst wird dem Verhältnis zwischen Strafendem und Bestraftem Beachtung geschenkt. Es wird für wichtig erachtet, hier soweit möglich ein Klima des gegenseitigen Vertrauens zu schaffen.[382] Dass dies im Bereich des Jugendstrafrechts, wo der Kontakt zwangsweise und ohne einen längeren persönlichen Hintergrund wie etwa in Schule oder Elternhaus hergestellt wird, besonders schwierig ist, liegt auf der Hand. Ebenso selbstverständlich ist, dass ein solches positives pädagogisches Verhältnis nicht im Rahmen eines „kurzen Prozesses" herbeigeführt werden kann, sondern dass dafür ein längerfristiges und ernsthaftes Bemühen zunächst vor allem von Seiten des Richters erforderlich ist. Der Strafende muss sich also Zeit nehmen für den jugendlichen Delinquenten, für dessen Biographie und die Einordnung der Tat.[383] Man kann hier auch von einem „pädagogischen Verstehen" sprechen,[384] das der Richter dem Jugendlichen entgegenbringen muss und das ohne einen größeren Zeitaufwand kaum denkbar erscheint. Ein solches Vorgehen kann auch helfen, beim Betroffenen mit der Bestrafung eine gewisse Akzeptanz zu finden sowohl in Bezug auf die Strafe als auch auf die Regeln, deren Bruch zur Strafe geführt hat. Die Herstellung dieser Akzeptanz beim Jugendlichen kann nach Sicht der Pädagogen wesentlich zur positiven Wirkung der Strafe beitragen. Um dies zu erreichen, kann es, neben dem genannten vertrauensvollen pädagogischen Verhältnis und ferner auch einem angemessenen Verhältnis zwischen Tat und Strafe, auch darauf ankommen, inwieweit die Erziehungsperson der Strafe eine Erklärung und Begründung beifügt.[385] Untersuchungen haben ergeben, dass eine Bestrafung, die einleuchtend begründet wird, deutlich höhere Erfolgschancen hat als eine unbegründete.[386] Dies relativiert auch die Forderung nach zeitlicher Kontiguität von Tat und Strafe, ohne sie freilich außer Kraft zu setzen. So sei eine verzögerte, aber gut begründete Strafe mindestens ebenso wirksam wie eine schnelle unbegründete.[387] Die beste Wirkung scheine sich einzustellen, wenn die Begründung mit einer verhältnismäßig milden und zeitlich verzögerten Strafe verbunden sei.[388] Zu beachten ist dabei jedoch immer, dass die Begründung in Abstraktionsgrad und Länge an der Auffassungskraft und Einsichtsfähigkeit des Betroffenen auszurichten ist, denn nur eine angemessene Begründung hat Aussicht auf Erfolg.[389]

---

[382] Schreiner, S. 242.

[383] Prim, S. 268, spricht davon, dass der Jugendliche dort abgeholt werden muss, wo er steht, was nur durch eine eingehende Rekonstruktion und Einschätzung seiner Biographie und seines aktuellen Sozialisationsmilieus möglich ist.

[384] So Cloer, S. 106.

[385] Vgl. Uhl, 1996, S. 218 ff.

[386] Vgl. etwa: Verna.

[387] Vgl. Cheyne/Walters.

[388] Vgl. Cheyne.

[389] Uhl, 1997, S. 664 f.

Eine solche der Person des Jugendlichen angemessene Erläuterung der Strafe, die jedoch auch eine gewisse Zeit und Mühe in Anspruch nimmt, dürfte besondere Wirkung entfalten, wenn sie wiederum in ein oben beschriebenes vertrauensvolles pädagogisches Verhältnis eingebettet ist.

Des Weiteren wird sowohl von der Pädagogik als auch von der Lernpsychologie problematisiert, dass die Strafe dem Edukanden meist nur zu erkennen gibt, welche Verhaltensweisen unerwünscht sind und was er nicht tun darf.[390] Ihre Wirkungsschwäche liegt demnach in ihrer „negativen Konstruktion".[391] Die Bestrafung – eine Ausnahme machen hier individuell ausgesuchte und handlungsleitend eingesetzte Weisungen – zeigt dem Jugendlichen hingegen nicht, was stattdessen von ihm erwartet wird und wie er richtig zu handeln hat. Deshalb ist es wichtig, positive Handlungsalternativen zum unerwünschten Verhalten zu schaffen oder aufzuzeigen, deren Befolgung schließlich durch Belohnungen verstärkt werden sollte.[392] Nur so lernt der Betroffene erkennen, wie er seine Bedürfnisse auf erlaubte Weise befriedigen kann. Fehlt es ihm aber an solchen Alternativreaktionen, wird er wahrscheinlich trotz der negativen Sanktionen die unerwünschte Verhaltensweise beibehalten. Dabei ist jedoch zu beachten, dass gerade die reine Bestrafung, ohne Zufügung konstruktiver Elemente, für generalpräventive Universalität steht, die sie als strafrechtliche Sanktionsgrundlage in der Praxis so bedeutend macht. Der spezialpräventive Zugang zu der Person wird dadurch aber wesentlich behindert.[393] Was bedeutet dies wiederum für die Frage nach einer möglichst schnellen Bestrafung ? Es ist festzustellen, dass die Auswahl sinnvoller Alternativreaktionen für den jeweils betroffenen Jugendlichen eine eingehende Kenntnis der Person und ihres sozialen Umfeldes voraussetzt, denn nur so lässt sich herausfinden, welcher Vorgang subjektiv die angenehme Befindlichkeit auslöst, und abschätzen, welches alternative Verhaltensangebot durchsetzbar ist und im Einzelfall akzeptiert wird.[394] Dafür ist freilich ein besonderer diagnostischer und vor allem auch zeitlicher Aufwand erforderlich, der nicht unterschätzt werden darf. Oft wird der Betroffene sogar erst durch verschiedenes Probieren herausfinden können, welche Verhaltensalternative für ihn angemessen ist.[395] In jedem Fall ist das Bereitstellen einer solchen

---

390 Vgl. Uhl, 1997, S. 670.

391 So Eckert, S. 143, nach dem die Anwendung der Strafe deshalb auch außerhalb des strafrechtlichen Kontrollbetriebes uniform und unpersönlich bleibt.

392 Vgl. Macmillan/Forness/Trumbull, S. 85 ff.

393 Eckert, S. 143.

394 Eckert, S. 143.

395 Hering, Eike, S. 39.

Alternative in einer flüchtigen Begegnung mit dem Edukanden ohne intensive Auseinandersetzung wohl nur schwer denkbar.[396]

Eine wichtige Forderung von Pädagogen und Psychologen besteht darin, für eine starke Kontiguität zwischen dem unerwünschten Verhalten und der Strafe zu sorgen, wobei hier einer großen zeitlichen Nähe besondere Bedeutung beigemessen wird. Nur dann, so lautet wie gesehen auch die grundlegende juristische Argumentation für den Beschleunigungsgrundsatz, kann der jugendliche Delinquent die Sanktion als unmittelbare Konsequenz seines eigenen Verhaltens verstehen. Nimmt man nun an, dass ein enger Zusammenhang zwischen Tat und Strafe erforderlich ist,[397] stellt sich jedoch die Frage, ob hier lediglich die zeitliche Distanz eine Rolle spielt oder ob dieser Zusammenhang auch anders herstellbar ist. Wie gesehen hat schon Rousseau (s. S. 51 f.) den Sinn einer „natürlichen Strafe" herausgearbeitet, wobei er dabei an einen inhaltlichen Zusammenhang zwischen Tat und Strafe dachte. In Betracht kommen hier Strafformen, die den Delinquenten in die Situation seiner Tat zurückführen, die ihn erneut mit seinem Verhalten und dessen Folgen konfrontieren. Geleistet werden könnte dies möglicherweise durch Sanktionsarten wie etwa den bereits erwähnten Täter-Opfer-Ausgleich oder die Pflicht zur Wiedergutmachung.[398] Einen etwas anderen, eher moralischen Weg geht Müller mit seiner schon angedeuteten „bildenden Strafe" (s. o. Fn. 301). Die oft zu spät erfolgende Reaktion kann nach seinem Modell durch die Artikulation der folgenden beispielhaften Botschaft in die gegenwärtige Situation des Jugendlichen übertragen werden: „Du bist zwar jetzt mit anderen Dingen beschäftigt. Aber du bist jetzt auch eine, die ihre Freundin verpetzt hat. Das hast du jetzt zu verantworten. Und unsere Ablehnung deines Verhaltens ist nicht deshalb schon vergangen, weil das Verhalten der Vergangenheit angehört; sie betrifft dich jetzt !"[399] Während hier die in der Vergangenheit liegende Tat moralisch aktualisiert wird, versucht man mit der Pflicht zur Wiedergutmachung entgegengesetzt, den Betroffenen in die Situation seiner Tat zurückzuversetzen. In beiden Varianten jedoch kann es idealerweise

---

[396] Vgl. Eckert, S. 143, nach dem die Strafe gerade diesem besonderen Aufwand ihren nach wie vor bestehenden Platz im pädagogischen Repertoire verdankt.

[397] Eckert, S. 146, kritisiert jedoch die retrospektive Ausrichtung der Strafe am unerwünschten Verhalten und fordert stattdessen, dass sich Auswahl und Bemessung des Strafreizes prospektiv an der Verhaltenserwartung ausrichten sollten, da nach ihm nur so die unangenehme Befindlichkeit des aversiven Reizes unmittelbar mit dem unerwünschten Verhalten gekoppelt und der präventive Zweck der Strafe erfüllt wird.

[398] Schreiner, S. 242 f., sieht in der konkreten Wiedergutmachung die Sanktionsmethode par excellence bei Tätern aller Entwicklungsstufen, bezweifelt letztendlich (nicht ganz widerspruchsfrei) aber ihre Einordnung als Strafe.

[399] Müller, Anselm Winfried, S. 139.

gelingen, auch noch eine relativ spät erfolgende Sanktion erzieherisch positiv zu gestalten. Dass dies möglich ist, entspricht ja auch der oben beschriebenen Vermutung Eysencks, nach der Konditionierung auch noch verzögert möglich ist (s. S. 39 f.). Durch das Auffinden solcher Methoden zur Herbeiführung inhaltlicher Kontiguität verliert der Beschleunigungsgrundsatz freilich nicht seine Berechtigung. Er erfährt aber eine nicht unbedeutende Relativierung.

Mit dem letzten Gesichtspunkt an dieser Stelle soll auf die Situation des Bestrafenden eingegangen werden. Festzustellen ist hier, dass Strafen häufig aus einer inneren Gefühlsaufwallung oder aus Verärgerung verhängt werden, wodurch es zu überharten, sachlich unangebrachten und moralisch fragwürdigen Strafformen kommen kann.[400] Sinnvoller erscheint es, wenn nicht aus der Erregung des Augenblicks gestraft wird, sondern der Strafende zunächst einen gewissen inneren Abstand von der Situation gewinnt.[401] Im Strafrecht kann das auch bedeuten, sich, neben eigenen persönlichen Empfindungen, von z. B. in den Medien hochgepuschten Emotionen als Reaktion auf eine publik gewordene Straftat freizuhalten.[402] Dies soll jedoch auch nicht zu einer rein sachlichen oder geschäftsmäßigen Verabreichung von Strafen bei vollständiger Unterdrückung aller Gefühle führen, da bei einem solchen Vorgehen wiederum die Gefahr besteht, dass beim Täter Neutralisierungstendenzen bestärkt werden. Die moralische Berechtigung der Ansprüche an den Jugendlichen und eine ehrliche Enttäuschung über den Normverstoß kann man durchaus erkennen lassen, ohne sich jedoch von seiner Verärgerung oder persönlichen Gekränktheit zu unüberlegten Strafen verleiten zu lassen.[403] Auch dieser Aspekt warnt folglich in bestimmten Fällen vor einer allzu rigiden Beachtung der Forderung nach einer möglichst schnell erfolgenden Bestrafung.

Festzuhalten ist noch einmal, dass die besprochenen Gesichtspunkte die Aussage des Beschleunigungsgrundsatzes nicht widerlegen können oder sollen. Vielmehr bieten sie Anhaltspunkte, die bei der Verabreichung von Strafen ebenfalls berücksichtigt werden sollten und die die daneben bestehen bleibende Forderung nach möglichst großer zeitlicher Kontiguität von Tat und Strafe im Einzelfall relativieren können bzw. einer grundsätzlich zu spät erfolgenden Bestrafung dennoch zu erzieherischer Wirksamkeit verhelfen können.

---

[400] Uhl, 1996, S. 212 f.

[401] Siehe z. B.: Weyel, S. 207. Nicht zufällig sagt man auch umgangssprachlich, dass es sinnvoll sein kann, eine Entscheidung „zu überschlafen".

[402] Ostendorf, 1998, S. 481.

[403] Schreiner, S. 242; Uhl, 1996, S. 213.

b) Lerntheoretischer Ansatz

Wie gesehen stellen die Lerntheorien die psychologische Fachrichtung dar, im Rahmen derer das Strafproblem besondere Berücksichtigung findet. Deshalb sollen nun ihre und die in ihrem Zusammenhang stehenden Erkenntnisse noch einmal näher betrachtet werden. Im vorangehenden Kapitel hat sich ja bereits die Bedeutung der Lernpsychologie gerade auch für die hier zu erörternde Fragestellung gezeigt.

Im Laufe der bisherigen Betrachtungen haben sich zwei grundlegend verschiedene lernpsychologische Ansätze herauskristallisiert; zunächst der traditionell behavioristische, dann der kognitivistische. Die experimentell orientierten behavioristischen Psychologen haben alles versucht, durch naturwissenschaftliche Untersuchungen allgemeine Kausalgesetze (d. h. Verursachungsprinzipien: Auf der Basis vergangenen Verhaltens sollte zukünftiges Verhalten vorhersagbar werden) für das Wesen und Handeln des Menschen zu entdecken, um so schließlich zu einem vollständigen Verständnis des Menschen zu gelangen. Dabei konzentrierten sie sich allein auf von außen erkennbare Verhaltensereignisse und ignorierten alles andere, was möglicherweise im Körper oder Gehirn einer Person vor sich geht.[404] Der Behaviorismus hat nun seinerseits vor allem zwei Konditionierungsmodelle entwickelt: die klassische Konditionierung, für die in dieser Arbeit Pawlow, Eysenck und Guthrie stehen, sowie die operante Konditionierung, vertreten hier durch Skinner und auch Thorndike. Anhand moderner Forschungen konnte gezeigt werden, dass diese beiden Modelle nicht so verschieden sind wie zunächst angenommen. Vor allem können sie nicht aufgrund der Kategorien des Verhaltens, das sie beeinflussen, unterschieden werden.[405] Jedoch werden sie in unterschiedlichen Umständen wirksam. Stark verkürzt zusammengefasst geht es bei der klassischen Konditionierung darum, dass ein bestimmter natürlicher Reiz, der zu einer natürlichen Reaktion führt, mit einem neutralen Reiz verbunden wird, so dass nach einiger Zeit der neutrale Reiz genügt, um die fragliche Reaktion hervorzurufen. Der (ehemals) neutrale Reiz wird somit zum konditionierten Reiz. Entscheidend für die vorliegende Fragestellung ist nun zum einen, dass eine gleichgestaltete aversive Konditionierung auch durch Zufügung einer Strafe geschieht, und zum anderen insbesondere dass eine zeitlich sehr enge Verbindung von konditioniertem und unkonditioniertem Reiz gegeben sein muss, damit bestimmte Reaktionen erlernt werden. Während also der Ausgangspunkt des klassischen Konditionierens immer in einer bereits

[404] Zimbardo, S. 265.
[405] Lefrancois, S. 63

vorhandenen Reiz-Reaktions-Verbindung liegt und Lernen durch Aufbau einer neuen Verbindung geschieht, nimmt man bei der operanten Konditionierung an, dass die Wahrscheinlichkeit für Verhaltensweisen steigt, wenn sie belohnt werden, und sinkt, wenn sie ignoriert oder sogar bestraft werden. Im Vordergrund stehen hier also die einem Verhalten nachfolgenden Konsequenzen in Form von Verstärkung oder Bestrafung, wobei die Bestrafung als weniger Erfolg versprechend für ein effektives Lernen angesehen wird. Die Forderung eines engen zeitlichen Zusammenhangs, hier zwischen Verhalten und Konsequenz, findet sich auch beim operanten Konditionieren wieder, begründet vor allem durch die Gefahr eines zwischenzeitlichen Eintritts einer unerwünschten Verstärkung des zu unterbindenden Verhaltens. Die Argumentation Skinners ist wohl auch die wesentliche Grundlage für die allgemeinen lernpsychologischen Überlegungen zur Verabreichung von Strafen, die zu einer oft zitierten Liste von Aspekten führte (s. S. 46), die zu berücksichtigen sind, wenn die Strafe möglichst wirkungsvoll sein soll bei möglichst geringen schädlichen Nebenwirkungen, und zu denen eben auch die Forderung gehört, die Strafe dem unerwünschten Verhalten möglichst schnell nachfolgen zu lassen. Beide behavioristischen Konditionierungsarten legen demnach besonderen Wert auf eine starke zeitliche Kontiguität zwischen den jeweils für das Lernen entscheidenden Faktoren und bieten so eine lernpsychologische Grundlage für den Beschleunigungsgrundsatz.

Es finden sich jedoch auch gewichtige Argumente, die gegen solche Lernmodelle sprechen und die bereits angedeutet wurden, hier aber noch einmal ausführlicher besprochen werden sollen. Da ist zunächst das Problem, dass die genannten behavioristischen Konditionierungsmodelle mit Furchtreaktionen arbeiten. Durch solche konditionierten Angstreaktionen soll sich, wie Eysenck es nennt, ein „Gewissen" bilden. Folge einer solchen Konditionierung soll sein, dass bereits der Gedanke an das missbilligte Verhalten beim Edukanden Angst vor seinen Folgen auslöst. Dies soll dazu führen, dass die unerwünschte Handlungsweise unterbleibt und der Betroffene lernt, dass die Vermeidung dieser Handlung – man spricht auch vom „traumatischen Vermeidungslernen" – das Verschwinden des Angstgefühls und stattdessen die Einstellung angenehmer Gefühle, wie z. B. Stolz, der Versuchung widerstanden und richtig gehandelt zu haben, mit sich bringt. Am Ende soll dadurch seine Bereitschaft gestärkt werden, auch in Zukunft in der gewünschten Weise zu handeln.[406] Dies ist jedoch nur die optimistische Sicht auf die Angstorientierung. Andere Wissenschaftler verweisen dagegen auf die Gefahr, dass die Angst wegen ihrer psychisch destabilisierenden

406 Uhl, 1996, S. 208.

Wirkung eher verdrängt werde und damit nicht mehr handlungsleitend wirke.[407] Darüber hinaus soll die Bestrafung dazu führen können, dass der Betroffene vor lauter Angst und Schrecken unfähig wird, das unerwünschte Verhalten zu kontrollieren.[408] Die Ambivalenz der Orientierung an den Furchtreaktionen ist also unübersehbar und überträgt der Person des Bestrafenden zumindest die Aufgabe, die Strafe und ihre Folgen genau zu beobachten.

Ferner wird damit argumentiert, dass eine behavioristische Konditionierung nicht zu tief greifender Erziehung in der Lage sei, sondern lediglich eine Dressur des Jugendlichen bewirken könne.[409] Gerade im Sinne der oben angestellten entwicklungs- und persönlichkeitspsychologischen Überlegungen muss jedoch darauf abgezielt werden, den Betroffenen zu einem eigenverantwortlichen, auf einer selbständigen Gewissensentscheidung beruhenden Handeln in der erwünschten sozial gebilligten Weise zu erziehen. Allerdings darf dabei auch nicht übersehen werden, dass gerade das Stufenmodell der Moralentwicklung Kohlbergs zeigt, dass eine solche Verhaltensweise nicht von jedem und erst recht nur bedingt im jugendlichen Alter erwartet werden darf und dass auf den davor liegenden Stufen durchaus eine dressurähnliche Bestrafungsform anhand der beschriebenen Konditionierungsmodelle angebracht sein kann. Auch Müller streicht dies heraus, wenn er sagt: „Jede Form der Erziehung (‚sag Danke') beginnt im Prinzip ‚dressurmäßig' und bildet sich von der einsichtslosen Konditionierung hin zu dem Stadium, in dem der Bestrafte sie als eine Maßnahme erlebt, für die er eine Begründung geliefert hat: als verdiente und so als eigentliche Strafe."[410]

Schließlich ist an dieser Stelle noch einmal auf das Problem zurückzukommen, inwieweit Strafe in der Lage ist, tatsächlich ein bestimmtes Verhalten zu beseitigen. Vielfach wird gesagt, dass eben dies gerade nicht möglich sei, dass das Verhalten bestenfalls unterdrückt werde, wodurch aber lediglich die Verhaltensfrequenz beeinflusst werde, bei Wegfall des Strafreizes aber sehr schnell wieder aufgenommen werde. Ein wirkliches Umlernen finde demgemäß also nicht statt.[411] Wie bereits aufgezeigt, wäre in diesem Fall also für einen dauerhaften Lernerfolg eine ständige Bekräftigung des Strafreizes erforderlich, ein umfangreiches Überwachungssystem wäre im Extremfall tatsächlich zu befürchten.[412]

---

[407] Breymann, S. 16; Hering, Eike, S. 39.
[408] Zimbardo, S. 280.
[409] Lempp, S. 21.
[410] Müller, Anselm Winfried, S. 140.
[411] Hering, Eike, S. 36; Lefrancois, S. 47; Zimbardo, S. 280.
[412] Guss, 1979, S. 26; Pongratz, S. 323.

Andererseits ist nicht zu verkennen, dass manchmal auch eine vollständige Verhaltenslöschung stattfindet. Vieles scheint hier vom Einzelfall abhängig zu sein, so dass auch hier keine allgemein gültige Aussage zu dieser Problematik gemacht werden soll.

Diese drei genannten Argumente werden aber auch von den Behavioristen erkannt und ernst genommen. Man versucht jedoch nicht, sie vollständig zu entkräften oder zu widerlegen, was wohl auch nicht möglich wäre. Vielmehr macht man etwa mit der bereits zitierten Auflistung der wichtigen Strafaspekte durch Azrin/Holz (s. S. 46) den Versuch zu zeigen, dass unter der Beachtung einiger zentraler Paradigmen, zu denen auch die zeitliche Kontiguität zwischen Tat und Strafe gehören soll, die Strafe durchaus in der Lage ist, unerwünschtes Verhalten vollständig zu eliminieren, ohne übertriebene Angstgefühle aufkommen zu lassen und ohne lediglich dressurmäßig vorzugehen.

Ein weiterer wesentlicher Kritikpunkt am Behaviorismus geht dahin, dass er zu mechanistisch, zu unvollständig und zur Erklärung höherer geistiger Prozesse beim menschlichen Verhalten nicht geeignet sei.[413] Während sich die Behavioristen nur mit von außen feststellbaren Vorgängen wie Reiz-Reaktions-Verbindungen beschäftigen, wenden sich die Kognitivisten stärker den kognitiven Aspekten des Lernens zu. Dazu gehören die verschiedensten Aspekte, von denen zunächst nur beispielhaft das Bewusstsein, das Wahrnehmen, Erwarten, Denken und Problemlösen erwähnt werden sollen. Die kognitive Wissenschaft als Ganze stellt somit einen umfassenden interdisziplinären Ansatz zur Untersuchung menschlicher Informationsverarbeitung dar.[414] Sie geht demnach einen Schritt weiter als die behavioristische und zeichnet sich durch ihre Offenheit gegenüber anderen biographischen und Umwelt-Variablen aus.[415] Infolgedessen strebt sie auch nach einer Integration anderer Kriminalitätstheorien, wobei hier vor allem an die bereits diskutierten Neutralisierungstechniken zu denken ist, da die dort beschriebenen Rechtfertigungsmechanismen natürlich nicht behavioristisch messbar sind, sondern sich auf einer geistigen, eben kognitiven Ebene des jugendlichen Straftäters abspielen. Darüber hinaus kann der Kognitivismus auch Lernvorgänge erfassen, die ohne sichtbare Bekräftigungen oder Ausführungshandlungen ablaufen.[416] So stellt Bandura mit seiner sozial-kognitiven Lerntheorie fest, dass Lernen auch unabhängig von Reaktionen, die auf ein eigenes vor-

413 Vgl. Lefrancois, S. 95.
414 Zimbardo, S. 357; Wessels, S. 14.
415 Killias, S. 340.
416 Niesing, S. 64.

angegangenes Verhalten erfolgen, möglich ist; nämlich durch Beobachten und Imitieren von Bezugspersonen, weshalb er auch von Modelllernen spricht. Damit geht er einen wichtigen Schritt über das reine Verstärker-Lernen im Sinne des operanten Konditionierens nach Skinner hinaus. Aus dem bisher Beschriebenen ergibt sich ein weiterer Streitpunkt, die Determiniertheit des Menschen betreffend. Denn während die Behavioristen, insbesondere Skinner, den Menschen als rein passiv, hundertprozentig sozialisiert[417] und ausschließlich von äußeren Umweltreizen geformt sehen,[418] betrachten ihn die Kognitivisten als Organismus mit einer beachtlichen Fähigkeit zur Selbststeuerung – wozu auch die Entwicklung von Rechtfertigungsmechanismen zählt –, was ihn auch in die Lage versetzt, sich den sozialen Prädispositionen zu widersetzen und allen sozialen Zwängen zum Trotz „anders" zu sein.[419]

Wie bereits deutlich wurde, entstehen auf der Grundlage dieses Ansatzes relativ komplexe und nicht immer ganz klare Konzepte,[420] die auch nur schwer überprüfbar sind.[421] So ist es nicht verwunderlich, dass die Kognitivisten nun ihrerseits der Kritik ausgesetzt sind, dass die von ihnen herangezogenen mentalen Aspekte einer unmittelbaren intersubjektiven Beobachtung nicht zugänglich seien, daher auch nicht objektiv empirisch erfasst werden könnten und somit als rein „spekulative Konstrukte" von wissenschaftlichen Erklärungsansätzen ausgeklammert werden müssten.[422] Dem ist jedoch erstens entgegenzuhalten, dass die kognitiven Elemente zwar tatsächlich nur schwer beobachtbar sind, aber dennoch verschiedene Erkenntnisse erzielt werden können; bezogen etwa auf das Denken lassen beispielsweise Reaktionszeiten, Gehirnwellen oder auch Protokolle „lauten Denkens" Ergebnisse zu.[423] Zweitens ist, wenn man der Argumentation Poppers folgt, jeder wissenschaftliche Erklärungsansatz zwangsläufig ein „spekulatives Konstrukt", da es keine Möglichkeit gibt, die Gültigkeit einer Theorie zu beweisen. Vielmehr kann sie nur so lange vorläufig beibehalten werden, wie die aus ihr abgeleiteten Schlussfolgerungen nicht mit Beobachtungsaussagen im Widerspruch stehen, die Theorie also falsifiziert wurde.[424] Wichtig ist jedoch, dass die kognitiven Lerntheorien den Behaviorismus keinesfalls be-

---

417 Killias, S. 340.
418 Fortmüller, S. 74.
419 Killias, S. 340; Niesing, S. 39, 64.
420 So Lefrancois, S. 95.
421 Göppinger, S. 119.
422 Vgl. Fortmüller, S. 70.
423 Siehe dazu: Zimbardo, S. 392.
424 Popper, vor allem S. 31 ff. und 47 ff. Vgl. auch: Keuth, S. 3. Zum Ganzen: Fortmüller, S. 70 f.

seitigen oder ablösen wollen. Der Kognitivismus strebt gerade nicht nach einem „Alleinvertretungsanspruch"[425] (so sieht auch Bandura eine wechselseitige Beziehung zwischen kognitiven Determinanten, Umweltdeterminanten und Verhalten[426]), sondern will die traditionellen Lerntheorien um ein wichtiges, nämlich das kognitive Feld erweitern, dem er zu Recht eine große Bedeutung zuschreibt.

Nun stellt sich jedoch die Frage, wie die kognitiven Lerntheorien dem Beschleunigungsgrundsatz gegenüberstehen. Hier ist festzustellen, dass sie zumindest nicht so eindeutig wie die Behavioristen die zeitliche Kontiguität zwischen Tat und Strafe in den Vordergrund rücken. Während die Letzteren diese Kontiguität für die entscheidenden Reiz-Reaktions-Verbindungen zwingend benötigen, sehen die Kognitivisten mit ihrer Anerkennung des Einflusses höherer geistiger Prozesse auf das menschliche Verhalten die Möglichkeit, dass ein größerer Zeitraum zwischen Tat und Bestrafung durch kognitive Elemente so ausgefüllt wird, dass die für ein effektives Lernen notwendigen Assoziationen hergestellt werden können. Nochmals ist darauf hinzuweisen, dass mit Eysenck gerade auch ein Behaviorist sich der Meinung anschließt, dass die nötige Verbindung von Tat und Strafe auch anders als nur durch eine enge zeitliche Nähe herstellbar sein muss (s. S. 39 f.). Das heißt also, eine besonders schnelle Verabreichung der Strafe verliert dann an Bedeutung, wenn die Zwischenzeit genutzt wird, um beim jugendlichen Delinquenten bestimmte Kognitionen in Gang zu setzen. Der Beschleunigungsgrundsatz wird also von den Kognitivisten nicht abgelehnt, sondern in seiner Bedeutung relativiert und in eine Reihe mit anderen Faktoren gestellt.

Wenn man anerkennt, dass das menschliche Verhalten nicht lediglich durch mechanistische Reiz-Reaktions-Verbindungen bestimmt wird, wie es die Kognitivisten tun, dann bedarf der Beschleunigungsgrundsatz einer weiteren Relativierung. Nicht nur, dass eine vorliegende größere Zeitdauer zwischen Tat und Strafe wie gesehen durch geistige Strukturen effektiv genutzt werden kann, so dass positive Lernerfolge dennoch möglich sind; es lässt sich sogar dergestalt argumentieren, dass eine gewisse Zeitdauer oft geradezu erforderlich ist, um eine erzieherisch positiv wirkende Bestrafung verabreichen zu können. Hierbei wird angeknüpft an eine weitere Kritik, die den Behavioristen entgegengebracht wird, nämlich dass sie zu wenig auf die Besonderheiten des Einzelfalls eingehen, also auf die individuelle Situation des Jugendlichen. Im Laufe dieser Darstellung wurde bereits an mehreren Stellen auf das Erfordernis aufmerksam gemacht, die

---

[425] Killias, S. 340.
[426] Niesing, S. 39.

Bestrafung dem jeweiligen Delinquenten anzupassen, um den größtmöglichen erzieherischen Erfolg herzustellen. In Ansätzen findet sich dies – obwohl er eigentlich als Behaviorist dem entgegensteht – schon bei Eysenck, der für das Maß der Konditionierbarkeit zwischen intro- und extravertierten Jugendlichen unterscheidet. Deutlicher ausdifferenziert wird diese Problematik im Rahmen der entwicklungs- und der persönlichkeitspsychologischen Überlegungen. Bei Ersteren gilt es zu entdecken, auf welcher Stufe der Moralentwicklung sich der Betroffene befindet, bei der Letzteren, inwieweit „Ich" und „Über-Ich" als Instanzen der Persönlichkeitsreifung herausgebildet sind. Nach der jeweils vorgefundenen Situation muss sich die Bestrafungsform richten. Dass die Erforschung der Position des Jugendlichen sowie die individuelle Auswahl und Verabreichung der Strafe Mühe und eben auch Zeit in nicht unbedeutendem Maße erfordert, ist selbstverständlich und wurde bereits herausgestellt. Eine schnelle und pauschale Bestrafung ohne genaue Betrachtung des Einzelfalls kann im ungünstigen Fall mehr Schaden anrichten als Nutzen bringen. Gabriel bringt dies auf den Punkt, wenn sie sagt: „Eine schnelle Reaktion an sich verspricht noch keinen Erfolg, zentral ist die richtige Reaktion zum richtigen Zeitpunkt. (...) Jeder Einzelfall verlangt eine sorgfältige Abwägung bezüglich des Bedarfes an Hilfe, der Zielstellungen sowie der Methoden."[427]

Über die bisher erwähnten Aspekte hinaus gibt es jedoch noch weitere differenzierende Faktoren, die in diesem Zusammenhang von Bedeutung sind. Zu sprechen ist hier von den das Lernen beeinflussenden Faktoren der Motivation und des Gedächtnisses sowie von den unterschiedlichen biologischen Konstitutionen des Bestraften.

Der Begriff der **Motivation** bezieht sich allgemein auf das Ingangsetzen, Steuern und Aufrechterhalten von körperlichen und psychischen Aktivitäten.[428] Im vorliegenden Zusammenhang bezeichnet „Motiv" die Ursache für ein Verhalten. Die Motivationspsychologie befasst sich also damit, Richtung, Ausdauer und Intensität von Verhalten zu erklären, und schaut dabei insbesondere auf Verhaltensunterschiede zwischen verschiedenen Personen sowie Kontinuität und Wechsel im Verhaltenslängsschnitt.[429] Ihre Zuordnung ist nicht eindeutig. Während zunächst die behavioristische Verstärkungstheorie dominierte, führte die „kognitive Wende" dazu, dass man sich mehr mit den motivationsrelevanten

---

[427] Gabriel, S. 18.
[428] Zimbardo, S. 407.
[429] Rheinberg, S. 11. Siehe auch: Kuhl.

Kognitionen beschäftigte.[430] Nicht mehr die Verstärkung eines in der Vergangenheit liegenden Ereignisses, sondern die Antizipation zukünftiger Situationen stand im Zentrum der Überlegungen. Tatsächlich weist die Motivationspsychologie Verbindungen sowohl zur behavioristischen als auch zur kognitiven und ebenso zur Persönlichkeitspsychologie auf.[431] Wichtig bei der Verabreichung einer Strafe ist für den Bestrafenden zunächst, die Motive, die zu dem unerwünschten Verhalten geführt haben, zu erkennen und zu verstehen.[432] Dazu ist zu sagen, dass diese nicht direkt beobachtbar, sondern nur aus äußeren Verhaltensindikatoren, etwa über Fragebögen, erschließbar sind.[433] Ohne die hinter einer Straftat stehenden Motivationen zu verstehen, dürfte es kaum möglich sein, erzieherisch sinnvolle sanktionsrechtliche Schritte einzuleiten. Darüber hinaus kann man aus der Annahme, dass die meisten Motive – im Gegensatz zu den Trieben (z. B. Hunger) – wenigstens zum Teil erlernbar sind,[434] schließen, dass der erzieherisch positive Effekt der Bereitstellung von erwünschtem Alternativverhalten durch die Schaffung diesbezüglicher Motivationen gestärkt werden kann.[435] Der Lernerfolg hängt also in hohem Maße von dem Motivierungspotential der jeweiligen Lernumgebung ab.[436] Je höher dieses Potential nun ist, desto mehr Anstrengung wird der Betroffene aufbringen, um das gesteckte Ziel, hier also das Zeigen des Alternativverhaltens, zu erreichen.[437] Damit dies gelingt, ist es nötig, Anreize zu schaffen, wobei man hierunter alles das versteht, was in bestimmten Situationen einem Individuum an Positivem oder Negativem verheißen oder angedeutet wird und dadurch „Aufforderungscharakter" besitzt.[438] Wichtig ist jedoch, dass die erlebte Umwelt für verschiedene Personen nicht gleich strukturiert, sondern mehr oder weniger motivierend ist.[439] Es gibt also individuelle Motivunterschiede.[440] Das hat zur Folge, dass für die Betroffenen auch individuell unterschiedliche Anreizsituationen geschaffen werden müssen. Eine der Grundthesen ist etwa, dass eine Erwartungshaltung den Betroffenen weder über- noch unterfordern dürfe, was bedeutet, dass die gestellten Anforderungen an die jeweilige Leistungsmöglichkeit des Jugendlichen anzupassen sind.

---

430 Seel, S. 83.

431 Ausführlich werden diese Verbindungen von Heckhausen, S. 30 ff., aufgezeigt.

432 Vgl. Lefrancois, S. 190.

433 Zimbardo, 1995, S. 408 f.

434 Zimbardo, 1995, S. 407.

435 Corell und Hull, S. 226 ff., gehen noch weiter und sprechen von Motivation als einer notwendigen Voraussetzung des Lernens.

436 Seel, S. 83.

437 Lefrancois, S. 183.

438 Heckhausen, S. 2.

439 Rollett, S. 132; Schneider/Schmalt, S. 12.

440 Heckhausen, S. 35.

Die Konsequenz für die Beurteilung des Beschleunigungsgrundsatzes liegt auf der Hand. Sowohl das Verstehen der Motivationen für das zurückliegende unerwünschte Verhalten als auch das Herausfinden und die Schaffung sinnvoller Anreize für zukünftiges Handeln brauchen eine gewisse Zeit, in der der jugendliche Delinquent mit seiner Tat kennen gelernt werden kann. Der Beschleunigung des Strafprozesses sind dadurch Grenzen gesetzt.

Eine besondere Beschleunigung der Abfolge von Tat und Strafe wird häufig auch damit begründet, dass die Psyche eines Jugendlichen so ausgestaltet sei, dass er zwar schnell beeindruckt werden könne, aber auch ebenso schnell wieder vergesse.[441] Dadurch würde die zweifellos wichtige Verbindung von Tat und Sanktion für den Jugendlichen erheblich erschwert. Um diese Argumentation zu überprüfen, ist ein kurzer Blick in die **Gedächtnispsychologie** erforderlich.[442] Allgemein gesprochen versteht man unter Gedächtnis die geistige Fähigkeit, Informationen zu speichern und später wieder hervorzurufen, zu reproduzieren.[443] Für den vorliegenden Zusammenhang heißt das also, dass der Jugendliche die Erfahrungen seiner Tat gespeichert haben muss, um sie dann bei der Sanktionierung reproduzieren zu können, damit er die nötige Verbindung zwischen Tat und Strafe herstellen und die Sanktion als konsequente Folge seines eigenen Tuns anerkennen kann. So kann es dann auch zu Lernerfolgen kommen; jede Veränderung im Gedächtnis impliziert also Lernen.[444]

Was ist nun von der Behauptung zu halten, Jugendliche vergäßen schneller als Erwachsene ? Zunächst ist davon auszugehen, dass die Kapazitätsbereiche des Gedächtnisses während der Individualentwicklung etwa ab frühester Kindheit keinen großen Veränderungen mehr unterliegen.[445] Dagegen findet etwa bis zum 13. Lebensjahr noch eine deutliche Steigerung der Gedächtnisleistung statt.[446] Auffällig wird dies vor allem, wenn eine bestimmte Erinnerung über einen längeren Zeitraum hinweg behalten werden soll. Während der Informationsverlust in den ersten Minuten und wenigen Stunden noch bei allen Personen immens ist, flacht die Kurve bei Erwachsenen für die nächsten Stunden, Tage und Wochen stark ab, wohingegen sie bei Kindern weiter abfällt.[447] Worauf sind die unter-

---

441 So z. B.: Middendorf, S. 71. Kritisch dazu: Nothacker, 1982 (a), S. 452.
442 Allgemein dazu: Dörner/van der Meer; Parkin. Die Grundlagen für die Gedächtnisforschung legte Hermann Ebbinghaus mit seinen Selbstversuchen.
443 Baddeley, 1986, S. 7.
444 Lefrancois, S. 160.
445 Schermer, S. 179. Zur Entwicklung des Gedächtnisses in der Kindheit: Parkin, S. 150 ff.
446 Weinert/Schneider, S. 435 f.
447 Baddeley, 1986, S. 246; Baddeley, 1999, S. 245 f.

schiedlichen Gedächtnisleistungen also dann zurückzuführen ? Genannt werden hier unter anderem die Entwicklung und der Einsatz von Gedächtnisstrategien für unterschiedliche Leistungsergebnisse[448] (und gerade hier kommt es im Laufe des Jugendalters noch zu erheblichen Fortschritten), Aspekte wie Wissen[449] (darunter fällt auch das Wissen über das eigene Gedächtnis, das so genannte Metagedächtnis), Begabung und Intelligenz, die natürlich individuell sehr unterschiedlich sind,[450] aber auch Anregungen aus der sozialen Umwelt.[451] Damit der Jugendliche zum Zeitpunkt seiner Sanktionierung die zurückliegende Tat reproduzieren kann, ist es dennoch wichtig, dass er seine Taterfahrungen in seinem Gedächtnis speichert, und zwar im Rahmen seiner jeweiligen Leistungsmöglichkeiten. Hier kommt es also schon auf die ersten Tatreaktionen, beginnend mit dem „Erwischtwerden", an. Von Anfang an müssen die individuell richtigen Weichen gestellt werden. Wenn dies der Fall ist, dann ist die Gefahr des Vergessens – und auch des Verdrängens im Sinne der Neutralisierungstechniken[452] – deutlich gemindert.[453] Da dies aber oft sehr schwierig sein wird, dürfte die Gedächtnispsychologie nach dem Gesagten den Beschleunigungsgrundsatz eher unterstützen.[454]

Dabei ist jedoch bisher unbeachtet geblieben, wie die Gedächtnispsychologen zu den genannten Erkenntnissen gelangt sind. In der Regel fanden Laboruntersuchungen statt, in denen die Versuchspersonen verschiedenen Alters vorgelesene Zahlencodes oder ganze Geschichten nach einer bestimmten Zeit möglichst genau wiedergeben sollten. Bei der hier vorliegenden Problematik geht es jedoch darum, dass sich der Jugendliche an eigene in der Vergangenheit liegende Handlungen erinnern soll, die für ihn von unterschiedlicher Bedeutung sein können. Da auch hier die genannten Aspekte eine Rolle spielen können, soll der Zeitfaktor nicht außer Acht gelassen werden. Jedoch wird vertreten, dass die Erinnerung an solche Ereignisse auch auf anderem Weg herbeigeführt werden kann, nämlich indem man an Stimmungen, Emotionen o. Ä. aus der vergangenen Situation anknüpft, um so Verbindungen zwischen dem Ereignis und der aktuellen

448 Schermer, S. 180.
449 Siehe dazu auch: Bredenkamp, S. 82 ff.
450 Vgl. z. B.: Seel, S. 64.
451 Vgl. Rollett, S. 99. Zusammenfassend zu diesen Faktoren auch: Schneider/Pressley, S. 314 ff.
452 Vgl. Lefrancois, S. 174.
453 Kritisch auch bezüglich der These der Freudschen Psychoanalyse, dass Vergessen in erheblichem Maße auf dem Verdrängen mit negativen Emotionen verbundener Erfahrungen beruht, Baddeley, 1986, S. 71 ff.
454 Siehe z. B.: Baddeley, 1999, S. 246.

Lage zu schaffen.[455] Dies erinnert an die oben getroffene Feststellung, dass Kontiguität auch auf einer inhaltlichen Ebene herstellbar sein kann. Wenn dies gelingt, verliert der Beschleunigungsgrundsatz wiederum an Bedeutung. Gleichwohl wird aber auch die Notwendigkeit unterstrichen, auf den delinquenten Jugendlichen in seiner je eigenen Situation und Lage mit seinen individuellen geistigen Fähigkeiten konkret einzugehen.

Mit der Diskussion über körperliche und biologische Auffälligkeiten bei Delinquenten tut sich die heutige Kriminologie sehr schwer. Seit der „labeling-approach" auch in Deutschland Einzug gehalten hat, werden solche Überlegungen, die ihr Augenmerk auf die Person des Täters richten, zurückhaltend betrachtet.[456] Mit Blick auf die frühen Untersuchungen Lombrosos und seiner kriminal-anthropologischen Schule ist dies auch ohne Zweifel berechtigt. Darüber hinaus sollte jedoch nicht übersehen werden, dass die unterschiedlichen **biologischen Konstitutionen** der Bestraften zumindest mittelbar eine nicht unbedeutende Rolle für die Delinquenz spielen. Ob sie auch unmittelbare Ursache für Straffälligkeit sein können und inwieweit das Verbrechen bzw. die Neigung zu strafbaren Handlungen direkt erblich sind, soll hier außen vor bleiben.[457]

Wichtig sind körperliche Voraussetzungen jedoch für die Wirksamkeit von Bestrafungen. Es wurde festgestellt, dass sich im zentralen Nervensystem, genauer im „lobus frontalis", der für Planung, Aktion und Evaluation des Verhaltens zuständig ist,[458] in Form bestimmter Rezeptoren sowohl ein Belohnungs- als auch ein Strafzentrum befinden. Die Ausprägung des Letzteren ist von großer Bedeutung für die Strafempfindlichkeit und damit die Beeinflussbarkeit des Betroffenen.[459] Nur wenn es zumindest normal entwickelt ist, ist der Delinquent in der Lage, Furchtreaktionen aufzubauen und Vermeidungsverhalten – im Sinne des Verstärkermodells der Konditionierung – zu erlernen.[460] Probleme beim Vermeidungslernen können z. B. aufgrund einer langsameren Verarbeitungsgeschwindigkeit des autonomen Nervensystems auftreten.[461] Ferner wurde festgestellt, dass von der Hypophyse (Hirnanhangdrüse) abgeschiedene Hormone Fol-

---

455 Siehe dazu: Bower, 1981; Bower, 1987. Vgl. auch: Beck/Emeryl/Greenberg, S. 249 ff.
456 Dazu aber für den vorliegenden Zusammenhang: Klinghammer/Schellong/Jochmus/Palm/Fischer.
457 Zur Frage der Vererbung wurden Zwillingsuntersuchungen und Adoptionsstudien durchgeführt. Siehe dazu: Göppinger, S. 215 ff.
458 Vgl. Buikhuisen, 1990, S. 72.
459 Buikhuisen, 1986, S. 277, 273 f.
460 Zur neurobiologischen Erklärung von Lern- und Denkprozessen: Fortmüller, S. 22 ff.
461 Hering, Eike, S. 43.

gen haben für die Beeinflussbarkeit von Menschen und sich auch auf das Gedächtnis auswirken.[462] Wenn bei einem Betroffenen die Strafempfänglichkeit aus einem dieser Gründe nur schwach ausgeprägt ist, wird eine mit Angst operierende Konditionierung wahrscheinlich nur wenig Erfolg haben. In diesem Fall müsste besonders intensiv über die Anwendbarkeit von Belohnungen nachgedacht werden, falls die Möglichkeit besteht, dass das Belohnungszentrum des Betroffenen stärker entwickelt ist. Natürlich sollen auch diese Überlegungen keine monokausalen Erklärungen darstellen. Neben der Möglichkeit, dass der Betroffene veranlagungsmäßig in geringerem Maße über die für das erfolgreiche Lernen von Normen und Werten wesentlichen Eigenschaften verfügt, können auch andere Faktoren stehen, die den Sozialisationsprozess misslingen lassen.[463] Es wird aber erneut deutlich, welche individuellen Unterschiede zwischen den einzelnen Jugendlichen bestehen können und dass bei der Sanktionierung auf diese unterschiedlichen Gegebenheiten Rücksicht genommen werden muss.

In Bezug auf die zuletzt genannten Aspekte, Motivation, Gedächtnis und biologische Konstitution, können im Rahmen dieser Darstellung keine konkreten und detaillierten Forderungen aufgestellt werden. Wie etwa bestimmte Motivationen hergestellt werden können oder wie auf bestimmte hormonelle Bedingungen beim jugendlichen Delinquenten zu reagieren ist, müsste gesondert untersucht werden. Es sollte lediglich anhand dieser Faktoren gezeigt werden, wie komplex sich das Strafproblem aufgrund der Verschiedenheit der Individuen darstellt. Und eben diese Unterschiede zwischen den Betroffenen machen eine schnelle Aburteilung besonders schwierig, denn das umfassende Erkennen und Verstehen der jeweiligen Situationen und das individuelle Reagieren darauf kosten Zeit. Dieses Erfordernis stellt eine bedeutende Relativierung des Beschleunigungsgrundsatzes dar.

Es wurde bereits deutlich, dass der Kognitivismus sich gegenüber dem Behaviorismus auch dadurch auszeichnet, dass er in der Lage ist, solche individuellen Verschiedenheiten zwischen Menschen in sein Denken zu integrieren. Das gelingt ihm nicht zuletzt deshalb, weil er sich bei der Grundlagenforschung nicht so stark auf die Untersuchung von Tieren konzentrierte. Die Behavioristen anerkennen auf der Grundlage der darwinschen Evolutionstheorie keine Trennungslinie zwischen Tier und Mensch. Sie führten zahlreiche Tierstudien durch, da sie der festen Überzeugung waren, die am Tier erforschten Gesetzmäßigkeiten gäl-

---

[462] Buikhuisen, 1986, S. 276.
[463] Buikhuisen, 1990, S. 73.

ten genauso auch für den Menschen.[464] Auch die Kognitivisten arbeiteten zwar zum Teil mit Tierexperimenten,[465] aber wie gesehen gingen ihre Forschungen weit über die dort gewonnenen Erkenntnisse hinaus. Dennoch soll nicht übersehen werden, dass die Ergebnisse der Tierversuche, ohne dass sie einfach auf den Menschen übertragbar sind, auch eine große Bedeutung für die Humanpsychologie erlangt haben, da ohne sie mancher Einblick in die Vorgänge des kindlichen Lernens nicht gelungen wäre.[466] Es muss jedoch erwähnt werden, dass die lernpsychologische Aussage, die Bestrafung müsse möglichst schnell nach der Tat erfolgen, zu einem großen Teil auf solchen Tierexperimenten beruht. Dabei wurden die Versuchsanordnungen oft so gewählt, dass die verschiedenen Zeitintervalle im Sekundenbereich lagen.[467] Auch aus diesem Grund sind die Ergebnisse für die dieser Arbeit zugrunde liegende Fragestellung mit Vorsicht zu genießen, da die juristische Strafe naturgemäß, auch bei einem besonders schnellen Vorgehen, weit später nach der Tat erfolgt.[468] Es geht also nicht um Sekundenunterschiede, sondern je nach zu beachtendem Aspekt um Verzögerungen im Minuten- oder Stundenbereich, wenn etwa die Verhandlung intensiviert werden soll, bzw. um tage- oder sogar monatelange Verzögerungen, wenn z. B. umfangreiche Persönlichkeitserforschungen vorgenommen werden sollen. Es ist jedoch auch zu beachten, dass man nicht zwingend die Strafe im lernpsychologischen Sinne mit der juristischen Sanktionierung als Abschluss des Strafverfahrens gleichsetzen muss. Vielmehr liegen einige pädagogisch wirkende Umstände, wie z. B. die Tatentdeckung, die polizeiliche Vernehmung oder die Reaktion im sozialen Umfeld, die ebenso aversiven Charakter haben können, wesentlich früher, so dass hier die geforderte zeitliche Nähe zur Tat gegeben ist.[469]

Nochmals: Der Beschleunigungsgrundsatz wird zunächst in seiner Bedeutung psychologisch, pädagogisch und kriminologisch gestützt; er erfährt aber wesentliche Einschränkungen und Relativierungen und erscheint so nur noch als ein wichtiger Faktor neben anderen, die bei der Verabreichung von Strafen zu beachten sind.

---

[464] Bredenkamp, S. 13.
[465] Lefrancois, S. 95.
[466] Roth, S. 180.
[467] Vgl. für viele: Fortmüller, S. 45, 64.
[468] Siehe z. B.: Niesing, S. 212 f.; Nothacker, 1982 (a), S. 452.
[469] Hering, Eike, S. 40 f.

6. Zusammenfassung

In der vorangegangenen Diskussion der Erkenntnisse aus Psychologie, Pädagogik und Kriminologie wurde zwischen einem pädagogischen und einem lerntheoretischen Ansatz unterschieden. Im Zentrum des pädagogischen Ansatzes stand die Frage, ob Bestrafung und Erziehung grundsätzlich miteinander vereinbar sind, ob also Strafen überhaupt positiv erzieherisch wirken können. Es wurde dabei gezeigt, dass eine Beschränkung der Erziehung auf die Belohnung von erwünschtem Verhalten zumindest im strafrechtlichen Bereich nicht möglich ist. Die ökonomischen Kriminalitätstheorien zeigen ferner, dass auch das Ignorieren eines auffälligen Verhaltens nicht unbedingt zu seiner Löschung führen muss. Gleichzeitig darf aber auch die Gefahr einer Stigmatisierung durch Bestrafungen nicht übersehen werden. Im Weiteren wurden einige Kriterien aufgezeigt, die es bei der Suche nach einer erzieherisch wirksamen Bestrafung zu beachten gilt, die aber durchaus auch eine Verzögerung des Strafverfahrens bewirken können.

Im Rahmen des lerntheoretischen Ansatzes standen sich im Wesentlichen zwei Konzepte gegenüber, der Behaviorismus und der Kognitivismus. Vor allem auf der Grundlage eines behavioristischen Gedankenmodells lässt sich das Erfordernis einer starken zeitlichen Kontiguität zwischen dem unerwünschten Verhalten und seiner Bestrafung begründen. Kritisch ist diesem Modell jedoch entgegenzusetzen, dass mit Furchtreaktionen gearbeitet, dass möglicherweise eine bloße Dressur des Jugendlichen bewirkt wird und dass eine vollständige Verhaltenslöschung eventuell gar nicht stattfindet. Darüber hinaus ist eine Übertragung der behavioristischen Erkenntnisse auf die vorliegende Fragestellung auch deshalb problematisch, weil diese Forschungen im Wesentlichen auf Tierversuchen beruhten und die Versuchsanordnungen in der Regel so gewählt waren, dass die verschiedenen Zeitintervalle im Sekundenbereich lagen. Im Bereich des juristischen Strafens liegen Tat und Bestrafung jedoch auch bei größtmöglicher Beschleunigung zeitlich sehr viel weiter auseinander. Vor allem aber geht es hier um Menschen. Deren individuelle geistige Prozesse können vom eher mechanistischen Behaviorismus nicht vollständig erfasst werden. Der Kognitivismus hingegen ist besser in der Lage, die geistigen Prozesse beim menschlichen Verhalten zu erklären, auf die individuellen Unterschiede zwischen den einzelnen Personen einzugehen und auch andere, etwa kriminologische oder entwicklungs- bzw. persönlichkeitspsychologische Theorieansätze zu integrieren. Die Bedeutung des Abstellens auf den individuellen Jugendlichen wird besonders deutlich, wenn man auch Aspekte wie Motivation, Gedächtnisleistung sowie körperliche Voraussetzungen bei der Suche nach einer erzieherisch geeigneten Bestrafung beachtet. All dies kann jedoch zu einer wesentlichen Relativierung der behavioristischen Forderung nach einer möglichst schnellen Bestrafung des Jugendlichen führen.

Im Folgenden sollen nun noch einmal stichpunktartig all diejenigen Aspekte zusammenfassend dargestellt werden, die nach der vorstehenden Untersuchung als bedeutsam für die Diskussion über den Beschleunigungsgrundsatz im Jugendstrafrecht festzuhalten sind.

Für eine beschleunigte Durchführung der Jugendstrafverfahren sprechen die folgenden Gesichtspunkte:

- Der Jugendliche erkennt und akzeptiert die Strafe als konsequente Folge seines eigenen Tuns, da er hierzu noch nicht die Beziehung verloren hat. Gestützt wird dies durch die von den Vertretern des klassischen Konditionierens erhobene Forderung nach zeitlicher Kontiguität.
- Die Gefahr einer anderweitigen Verstärkung des unerwünschten Verhaltens im Sinne der operanten Konditionierung wächst mit zunehmender Zeit.
- Verdrängungsmechanismen und Neutralisierungstechniken verringern mit der Zeit immer mehr die Chance, den Jugendlichen zu erreichen.
- Im Laufe der Zeit findet eine Weiterentwicklung im Sinne der Persönlichkeits- sowie der Entwicklungspsychologie statt.
- Mit zunehmender Verfahrensdauer wächst die Gefahr einer Stigmatisierung des Jugendlichen.
- Je länger das Verfahren dauert, desto größer werden die materiellen und seelischen Belastungen, die es mit sich bringt.

Gegen eine zu schnelle Durchführung sprechen hingegen folgende Aspekte:

- Das verfassungsrechtliche Rechtsstaatsgebot muss gewährleistet bleiben, vor allem im Hinblick auf Verteidigungsrechte und Rechtsmittel des Jugendlichen.
- Eine sorgfältige Wahrheitserforschung ist durchzuführen.
- Es ist zu versuchen, ein gutes pädagogisches Verhältnis zum Jugendlichen aufzubauen und im Verfahren eine Atmosphäre ruhiger Gelassenheit zu schaffen.

- Der Richter sollte einen gewissen Abstand zur Tat gewinnen und nicht aus der – eventuell öffentlich gepuschten – Erregung des Augenblicks strafen.
- Der Zusammenhang zwischen Tat und Strafe ist auch anders als nur durch zeitliche Kontiguität herstellbar, wie die Pädagogik und der Kognitivismus zeigen. Ebenso kann aus gedächtnispsychologischer Sicht auch die Erinnerung an die Tat wiederhergestellt werden.
- Der Kognitivismus lehrt auch, dass die Zeit zwischen Tat und Strafe sinnvoll genutzt werden kann.
- Es ist eine sorgfältige Erforschung von Persönlichkeit und Tat des Jugendlichen vorzunehmen, um ihn entwicklungs- und persönlichkeitspsychologisch richtig einschätzen zu können und so zu einem sinnvollen Urteil zu kommen.
- Ein individuell sinnvolles Alternativverhalten ist zu suchen und dem Jugendlichen vor Augen zu führen.
- Die Strafe sollte so begründet werden, dass sie der jeweilige Jugendliche versteht.
- Die individuellen Bedingungen des Jugendlichen in Bezug auf seinen Halt, seine Bindungen und seine Selbstkontrolle sind festzustellen und gegebenenfalls durch die richtigen Sanktionen positiv zu stärken.
- Es ist zu untersuchen, welche Motivationen zu dem unerwünschten Verhalten geführt haben, und es sollte versucht werden, individuell wirksame Anreize für ein zukünftig sozialadäquates Verhalten zu schaffen.
- Es muss genügend Zeit bleiben, damit geeignete Stellen, etwa die Jugendgerichtshilfe, helfend am Verfahren mitwirken können.

Folgende Gesichtspunkte mit Bezug zum Beschleunigungsgrundsatz sind ferner zu beachten:

- Ein gewisser Zeitraum zwischen Tat und Strafe ist ohnehin unvermeidbar.
- Die Verfahrensgeschwindigkeit kann auch abhängig sein etwa von der personellen und sachlichen Ausstattung der zuständigen Behörden oder der Zusammenarbeit zwischen den Beteiligten.
- Grundsätzlich sind belohnende Maßnahmen eines erwünschten Verhaltens der Bestrafung vorzuziehen. Dies bereitet jedoch besondere Schwierigkeiten im Bereich des Strafrechts. Utopisch erscheint eine generelle Abschaffung von Strafen, zumal etwa auch Weisungen vom Jugendlichen als solche empfunden werden. Ein reines Ignorieren des unerwünschten

Verhaltens im Sinne der operanten Konditionierung genügt oft nicht, kann nach den ökonomischen Theorien sogar unterstützend wirken.

- Vor allem der Behaviorismus begründet seine Meinung zugunsten des Beschleunigungsgrundsatzes insbesondere mit Tierversuchen und Untersuchungen mit sehr kurzen Zeitintervallen zwischen Tat und Strafe.
- Starke psychische Wirkung kann schon vom Vorgehen weit vor der juristischen Verurteilung ausgehen, so dass es wichtig ist, von Anfang an (mit dem Erwischtwerden z. B.) sinnvoll und individuell mit dem Jugendlichen umzugehen.

Diese Auflistung macht erneut deutlich, dass eine eindeutige Beantwortung der Frage, ob eine schnellere Bestrafung erzieherisch wirkungsvoller ist als eine verzögerte, unmöglich ist. Auch lässt sich aus den genannten Aspekten nicht ein einheitliches Bestrafungskonzept entwickeln. Vielmehr müssen in jedem Strafverfahren all diese Gesichtspunkte beachtet und abwägend auf den Einzelfall übertragen werden. Daneben gilt es aber auch, zahlreiche weitere Aspekte zu beachten, die mit der Verfahrensgeschwindigkeit nicht im Zusammenhang stehen und deshalb nicht Teil dieser Untersuchung waren. Welche der aufgelisteten Punkte im jeweiligen Verfahren entscheidend sind und ob dieses daher zu beschleunigen ist oder nicht, kann jedoch nur im Einzelfall unter Berücksichtigung des individuellen Jugendlichen und seiner je eigenen Situation beurteilt werden.

Darüber hinaus können diese Aspekte in ihrer Gesamtheit jedoch als Maßstab dienen, um die aktuellen Verhältnisse sowohl in normativer als auch praktischer Hinsicht im Hinblick auf ihre erzieherische Wirksamkeit kritisch zu beurteilen. Dies soll im Folgenden geschehen, wenn zunächst die JGG-Normen, die mit der Verfahrensgeschwindigkeit im Zusammenhang stehen, und danach aktuelle Praxisentwicklungen betrachtet werden.

IV. DOGMATISCHE HINTERFRAGUNG

Nachdem im vorangegangenen Kapitel der Beschleunigungsgrundsatz der erfahrungswissenschaftlichen Hinterfragung teilweise standgehalten hat, zum Teil aber auch erheblich in seiner Bedeutung relativiert werden musste, und aufgrund der Untersuchung die in diesem Zusammenhang wichtigen Aspekte zusammengetragen wurden, soll der zweite große Schwerpunkt dieser Arbeit in einer dogmatischen Hinterfragung des Beschleunigungsprinzips bestehen. Im Jugendgerichtsgesetz finden sich an zahlreichen Stellen mehr oder weniger deutlich gemachte Umsetzungen dieses Gesetzgebungsziels. Diese Umsetzungen sollen nun vollständig aufgezeigt, problematisiert und diskutiert werden. Natürlich kann es nicht Aufgabe dieser Arbeit sein, eine umfassende Kommentierung dieser Normen anzufertigen. Die ganz eindeutige Konzentration verbleibt daher auf den Bezügen zum Beschleunigungsgrundsatz. Vor allem sollen die Bestimmungen an den Ergebnissen gemessen werden, die aus dem erfahrungswissenschaftlichen Teil hervorgegangen sind. Dadurch sollte eine kritische Beurteilung der einzelnen Normen möglich sein. Auf der anderen Seite muss aber auch die Möglichkeit berücksichtigt werden, dass bestimmte Normen entgegen dem Beschleunigungsgrundsatz das Verfahren oder zumindest den Verfahrensabschluss geradezu hinauszögern. Auch der Sinn solcher Bestimmungen ist auf der Grundlage des Festgestellten zu untersuchen. Im Ergebnis müsste es also möglich sein, über die Beurteilung der einzelnen Normen hinaus festzustellen, inwieweit das Jugendgerichtsgesetz in seiner Gesamtintention am Ziel einer möglichst schnellen Verfahrensdurchführung orientiert ist. Dabei soll bereits hier die Vermutung vorangestellt werden, dass diese Orientierung in der bisherigen wissenschaftlichen Betrachtung eine zu starke Gewichtung erfahren hat und die erwähnten Verzögerungsmechanismen deutlich vernachlässigt wurden.

1. § 43 JGG: Umfang der Ermittlungen

Als erste der zu untersuchenden Normen aus dem Jugendgerichtsgesetz soll § 43 JGG betrachtet werden. Er behandelt den „Umfang der Ermittlungen“ zur Person des beschuldigten Jugendlichen und zeigt, wie in einer Regelung verzögernde und beschleunigende Elemente zusammenkommen können, gleichzeitig aber auch gegeneinander abgegrenzt werden müssen.

§ 43 I JGG verlangt nach Verfahrenseinleitung eine umfassende Persönlichkeitserforschung des Beschuldigten. Verstärkt wird dies noch durch die Möglichkeit der Hinzuziehung eines Sachverständigen nach Abs. 2. Ohne Frage kostet die Begutachtung eines Jugendlichen, ob durch die direkten Prozessbeteiligten oder einen von außen hinzugezogenen Sachverständigen Zeit; und je intensiver die Untersuchung stattfinden soll, desto stärker verzögert sich der Verfahrensablauf. Dies hat auch der Gesetzgeber gesehen und daraufhin in § 43 I 1 JGG festgelegt, dass die Ermittlungen „so bald wie möglich" nach Verfahrenseinleitung aufzunehmen sind. Darüber hinaus wird der Gutachtenauftrag in Abs. 2 Satz 1[470] in das pflichtgemäße Ermessen der zuständigen Ermittlungsperson gestellt („soweit erforderlich"). Noch deutlicher wird dies durch die Richtlinien Nr. 6 und 7 zu § 43 JGG; die bekannte These, dass die Maßnahmen und Strafen des Jugendstrafrechts regelmäßig dann am wirksamsten sind, wenn sie der Tat auf dem Fuße folgen, wird durch die Forderungen praktisch umgesetzt, dass das Jugendamt so schnell wie möglich über alle wichtigen Schritte der Staatsanwaltschaft verständigt wird, um dann seine eigenen Erhebungen mit größter Beschleunigung durchzuführen. § 43 JGG eröffnet also dezidiert den Spannungsbogen zwischen zwei dem Erziehungsgedanken im Jugendstrafrecht verpflichteten Zielbestimmungen: der notwendigen Persönlichkeitserforschung einerseits und dem Beschleunigungsgrundsatz andererseits.[471] Daneben findet die Persönlichkeitserforschung ihre Grenze auch im Grundsatz der Verhältnismäßigkeit, der aus dem Rechtsstaatsgebot des Art. 20 III GG abgeleitet wird. Der Diagnoseumfang hat sich also immer auch nach dem Tatvorwurf zu richten, denn die Diagnose stellt einen Eingriff in das Persönlichkeitsrecht des Beschuldigten dar und birgt gleichzeitig die Gefahr einer Stigmatisierung.[472] Ausfluss des Verhältnismäßigkeitsprinzips ist neben der Ermessensnorm des Abs. 2 auch § 43 I 3 JGG, der den Jugendlichen vor dem Verlust seines Ausbildungs- oder Arbeitsplatzes schützen will.[473]

Wie ist nach dem Gesagten nun § 43 JGG in Bezug auf den Beschleunigungsgrundsatz zu bewerten ? Wie wichtig eine sorgfältige Persönlichkeitserforschung des Jugendlichen ist, wurde im erfahrungswissenschaftlichen Kapitel dieser Arbeit hinreichend deutlich gemacht. Dass diese Notwendigkeit durch

---

[470] Dazu näher: Plewig. Ausführlich zur Persönlichkeitserforschung durch einen Gerichtssachverständigen aus psychologischer und psychiatrischer Sicht: Bresser.

[471] Vgl. Eisenberg, 2002, § 43, Rn. 11.

[472] Nix-Lehmann, § 43, Rn. 4; Ostendorf, 2000 (a), § 43, Rn. 5. Nach Diemer/Schoreit/Sonnen-Sonnen, § 43, Rn. 10, stehen Unschuldsvermutung, Verhältnismäßigkeitsprinzip und Beschleunigungsgrundsatz „in einem Dreiecksverhältnis wechselseitiger Begrenzung zueinander."

[473] Eisenberg, 2002, § 43, Rn. 11, und Blau, S. 732, verweisen darauf, dass dem Verhältnismäßigkeitsprinzip auch eine unmittelbar erzieherische Funktion zukommt, da gerade verstärkt sozial beeinträchtigte Jugendliche häufig eine erhöhte Sensibilisierung für die Proportion einer Reaktion auf ein bestimmtes Verhalten aufweisen.

eine eigene Norm verdeutlicht wird, ist ohne Frage sehr sinnvoll. Zu kritisieren ist jedoch deren Ausgestaltung als Sollvorschrift (§ 43 I 1, 2 JGG). Zwar wird das Problem der Nichtangreifbarkeit eines Verstoßes gegen § 43 JGG erheblich dadurch gemildert, dass häufig auch eine Verletzung der gerichtlichen Aufklärungspflicht (§ 244 II StPO) vorliegen wird.[474] Jedoch fände durch eine Umwandlung der Bestimmung in eine Mussvorschrift die Notwendigkeit der Persönlichkeitserforschung eine „nachdrückliche Unterstreichung."[475] Dies würde natürlich nichts daran ändern, dass das Verhältnismäßigkeitsprinzip zu beachten ist. Hier lassen sich jedoch abstrakt keine starren Regeln aufstellen. Jeweils im Einzelfall muss herausgefunden werden, welche Intensität der Persönlichkeitserforschung durch einen bestimmten Tatvorwurf gerechtfertigt und welche Intensität überhaupt zur Beurteilung des Jugendlichen erforderlich ist. Dabei ist immer auch die Gefahr der Stigmatisierung zu beachten. Vor allem durch die Befragung Außenstehender kann der Beschuldigte schon während des Ermittlungsverfahrens, zu einem Zeitpunkt also, in dem noch die Unschuldsvermutung gilt, in die Rolle des Kriminellen gedrängt und als solcher „abgestempelt" werden. Damit einhergehen können auch unmittelbare Nachteile, wie etwa der Verlust des Arbeitsplatzes. Daran denkt § 43 I 3 JGG, der eigentlich aber nur eine Regelung darstellt, die ohnehin durch das Verhältnismäßigkeitsprinzip vorgegeben ist.[476] Da aber auch andere einschneidende Nachteile durch bestimmte Ermittlungsmethoden denkbar sind, ist in einem jeden solchen Fall – über das in § 43 I 3 JGG Genannte hinaus – eine besonders strenge Verhältnismäßigkeitsprüfung vorzunehmen.

Das Verhältnis zwischen Persönlichkeitserforschung und Beschleunigungsgrundsatz ist jedoch anders zu interpretieren als das zwischen Persönlichkeitserforschung und Verhältnismäßigkeitsprinzip. Während das Letztere eine Begrenzung der erforderlichen Ermittlungen darstellt, kann sich der Beschleunigungsgrundsatz nur auf den Gang der Ermittlungen auswirken. Niemals jedoch kann eine erzieherisch verstandene Beschleunigung vorrangig sein gegenüber einer sorgfältigen und verhältnismäßigen Persönlichkeitserforschung mit dem Ziel, eine individuell geeignete Rechtsfolge zu finden.[477] Nichts anderes bringt auch

---

[474] Siehe dazu: BGH St 6, S. 326 ff. (5.10.1954), S. 327 ff., der sich bei seiner ablehnenden Haltung zur Revisibilität allerdings nicht nur auf die Ausgestaltung als Sollvorschrift bezieht, sondern auch darauf, dass § 43 JGG sich unmittelbar nur auf die Ermittlungen im Vorverfahren bezieht, das Urteil aber auf der Hauptverhandlung beruht.

[475] So auch: N.D., S. 230. Zumindest auch kritisch gegenüber der Ausgestaltung des § 43 JGG als Sollvorschrift: Eisenberg, 2002, § 43, Rn. 9; Nix-Lehmann, § 43, Rn. 3.

[476] Eisenberg, 2002, § 43, Rn. 20 b.

[477] So auch: Eisenberg, 2002, § 43, Rn. 11. Vgl. auch: Brunner/Dölling, § 43, Rn. 17.

die gesetzliche Regelung zum Ausdruck, wenn sie in § 43 I 1 JGG fordert, die entscheidenden Verhältnisse sollten „so bald wie möglich" nach Verfahrenseinleitung ermittelt werden.[478] Die Bedeutung des Beschleunigungsgrundsatzes, so wie ihn das Gesetz vorgibt, liegt also in diesem Zusammenhang gar nicht in einer besonders schnellen Verfahrensdurchführung,[479] sondern vielmehr darin, die wichtige Erforschung der Persönlichkeit des Beschuldigten in einem möglichst frühen Zeitpunkt des Verfahrens einsetzen zu lassen. Dadurch wird die Bedeutung der diesbezüglichen Ermittlungen noch verstärkt, da sie möglichst früh zur Grundlage aller weiteren Überlegungen gemacht werden sollen. Dies steht auch im Einklang mit den erfahrungswissenschaftlichen Überlegungen, in denen ebenfalls der Persönlichkeitserforschung eine besonders große Bedeutung zugemessen wird, und insbesondere mit der Entwicklungs- und der Persönlichkeitspsychologie, die auch einen frühzeitigen Einsatz der Ermittlungen fordern (s. S. 47 ff.). Darüber hinaus besteht die Chance, dass so die Entwicklung von Neutralisierungstechniken gestört wird und ferner der Zusammenhang zwischen Tat und der später erfolgenden Strafe nicht ganz verloren geht. Diese Interpretation des Beschleunigungsgrundsatzes soll hier besonders betont werden, da noch einige Male darauf zurückzukommen sein wird.

Positiv anzumerken ist auch, dass im Zeitraum zwischen Tat und Strafe eine in Erziehungsfragen erfahrene Behörde eingeschaltet ist. Während nämlich die Polizei als Ermittlungsbehörde zur Erforschung des Sachverhalts dient (vgl. §§ 160 I, 161, 163 StPO, § 152 GVG), steht zur Unterrichtung über die Persönlichkeit des jugendlichen Beschuldigten die Jugendgerichtshilfe zur Verfügung.[480] So verweist § 43 I 4 JGG auf § 38 III JGG. Nach § 38 III 2 JGG ist die Jugendgerichtshilfe im Verfahren so früh wie möglich heranzuziehen, was wiederum die oben ausgeführte Interpretation des Beschleunigungsgrundsatzes unterstützt. Auch wenn der Einsatz einer außerhalb des Gerichts stehenden Behörde über die Zeit hinaus, die ohnehin die Persönlichkeitserforschung benötigt, das Verfahren noch etwas mehr in die Länge zieht, so macht es dennoch Sinn, die Jugendgerichtshilfe zur Ermittlung der Persönlichkeit des Jugendlichen heranzuziehen, da

---

[478] Vgl. auch die Richtlinie Nr. 7 zu § 43 JGG.

[479] Wobei man auch im Verfahren Zeit dadurch sparen kann, dass Tatbestandsermittlung und Persönlichkeitserforschung möglichst gleichzeitig betrieben werden, vgl. Brunner/Dölling, § 43, Rn. 16.

[480] Albrecht, Peter-Alexis, S. 311; Kaiser, 1977, S. 131; Schaffstein/Beulke, S. 227. Dazu auch: Bottke, 1980, S. 18 f. Umstritten ist das Verhältnis zwischen Jugendstaatsanwaltschaft und Jugendgerichtshilfe: Nach Brunner/Dölling, § 43, Rn. 3, hat die Staatsanwaltschaft eine Überwachungsfunktion, nach Eisenberg, 2002, § 43, Rn. 16, eine Leitungsfunktion, während Ostendorf, 2000 (a), § 43, Rn. 7, beides mit dem Argument ablehnt, dass sie ein selbständiges Prozessorgan darstellt.

sie gewöhnlich gegenüber den justiziellen Ermittlungsbehörden über eine bessere Sachkenntnis in Erziehungsfragen verfügen wird (dazu unten mehr). Dem Beschleunigungsgrundsatz wird dann – wie gesehen – durch ihren möglichst frühzeitigen Einsatz Genüge getan.

2. § 38 JGG: Jugendgerichtshilfe

Wie soeben gesehen, verweist § 43 I 4 JGG auf § 38 III JGG und übergibt damit die Verantwortung für die Persönlichkeitserforschung in die Hände der Jugendgerichtshilfe.[481] Nach § 38 III 1 JGG, der als solcher kaum weiter gefasst sein könnte, ist im gesamten Verfahren gegen einen Jugendlichen die Jugendgerichtshilfe heranzuziehen. Dabei ist zunächst zu beachten, dass diese Norm im Gegensatz zu § 43 JGG eine Mussvorschrift darstellt, bei deren Nichtbefolgung eine die Revision begründende Gesetzesverletzung im Sinne des § 337 StPO gegeben ist.[482] Der Aufgabenbereich der Jugendgerichtshilfe ist insbesondere in § 38 II JGG niedergelegt. Er umfasst eine Doppelfunktion. Zum einen besteht die Pflicht der Ermittlungshilfe bei der Persönlichkeitserforschung des Täters für das Gericht, und zum anderen soll erzieherische Fürsorge für den Beschuldigten erfolgen.[483] Beide Funktionen wurden im vorangegangenen erfahrungswissenschaftlichen Teil als sehr bedeutsam herausgestellt. Die objektive Hilfe für das Gericht kann dazu dienen, dass eine für den Jugendlichen individuell sinnvolle Sanktion gefunden wird. Die erzieherische Fürsorge hat den Sinn, dass schon die Zeit während des Verfahrens genutzt wird, um erste Schritte auf dem Weg der Sozialisierung des Jugendlichen zu tun. Trotzdem kann diese zweifache Aufgabenstellung auch Probleme aufwerfen. Insbesondere bei der Frage eines Zeugnisverweigerungsrechts ist einer der Pflichten eine Priorität gegenüber der anderen einzuräumen. Während zum Teil entscheidend darauf abgestellt wird, dass durch eine Aussagepflicht das erforderliche Vertrauensverhältnis zwischen dem Beschuldigten und dem Jugendgerichtshelfer erheblich belastet wird, und demzufolge eine Ausweitung des § 53 I Nr. 3 StPO gefordert wird,[484] geht rich-

---

[481] Aktuelle Berichte zur Arbeit der Jugendgerichtshilfe bieten DVJJ-Journal 3/2000 (Nr. 169), S. 213 ff., sowie Rein; Trenczek, 1999.

[482] BGH StV, 1993 (13), S. 536 (11.6.1993); BGH StV, 1982 (2), S. 336 (9.3.1982).

[483] Vgl. Schaffstein/Beulke, S. 222. Darüber hinaus kommen der Jugendgerichtshilfe noch Überwachungsfunktionen bei der Befolgung von Weisungen und Auflagen (§ 38 II 5 JGG) sowie Betreuungsaufgaben über das Verfahren hinaus (etwa § 38 II 9 JGG) zu, was hier jedoch nicht weiter zu verfolgen ist.

[484] Hauber, S. 515. Ebenfalls kritisch: Foth, S. 7 ff.; Jung, 1974, S. 266 f. Für eine Gesetzesänderung: Nix-Nix, § 38, Rn. 10; Ostendorf, 1993, S. 64 f.

tigerweise die Aufgabe der Jugendgerichtshilfe als Ermittlungs- und Berichtshilfe vor, da es im Interesse aller Beteiligten ist, dass sämtliche Tatsachen bekannt werden, die für die Persönlichkeitsbeurteilung des Jugendlichen, die Sanktionsauswahl und so schließlich für seine Erziehung im Hinblick auf ein weiteres straffreies Leben von Bedeutung sind.[485] Die Schaffung eines Zeugnisverweigerungsrechts für die Jugendgerichtshelfer ist demzufolge abzulehnen.[486] Dennoch ist natürlich ein gutes Vertrauensverhältnis zwischen Jugendgerichtshilfe und Jugendlichem wünschenswert. Deshalb hat die Vernehmung des Jugendgerichtshelfers sowohl mit Takt und Verständnis für seine Arbeit zu erfolgen als auch mit dem Ziel, dass das beschriebene Verhältnis in einem möglichst geringen Maße beeinträchtigt wird.[487] So sollte zumindest ernsthaft versucht werden, die Bedingungen dafür zu schaffen, dass die Jugendgerichtshilfe beide Aufgaben erfolgreich und zum Wohle des Jugendlichen bewältigen kann.

Unabhängig von dieser Problematik wurde bereits in den Ausführungen zu § 43 JGG (s. S. 91 ff.) aufgezeigt, dass sich der Einsatz der Jugendgerichtshilfe im Verfahren, auch wenn er eine gewisse Zeit in Anspruch nimmt, lohnt. Mit ihren erzieherisch geschulten Kräften ist sie sowohl hinsichtlich der Persönlichkeitserforschung der Polizei und Staatsanwaltschaft überlegen, da sich der Jugendliche selbst und auch seine Bezugspersonen eher einem Sozialarbeiter des Jugendamts gegenüber öffnen, als auch bezüglich der fürsorgerischen Betreuung, mit dem Ziel, das weitere Abgleiten des Jugendlichen zu verhindern.[488] Um aber dennoch das Verfahren nicht ausufern zu lassen, finden sich in diesem Zusammenhang auch normative Ausprägungen des Beschleunigungsgrundsatzes. Zunächst bestimmt § 38 II 3 JGG, dass die Jugendgerichtshilfe in Haftsachen beschleunigt über das Ergebnis ihrer Nachforschungen zu berichten hat. Damit wird dem Problem Rechnung getragen, dass der Jugendliche in der Untersuchungshaft in besonders gravierender Weise psychischen und eventuell auch materiellen Belastungen sowie Stigmatisierungsprozessen ausgesetzt wird. Auch hier ist eine sorgfältige Persönlichkeitserforschung vonnöten – zumal es sich in der Regel um schwerwiegendere Straftaten handeln wird. Solange jedoch die Untersuchungshaft aufrechterhalten wird, sollte angesichts der genannten Gefahren der Beschleunigungsgrundsatz und damit § 38 II 3 JGG besonders ernst genommen

---

485 Wilhelm, S. 116.

486 So auch: BVerfG NJW, 1972 (25), S. 2214 ff. (19.7.1972); Brunner/Dölling, § 38, Rn. 14; Eisenberg, 2002, § 38, Rn. 30; Albrecht, Peter-Alexis, S. 312; Böhm, 1996, S. 125; Schaffstein/Beulke, S. 230; Walter, 1973, S. 495.

487 Brunner/Dölling, § 38, Rn. 14 b; Dallinger/Lackner, § 38, Rn. 23; Wilhelm, S. 117.

488 Vgl. Schaffstein/Beulke, S. 2223; Sonnen, 2000 (b), S. 338.

werden.[489] Dem Mitwirkungsrecht der Jugendgerichtshilfe nach § 38 III 1 JGG dient Abs. 3 Satz 2, wonach sie zum frühestmöglichen Zeitpunkt nach Verfahrenseinleitung heranzuziehen ist. Hier ist auf die Interpretation des Beschleunigungsgrundsatzes bei § 43 JGG zu verweisen (s. S. 91 ff.). Es geht also weniger darum, das Verfahren möglichst schnell einem Ende zuzuführen, als vielmehr, die erzieherisch positiven Möglichkeiten der Jugendgerichtshilfe von Anfang an – d. h. mit Beginn der polizeilichen Ermittlungen – in das Verfahren einzubringen. § 38 JGG erscheint demnach als eine Norm, die – wenn sie ernst genommen wird[490] – eine gelungene Synthese von erforderlicher Persönlichkeitserforschung, erzieherischer Fürsorge und beschleunigenden Elementen darstellt.

3. §§ 72, 72 a JGG: Untersuchungshaft; Heranziehung der Jugendgerichtshilfe in Haftsachen

Das bisher Gesagte wird noch einmal deutlich in den die Untersuchungshaft betreffenden Bestimmungen der §§ 72 und 72 a JGG. Zwar erklärt § 93 I JGG, dass die Untersuchungshaft bei Jugendlichen nach Möglichkeit in einer besonderen Anstalt oder wenigstens in einer eigenen Abteilung zu vollziehen ist, und ferner Abs. 2, dass der Vollzug erzieherisch gestaltet sein soll,[491] aber angesichts der Erfahrungen aus der Praxis ist von einer großen Gefährdung des Jugendlichen auszugehen. So kann die Untersuchungshaft zu einer dauerhaften Störung seiner seelischen Entwicklung führen. Zu erwarten sind aber auch Effekte der Stigmatisierung des Beschuldigten sowie Kontakte zu bereits stärker in Kriminalität verstrickten Gefangenen.[492] Es gilt also zum Wohle des Jugendlichen, die Untersuchungshaft wenn möglich zu vermeiden. Diesem Ziel dient § 72 JGG in mehrfacher Hinsicht. Abs. 1 stellt über das Verhältnismäßigkeitsprinzip hinaus einen strengen Subsidiaritätsgrundsatz auf, der in Abs. 2 für unter Sechzehnjährige bei Fluchtgefahr noch weiter verschärft wird. Darüber hinaus kann die Untersuchungshaft nach §§ 72 IV, 71 II JGG durch eine einstweilige Unterbringung in einem Heim der Jugendhilfe ersetzt werden.[493] Es scheint aber dennoch

[489] Siehe dazu auch: Eisenberg, 2002, § 38, Rn. 13; Wild, S. 56.
[490] Siehe aber: Eisenberg, 2002, § 38, Rn. 36; Nix-Nix, § 38, Rn. 19; Ostendorf, 2000 (a), Grdl. z. §§ 33-38, Rn. 8.
[491] Hierzu umfassend: Seiser, 1987.
[492] Vgl. Albrecht, Peter-Alexis, S. 231 f.; Schaffstein/Beulke, S. 266.
[493] Dazu: Heßler/Raabe/Schruth.

in der Praxis so zu sein, dass umfangreich – und in den neunziger Jahren sogar ansteigend – von der Untersuchungshaft Gebrauch gemacht wird.[494]

Der Beschleunigung sollen die Abs. 5 und 6 von § 72 JGG dienen. Nach Abs. 5 ist das Verfahren im Falle von Untersuchungshaft mit besonderer Beschleunigung durchzuführen.[495] Dies entspricht dem Wunsch, die Untersuchungshaft, wenn sie schon nötig ist, wenigstens so kurz wie möglich andauern zu lassen. Da die geschilderten Gefahren sicherlich mit zunehmender Aufenthaltsdauer immer größer werden, ist diese Forderung zu begrüßen. Es ist aber genauso zu beachten, dass durch die Verschärfung des Beschleunigungsgrundsatzes auch seine zu Anfang geschilderten negativen Begleitumstände verstärkt werden.[496] Der Beschleunigungsgrundsatz darf also nicht so weit übersteigert werden, dass die Persönlichkeitserforschung oder gar wichtige Rechtsstaatsprinzipien[497] und insbesondere die Wahrheitssuche vernachlässigt werden. Nach § 72 VI JGG kann das Verfahren dadurch beschleunigt und ökonomischer gestaltet werden, dass der zuständige Richter die die Untersuchungshaft betreffenden Entscheidungen an einen anderen Jugendrichter, etwa den des Haftortes, überträgt. Eine solche Beschleunigung macht zweifelsohne Sinn. Unabhängig von der rechtlichen Frage, ob der angewiesene Richter an den Beschluss gebunden ist,[498] sind jedoch zumindest für die praktische Arbeit Zuständigkeitsstreitigkeiten, die den beschleunigenden Effekt wieder zunichte machen, unbedingt zu vermeiden.[499] Beschleunigende Wirkung haben kann ferner die Beachtung der RL Nr. 1 (keine Verzögerungen durch Ermittlungen gegen Mitbeschuldigte oder durch kommissarische Zeugenvernehmungen) und 2 (unverzügliche Überstellung des Jugend-

494 Siehe dazu: Dünkel, S. 20 ff., der in dem im Vergleich zu Erwachsenen überhöhten Anteil von Untersuchungshaft bei Jugendlichen und Heranwachsenden ein Indiz für eine mit dem Verhältnismäßigkeitsprinzip nicht zu vereinbarende Untersuchungshaftpraxis sieht; Eisenberg, 2002, § 72, Rn. 4; Ostendorf, 2000 (a), Grdl. z. §§ 71-73, Rn. 5; Schaffstein/Beulke, S. 268. Zur Anwendung der Untersuchungshaft als „Erziehungsmaßnahme besonderer Art": Brunner/Dölling, § 72, Rn. 1; Albrecht, Peter-Alexis, S. 237 f.

495 Siehe etwa: OLG Köln NJW, 1997 (50), S. 2252 f. (15.10.1996).

496 So auch: Eisenberg, 2002, § 72, Rn. 17.

497 Der Kontrolle in rechtsstaatlicher Hinsicht dient auch § 68 Nr. 4 JGG, wonach dem noch nicht Achtzehnjährigen, der sich in Untersuchungshaft befindet, unverzüglich ein Verteidiger bestellt wird. Siehe dazu auch: Böhm, 1996, S. 135. Außerdem soll der Verteidiger, so die Gesetzesbegründung, BT-Drucksache 11/5892, S. 28, möglichst früh dazu beitragen, die Voraussetzungen für eine Aufhebung des Haftbefehls zu schaffen. Siehe dazu auch: Ostendorf, 2000 (a), § 68, Rn. 13.

498 Für die Bindung: Ostendorf, 2000 (a), § 72, Rn. 12. Dagegen: Brunner/Dölling, § 72, Rn. 1; Eisenberg, 2002, § 72, Rn. 14.

499 So auch: Eisenberg, 2002, § 72, Rn. 14.

lichen an das vormundschaftsrichterlich zuständige Gericht, wenn er außerhalb ergriffen wird).

§ 72 a JGG korrespondiert mit der Regelung des § 38 JGG. Wieder wird die Bedeutung der Jugendgerichtshilfe herausgestellt. Dabei ist § 72 a JGG durch die Benutzung von Muss- und Sollvorschriften in sich abgestuft. Bereits der Haftbefehlserlass soll ihr mitgeteilt werden; spätestens muss sie aber benachrichtigt werden von der Vollstreckung eines Haftbefehls – und zwar unverzüglich – bzw. von einer vorläufigen Festnahme, wenn eine Vorführung nach § 128 StPO zu erwarten ist. Es gilt also, die Jugendgerichtshilfe zu einem möglichst frühen Zeitpunkt in das Verfahren mit einzubeziehen.[500] Im vorliegenden Zusammenhang kann sie dazu dienen, die Entscheidungsgrundlagen für die Frage einer Anordnung von Untersuchungshaft zu verbessern und ferner Haftalternativen im Sinne des § 72 IV JGG zu prüfen und aufzuzeigen.[501] Dies kann und soll dazu beitragen, die Untersuchungshaft zu vermeiden oder wenigstens zu verkürzen,[502] was nach dem Gesagten zu begrüßen ist. Wie schon mehrfach aufgezeigt, stellt sich der Beschleunigungsgrundsatz auch hier so dar, dass die Arbeit der Jugendgerichtshilfe zu einem möglichst frühen Zeitpunkt einsetzen soll.

4. § 71 JGG: Vorläufige Anordnungen über die Erziehung

Die aktuelle Diskussion zugunsten des Beschleunigungsgrundsatzes findet ihre Grundlage im Zeitraum zwischen Tat und Bestrafung des jugendlichen Delinquenten. Da dieser im Allgemeinen als zu groß angesehen wird, konzentriert sich die Debatte auf Möglichkeiten zur Verkürzung, d. h. zur schnelleren Herbeiführung einer rechtskräftigen Entscheidung. Ein zweiter sinnvoller – jedoch bisher kaum beachteter – Ansatzpunkt könnte aber die Frage sein, wie dieser Zeitraum jugendadäquat und individuell erzieherisch positiv ausgefüllt werden kann. Einen Anlass, über diese Frage genauer nachzudenken, bietet die Norm des § 71 I JGG, wonach der Richter bis zur Rechtskraft des Urteils vorläufige Anordnungen über die Erziehung des Jugendlichen treffen kann. Unabhängig davon, ob man die Dauer von Jugendstrafverfahren als zu lang erachtet oder nicht, kommt hier der Wille des Gesetzgebers zum Ausdruck, dass die Zeit zwischen Tat und Strafe – ausgehend von der Erkenntnis, dass eine gewisse Dauer

---

[500] Unterstützt wird dies noch durch die RL zu § 72 a JGG.

[501] Ostendorf, 2000 (a), § 72 a, Rn. 2.

[502] Diemer/Schoreit/Sonnen-Sonnen, § 72 a, Rn. 3; Böhm, 1996, S. 135; Hartmann, Klaus-Peter, S. 167.

ohnehin nicht zu vermeiden ist – nicht einfach nur verstreichen soll, sondern durch erzieherische Eingriffe sinnvoll ausgefüllt werden soll und kann. Sinn und Zweck dieser Vorschrift ist es daher, die erzieherischen Ziele des Jugendstrafverfahrens in dem Zeitraum zwischen Verfahrensbeginn und Rechtskraft des Urteils zu sichern.[503] Dabei geht es zuvorderst darum, den straffällig gewordenen Jugendlichen in geeigneten Fällen frühzeitig aus einer als erzieherisch schädlich erkannten Umgebung herauszulösen.[504] Die zu diesem Zweck sowie zum Zweck der Verfahrenssicherung ebenfalls denkbare Untersuchungshaft mit ihren beschriebenen negativen Auswirkungen soll nach Möglichkeit vermieden und durch Anordnungen nach § 71 JGG – falls nötig auch freiheitsentziehender Art – ersetzt werden (vgl. auch die Subsidiaritätsklausel in § 72 I und IV JGG sowie die RL Nr. 2 zu § 71 JGG).[505]

Allgemeine Voraussetzungen für vorläufige Anordnungen sind der Verdacht einer Straftat,[506] eine dringende Erziehungsbedürftigkeit, die nicht allein durch ein einmaliges punktuelles Fehlverhalten begründet werden kann,[507] und die Beachtung des Verhältnismäßigkeitsgrundsatzes.[508] Als echte freiheitsentziehende Maßnahme[509] verlangt § 71 II JGG gesteigerte Voraussetzungen; danach kann die einstweilige Unterbringung in einem geeigneten Heim der Jugendhilfe[510] an-

---

503 OLG Celle NJW, 1965 (18), S. 2069 (5.7.1965); Dallinger/Lackner, § 71, Rn. 1; Diemer/Schoreit/Sonnen-Diemer, § 71, Rn. 2; Ostendorf, 1998, S. 482; Philipp, 1979, S. 429.

504 Brunner/Dölling, § 71, Rn. 1; Diemer/Schoreit/Sonnen-Diemer, § 71, Rn. 2; Eisenberg, 2002, § 71, Rn. 3; Giehring, S. 468.

505 Brunner/Dölling, § 71, Rn. 1; Eisenberg, 2002, § 71, Rn. 3; Albrecht, Peter-Alexis, S. 235; Becker.

506 Nach herrschender Meinung genügt der bloße Verdacht, Brunner/Dölling, § 71, Rn. 6; Diemer/Schoreit/Sonnen-Diemer, § 71, Rn. 3; Böhm, 1996, S. 129. Hinreichenden Tatverdacht verlangen dagegen Eisenberg, 2002, § 71, Rn. 4; Nix-Matzke, § 71, Rn. 2; Ostendorf, 2000 (a), § 71, Rn. 2; Schaffstein/Beulke, S. 269.

507 Eisenberg, 2002, § 71, Rn. 4; Nix-Matzke, § 71, Rn. 3; Ostendorf, 2000 (a), § 71, Rn. 3.

508 Diemer/Schoreit/Sonnen-Diemer, § 71, Rn. 3; Ostendorf, 2000 (a), § 71, Rn. 4. Umstritten ist, ob die Zustimmung der Erziehungsberechtigten Rechtmäßigkeitsvoraussetzung ist. Dafür: Eisenberg, 2002, § 71, Rn. 4. Dagegen: Diemer/Schoreit/Sonnen-Diemer, § 71, Rn. 4. Vermittelnd: Böhm, 1996, S. 131.

509 Vgl. Brunner/Dölling, § 71, Rn. 2; Nix-Matzke, § 71, Rn. 5; Ostendorf, 2000 (a), § 71, Rn. 7.

510 Die Diskussion, ob das Heim fluchtsicher sein muss, vgl. dazu die Literaturauswertung von Diemer/Schoreit/Sonnen-Diemer, § 71, Rn. 14, hat sich mit dem Wegfall der gesetzlichen Voraussetzungen, dass Jugendstrafe zu erwarten ist und die einstweilige Unterbringung geboten sein muss, um einem Missbrauch der Freiheit zu neuen Straftaten entgegenzuwirken (§ 71 II 1 JGG a. F.), zu Lasten der Fluchtsicherheit erübrigt, vgl. BT-Drucksache 11/5829, S. 29; Brunner/Dölling. § 71, Rn. 3. Zur Heimunterbringung: Heßler/Raabe/Schruth.

geordnet werden, wenn dies auch im Hinblick auf die zu erwartenden Maßnahmen geboten ist,[511] um den Jugendlichen vor einer weiteren Gefährdung seiner Entwicklung, insbesondere vor der Begehung neuer Straftaten zu bewahren.[512] Die vorläufigen Anordnungen des § 71 I JGG entsprechen im Wesentlichen den Weisungen gemäß §§ 9 Nr. 1, 10 I 3, II JGG.[513] Da aber der Sinn dieser Anordnungen darin besteht, die Zeit bis zu einem rechtskräftigen Urteil in einem die erzieherische Wirkung des Jugendstrafverfahrens fördernden Sinne zu überbrücken, kommen keine Maßnahmen mit Strafcharakter in Betracht, wie z. B. die Zahlung einer Geldbuße, Arbeitsleistungen oder die Verhängung von Zuchtmitteln.[514] Auch auf die Mitwirkung eines Bewährungshelfers sollte grundsätzlich verzichtet werden, da dessen sonstiges Betätigungsfeld stigmatisierend wirkt.[515] Demgegenüber bieten sich vor allem Maßnahmen an, die den Jugendlichen aus einer ihn gefährdenden Umwelt herausnehmen, etwa Übernahme oder Wechsel eines Arbeitsplatzes oder einer Lehrstelle, Verbot des Umgangs mit Personen oder Gruppen, die ihn negativ beeinflussen, Unterbringung in einem Jugendwohnheim, einer Wohngemeinschaft oder einer Familie sowie die Weisung, sich der Betreuung und Aufsicht einer bestimmten Person zu unterstellen.[516] Dabei sind die vorläufigen Anordnungen nach § 71 JGG nicht erzwingbar; auch die Verhängung von Ungehorsamsarrest scheidet aus.[517] Macht man dem Jugendlichen jedoch deutlich, dass sein Verhalten bezüglich der Anordnungen die spätere Entscheidung wesentlich beeinflussen kann, dass ein Nichtbefolgen bei der Hauptverhandlung aber ein ungünstiges Licht auf ihn wirft, so sollte es nicht selten möglich sein, den Jugendlichen ausreichend zu motivieren.[518]

Selbstverständlich sollen diese Anordnungen das Verfahren nur in einer erzieherisch sinnvollen Weise begleiten, sie dürfen nie zu einer Rechtfertigung für eine

---

511 Hierin kommt erneut der Verhältnismäßigkeitsgrundsatz zum Ausdruck, BT-Drucksache 11/5829, S. 29.

512 Zu § 71 II JGG siehe etwa auch noch: Eisenberg, 1987; Giehring; Lüthke; Philipp, 1982; Seiser, 1988.

513 Brunner/Dölling, § 71, Rn. 4; Diemer/Schoreit/Sonnen-Diemer, § 71, Rn. 6; Eisenberg, 2002, § 71, Rn. 5; Nix-Matzke, § 71, Rn. 4.

514 Diemer/Schoreit/Sonnen-Diemer, § 71, Rn. 6; Ostendorf, 2000 (a), § 71, Rn. 6; Böhm, 1996, S. 130; Göppinger, S. 635.

515 Nix-Matzke, § 71, Rn. 4; Ostendorf, 2000 (a), § 71, Rn. 6.

516 Brunner/Dölling, § 71, Rn. 4; Diemer/Schoreit/Sonnen-Diemer, § 71, Rn. 6; Eisenberg, 2002, § 71, Rn. 6; Böhm, 1996, S. 129; Schaffstein/Beulke, S. 269.

517 Brunner/Dölling, § 71, Rn. 4; Diemer/Schoreit/Sonnen-Diemer, § 71, Rn. 6; Eisenberg, 2002, § 71, Rn. 5; Nix-Matzke, § 71, Rn. 4; Ostendorf, 2000 (a), § 71, Rn. 6; Böhm, 1996, S. 130.

518 Vgl. Böhm, 1996, S. 130.

noch längere Dauer gereichen.[519] Welche erzieherische Bedeutung sie jedoch erlangen können, wenn sie in einer sinnvollen Weise ausgenutzt werden, wird überdeutlich, wenn man sich noch einmal die Erkenntnisse aus dem erfahrungswissenschaftlichen Abschnitt dieser Arbeit vergegenwärtigt. Dabei kann es hier nur um den grundsätzlichen Sinn solcher vorläufigen Maßnahmen gehen. Welche Eingriffe im Einzelfall pädagogisch sinnvoll wirken, ist individuell unterschiedlich und kann im Rahmen dieser Darstellung nicht abstrakt geklärt werden. Im Grundsatz ist bei § 71 JGG zwischen zwei möglichen Fallkonstellationen zu unterscheiden: der späteren Verurteilung sowie des späteren Freispruchs, da im Zeitpunkt seiner Anwendung die vorgeworfene strafbare Handlung ja noch gar nicht bewiesen ist. Richtigerweise geht es hier also nicht um eine Reaktion auf eine Tat, sondern um eine Reaktion auf einen erzieherischen Notstand. Unabhängig von der Fragestellung der vorliegenden Arbeit muss eine solche Reaktion in jedem Fall schnell erfolgen. Die Möglichkeit hierfür eröffnet § 71 JGG. Darüber hinaus bietet er aber auch im Falle eines tatsächlich vorliegenden strafbaren Verhaltens, das dann auch eine Verurteilung nach sich ziehen wird, die Möglichkeit, den Zeitraum zwischen Tat und endgültiger Sanktionierung pädagogisch zu nutzen, so dass für den Jugendlichen auch der wichtige Zusammenhang zwischen seinem Tun und der endgültigen Bestrafung kognitiv herstellbar ist. Ferner kann durch den Einsatz frühzeitiger Maßnahmen versucht werden, anderweitige Verstärkungen des unerwünschten Verhaltens oder das Wirksamwerden von Neutralisierungstechniken zu verhindern. Möglicherweise können auch Anordnungen getroffen werden, die bei der für die endgültige Sanktionsauswahl wichtigen Persönlichkeitserforschung helfen, etwa auch in dem Sinn, herauszufinden, welches Alternativverhalten für den jeweiligen Jugendlichen anzustreben ist und wie er dazu motiviert werden kann. Generell können über § 71 JGG andere für die Entwicklung des Jugendlichen förderliche Stellen zu einem frühen Zeitpunkt in den Erziehungsprozess eingebracht werden (vgl. auch § 71 I JGG a. E.). Zuletzt ist noch auf die überwiegende Meinung in Pädagogik und Psychologie hinzuweisen, dass Belohnungen eine stärkere erzieherische Wirkung haben als Bestrafungen. Es macht also Sinn, im Falle einer endgültigen Sanktionierung deutlich darauf hinzuweisen, welchen positiven Einfluss das bisherige, die Anordnungen befolgende Verhalten auf die Strafe hat.

Mit § 71 JGG liegt also eine Vorschrift vor, die es ermöglicht, den eventuell zu langen Zeitraum zwischen Tat und Bestrafung des Jugendlichen in einer pädagogisch sinnvollen Weise auszufüllen und dabei die mit erheblichen Belastungen verbundene Untersuchungshaft zu vermeiden. Von dieser Möglichkeit sollte

---

[519] Vgl. Ostendorf, 1998, S. 482.

bewusst und individuell ausgerichtet Gebrauch gemacht werden.[520] Gerade § 71 JGG macht deutlich, dass pädagogische Verbesserungen des Jugendstrafverfahrens nicht allein auf der Grundlage des Beschleunigungsgrundsatzes mit seinen bereits wiederholt aufgezeigten Schwächen in erzieherischer und rechtsstaatlicher Hinsicht möglich sind, sondern dass auch auf anderem Wege den Nachteilen von längeren Strafverfahren entgegengewirkt werden kann.

5. §§ 45, 47 JGG: Diversion

Die Kriminologie hat durch ihre Forschungen, vor allem die moderne Dunkelfeldforschung, bedeutende Erkenntnisse auf dem Gebiet der Jugendkriminalität zu Tage gefördert. So spricht man heute von der Normalität oder auch Ubiquität der Kriminalität von Jugendlichen sowie von ihrer Episodenhaftigkeit.[521] Damit soll ausgedrückt werden, dass im Rahmen seiner Reifung praktisch jeder Jugendliche Straftaten begeht, die allerdings in der Regel im Bagatellbereich bleiben, dass sich bei der großen Mehrheit dieser Jugendlichen die Delinquenz aber nach einer gewissen Zeit spontan wieder zurückbildet. Daneben darf jedoch nicht übersehen werden, dass es auch eine kleine Gruppe unter den delinquenten Jugendlichen gibt, deren Delikte häufig und schwer sind und bei denen Kriminalität nicht als normal bezeichnet oder als episodenhaft und von selbst vorübergehend bagatellisiert werden kann.

Erkennt man aber einen Bereich von normaler und vorübergehender Jugenddelinquenz als existierend an, so stellt sich die Frage, wie darauf zu reagieren ist. Eine erste Antwort scheint einfach: gar nicht oder zumindest in einer möglichst informellen pädagogischen Art und Weise. Nach den oben beschriebenen Erkenntnissen wird die Delinquenz eben gerade von selbst wieder zurückgehen, während das Ingangsetzen einer strafrechtlichen Verfolgung und der Einsatz staatlicher Institutionen möglicherweise mehr Schaden bringen als Nutzen, da der Jugendliche ohne Not kriminalisiert und stigmatisiert wird. Es ist demzufolge kein Zufall, dass gerade der „labeling-approach“, der besonders diese Gefahren vor Augen hat (s. S. 61 ff.), einen wichtigen theoretischen Hintergrund für die US-amerikanischen Diversionsbestrebungen der sechziger und siebziger Jah-

[520] Schaffstein/Beulke, S. 269 f., sehen in der Praxis dahingehend verstärkte Bestrebungen, während Böhm, 1996, S. 130, hinsichtlich der Anwendungshäufigkeit eher skeptisch ist. Als Beispiel einer praktischen Anwendung in Berlin: Bindel-Kögel/Heßler.

[521] Vgl. Albrecht, Peter-Alexis, S. 18; Bock, 2000, S. 371 ff.; Böhm, 1996, S. 22 ff.; Göppinger, S. 510 f.; Kaiser, 1996, S. 572 f.; Schaffstein/Beulke, S. 239; Schneider, Hans-Joachim, S. 606 f.

re liefert.[522] Von einer bundesdeutschen Diversionsbewegung kann man seit dem Ende der siebziger Jahre sprechen.[523] Der Begriff der „Diversion" (lateinisch divertere: sich abwenden, abbiegen)[524] macht das Ziel bereits deutlich. Es geht also um eine Ablenkung von der formellen Strafkontrolle.[525] In Anerkennung der Normalität und Episodenhaftigkeit der Jugendkriminalität sollen unnötige und schädliche Stigmatisierungen durch die formelle Strafkontrolle vermieden werden.[526] Umgesetzt wird dies im Jugendstrafrecht insbesondere durch die §§ 45 und 47 JGG, die ein Absehen von der Verfolgung durch die Staatsanwaltschaft sowie die Einstellung des Verfahrens durch den Richter ermöglichen. Diese Normen beruhen auf dem Opportunitätsprinzip, das in diesen Fällen das Legalitätsprinzip – also den Verfolgungszwang – zwar nicht aufhebt, aber doch weitgehend einschränkt.[527]

Die Ziele einer solchen „Ablenkung", d. h. der Diversion, sind demnach folgendermaßen zu beschreiben: Schon 1922 wurde in der Begründung zum Entwurf eines Jugendgerichtsgesetzes gefordert, dass „der Jugendliche durch das gerichtliche Verfahren keinen Schaden erleidet."[528] Mit Hilfe der heutigen Diversionsmöglichkeiten, bzw. der Vorläufervorschriften, sollen also die bereits mehrfach beschriebenen Nachteile eines formellen Strafverfahrens, insbesondere die Belastungen und Stigmatisierungen, vermieden werden, um dem Ziel einer Legalbewährung des Jugendlichen zu dienen. Die eigentliche Rechtfertigung der Diversion liegt also weniger im moralisch-ethischen Bereich von Humanität, Vergebung oder Gnade[529] als in der vom Erziehungsgedanken getragenen positiv spezialpräventiven Aufgabe des Jugendstrafrechts, also der Rückfallverhütung.[530] So drückt sich in den für Jugendliche entscheidenden §§ 45 und 47 JGG auch

---

522 Dirnaichner, S. 19 ff.; Ludwig, S. 38 ff.

523 Dirnaichner, S. 7 ff.; Heinz/Storz, S. 9.

524 Ausführlich zu den Wortwurzeln: Dirnaichner, S. 17 f.; Heinz/Storz, S. 6 ff.

525 Ostendorf, 2000 (a), Grdl. z. §§ 45 u. 47, Rn. 1.

526 Zugleich wird aber auch auf die Gefahr eines „net-widening-Effekts" durch den Gebrauch der Diversion hingewiesen, auf die Gefahr also, dass es hierdurch gar zu einer Ausweitung der staatlichen Sozialkontrolle kommt, da nun auf jede Bagatelle erzieherisch reagiert werde. Vgl. etwa Albrecht, Peter-Alexis, S. 28 f., 32 f.; Voß, S. 8 ff. Siehe dazu auch: Nix-Rzepka, Vor §§ 45,47, Rn. 8. Ein empirischer Nachweis für diese These konnte jedoch bisher nicht erbracht werden, Brunner/Dölling, § 45, Rn. 7; Ostendorf, 2000 (a), Grdl. z. §§ 45 u. 47, Rn. 5; Heinz/Storz, S. 93 f.; Schaffstein/Beulke, S. 242.

527 Diemer/Schoreit/Sonnen-Diemer, § 45, Rn. 2; Eisenberg, 2002, § 45, Rn. 9; Ostendorf, 2000 (a), Grdl. z. §§ 45 u. 47, Rn. 4; Schaffstein/Beulke, S. 236 f.

528 Verhandlungen des Reichstags. 1. Wahlperiode 1920. Band 375. Nr. 5171, S. 9.

529 Wobei auch dies sicherlich eine gewisse Rolle spielt, vgl. Nix-Rzepka, Vor §§ 45,47, Rn. 2; Ostendorf, 2000 (a), Grdl. z. §§ 45 u. 47, Rn. 4.

530 Heinz, 1998/99, Teil 2, S. 11 ff.

das Subsidiaritätsprinzip aus,[531] und zwar in dreifacher Weise: Erstens hat eine außerbehördliche, private Regelung erzieherischer Belange Vorrang, zweitens hat ein Absehen von der Verfolgung durch den Staatsanwalt Vorrang vor einer Einstellung durch den Richter, und drittens kommt auch nach Eröffnung des Hauptverfahrens eine Ahndung durch Urteil nur dort in Betracht, wo Maßnahmen im formlosen jugendrichterlichen Erziehungsverfahren nicht ausreichen.[532] Auch dieser Gedanke von der „Subsidiarität von Strafe und Strafverfahren“[533] findet sich bereits in der zitierten Begründung zum Entwurf eines Jugendgerichtsgesetzes von 1922. Darin heißt es, dass der Staat Vorsorge dafür treffen muss, dass geprüft wird, „ob erzieherische Eingriffe geboten sind“, und ferner, dass es sich nicht rechtfertigen lässt, „von dem für die Entwicklung des Jugendlichen erfahrungsgemäß besonders gefährlichen Mittel der Strafe Gebrauch zu machen,“ wenn der mit der Strafe erstrebte Erfolg auch auf andere Weise erreicht werden kann.[534] In ganz ähnlicher Weise wird auch auf internationaler Ebene argumentiert. Sowohl die Mindestgrundsätze der Vereinten Nationen für die Jugendgerichtsbarkeit von 1985[535] als auch die Richtlinien der Vereinten Nationen für die Prävention von Jugendkriminalität von 1990[536] sprechen sich dafür aus, von einem förmlichen Strafverfahren nach Möglichkeit abzusehen. Da auch der Beschleunigungsgrundsatz im Allgemeinen auf den Erziehungsgedanken zurückgeführt wird, ist es nicht verwunderlich, dass auch in diese Richtung argumentiert wird. Dabei wird auf die Möglichkeit zur Verfahrensbeschleunigung durch die Diversion hingewiesen,[537] worauf noch zurückzukommen sein wird. Nicht ganz ohne Bedeutung dürfte auch sein, dass in der Diversion Chancen zur Justizentlastung und Kostenersparnis gesehen werden.[538]

Bevor jedoch untersucht wird, inwieweit diese Ziele durch die Diversion erreicht werden, soll zunächst die Systematik der §§ 45, 47 JGG kurz dargestellt

531 Brunner/Dölling, § 45, Rn. 4; Eisenberg, 2002, § 45, Rn. 9; Ostendorf, 2000 (a), Grdl. z. §§ 45 u. 47, Rn. 4; Heinz/Hügel, S. 7 ff.; Heinz/Storz, S. 25; Herz, S. 114; Schaffstein/Beulke, S. 236.

532 Heinz/Hügel, S. 12.

533 Peters, Karl, 1985, S. 600.

534 Verhandlungen des Reichstags. 1. Wahlperiode 1920. Band 375. Nr. 5171, S. 8.

535 Abgedruckt in ZStW, 1987 (99. Band), S. 253 ff., 266 ff.

536 Abgedruckt in ZStW, 1992 (104. Band), S. 169 ff. – Kommentiert von Schüler-Springorum, Horst, S. 179, 188.

537 Eisenberg, 2002, § 45, Rn. 17 a; Heinz, 1998/99, Teil 2, S. 12; Messmer, S. 438 ff.

538 Heinz, 1984, S. 292. Diese Ziele waren wohl vor allem bei der Einführung der Einstellungsvorschriften im allgemeinen Strafverfahren leitend, Heinz, 1998/99, Teil 2, S. 11.

werden.[539] Dabei ist zu unterscheiden zwischen den rechtlichen Möglichkeiten des Staatsanwalts zur Einstellung bereits im Vorverfahren nach § 45 JGG sowie der richterlichen Einstellung nach bereits erhobener Anklage gemäß § 47 JGG. Weiterhin ist zwischen der staatsanwaltschaftlichen Einstellung ohne Intervention nach § 45 I bzw. II JGG und dem formlosen jugendrichterlichen Erziehungsverfahren nach Abs. 3 zu differenzieren. Eine auch häufig diskutierte Diversionsform durch die Polizei selbst – die so genannte „Polizeidiversion" –, bei der die Polizei durch die Anregung erzieherischer Maßnahmen selbständig die Voraussetzungen für § 45 II JGG schaffen können soll, ist jedoch abzulehnen, da sich ein solches Vorgehen nicht mit dem rechtsstaatlichen Gewaltenteilungsprinzip (Art. 20 II GG) und der Unschuldsvermutung (Art. 6 II MRK) verträgt.[540] Genauso darf auch die Jugendgerichtshilfe nicht selbständig sanktionierend eingreifen.[541]

Zunächst kann der Staatsanwalt gemäß § 45 I JGG ohne richterliche Zustimmung von der Verfolgung absehen, wenn die Voraussetzungen des § 153 StPO, also ein Vergehen, geringe Schuld des Täters sowie kein öffentliches Interesse an der Verfolgung, vorliegen. Dabei ist im jugendstrafrechtlichen Zusammenhang das mangelnde öffentliche Verfolgungsinteresse im Sinne der positiven Spezialprävention zu interpretieren, so also, dass keine erzieherischen Maßnahmen zur Rückfallvermeidung erforderlich erscheinen.[542]

---

539 Zur Anwendbarkeit der übrigen Einstellungsmöglichkeiten auf Jugendliche nach §§ 170 II, 153 ff. StPO, 31, 37, 38 BtMG siehe: Diemer/Schoreit/Sonnen-Diemer, § 45, Rn. 9; Eisenberg, 2002, § 45, Rn. 10 ff.; Ostendorf, 2000 (a), § 45, Rn. 4 ff.
Wegen einer möglichen Schlechterstellung gegenüber Erwachsenen ist die Tatsache nicht ganz unproblematisch, dass eine Entscheidung nach § 45 JGG in das Erziehungsregister eingetragen wird (§ 60 I Nr. 7 BZRG). Begründet wird dies damit, dass der Beschuldigte in einem späteren Verfahren durch diese Information mit einer hilfreichen Maßnahme bedacht werden kann, Eisenberg, 2002, § 45, Rn. 10. Siehe auch: Ostendorf, 2000 (a), § 45, Rn. 22. Ablehnend bezüglich der Eintragung etwa: Albrecht, Peter-Alexis, S. 126.

540 So auch: Ostendorf, 2000 (a), § 45, Rn. 16; Böhm, 1996, S. 105; Ostendorf, 2000 (b), S. 146 f.; Scholz, S. 245 f. Siehe auch: Eisenberg, 2002, § 45, Rn. 20 e; und ausführlich: Dirnaichner, S. 221 ff. Siehe aber auch die Diversions-RL Schleswig-Holstein, S. 261 – mit einer kritischen Stellungnahme von Engel, Erika in DVJJ-Journal 3/1998 (Nr. 161), S. 257 ff. Siehe ferner auch das neue Modell einer Diversionsberatung und -vermittlung in Berlin, Diversions-RL Berlin, abgedruckt in DVJJ-Journal 2/1999 (Nr. 164), S. 201 ff., 203 – mit der positiven Stellungnahme von Haustein, Renate/Nithammer, Doris, Das Berliner Büro für Diversionsberatung und -vermittlung, DVJJ-Journal 4/1999 (Nr. 166), S. 427 ff., und der ablehnenden von Herrlinger, Wolfgang, Polizeidiversion in Berlin – Ohne Rücksicht auf Verluste!, DVJJ-Journal 2/1999 (Nr. 164), S. 148 f.

541 Brunner/Dölling, § 45, Rn. 13. Ausführlich dazu: Dirnaichner, S. 271 ff.

542 Nix-Rzepka, § 45, Rn. 13; Albrecht, Peter-Alexis, S. 123; Böhm, 1996, S. 100; Heinz, 1998/99, Teil 3, S. 134.

Im Detail etwas komplizierter ist die Vorschrift des § 45 II JGG, nach der der Staatsanwalt von der Verfolgung absieht, wenn eine erzieherische Maßnahme bereits durchgeführt oder eingeleitet ist und er weder eine richterliche Beteiligung nach Abs. 3 noch eine Anklageerhebung für erforderlich hält. Hier ist erneut auf das beschriebene Stufenverhältnis hinzuweisen. Zum einen kommt § 45 II JGG nur in Betracht, wenn Abs. 1 ausscheidet,[543] und zum anderen gehen erzieherische Regelungen im privaten Lebenskreis des Jugendlichen dem Eingriff justizieller Organe vor.[544] Unter den Begriff der erzieherischen Maßnahmen fallen nämlich nicht nur familien- oder vormundschaftsrichterliche Erziehungsmaßnahmen, sondern z. B. auch Schulstrafen oder Maßnahmen des Elternhauses.[545] Ferner können auch pädagogische Gespräche von Polizei[546] oder Jugendgerichtshilfe[547] sowie der ausdrücklich im Gesetz aufgeführte Täter-Opfer-Ausgleich[548] als erzieherische Maßnahmen i. S. d. § 45 II JGG eingestuft werden. Auch die Vernehmung durch den Staatsanwalt selbst kann als solche Maßnahme fungieren,[549] höchst umstritten ist jedoch, ob dem Staatsanwalt eine „Anregungskompetenz" für alle Reaktionsmöglichkeiten des § 45 III JGG zusteht.[550] Dieses Problem braucht hier jedoch nicht abschließend beurteilt zu werden. Die Einstellungsverfügung nach § 45 II JGG erwächst nicht in Rechtskraft, so dass der Staatsanwalt jederzeit Anklage erheben kann, wenn der Jugendliche sich der übernommenen Verpflichtung verweigert oder sich im Folgenden doch noch die Notwendigkeit einer schwerwiegenderen Sanktion herausstellt.[551]

Auf der sozusagen „nächsthöheren" Stufe steht das formlose richterliche Erziehungsverfahren nach § 45 III JGG, das zur Anwendung kommt, wenn der Staatsanwalt die Einschaltung des Jugendrichters für geboten hält, nicht aber eine Anklageerhebung, und der Jugendliche geständig ist.[552] In diesem Fall regt

---

543 Heinz, 1998/99, Teil 3, S. 135.

544 Eisenberg, 2002, § 45, Rn. 20.

545 Schaffstein/Beulke, S. 247.

546 Vgl. Schröer, Norbert am Beispiel Hamm, S. 311 ff. Zur Polizeidiversion aber: S. 169.

547 Vgl. Brunner/Dölling, § 45, Rn. 18; Beckmann, S. 356 f.

548 Siehe dazu: Schaffstein/Beulke, S. 248.

549 Schaffstein/Beulke, S. 231.

550 Dafür: Amtliche Begründung des 1. JGGÄndG, BT-Drucksache 11/5829, S. 24; Brunner/Dölling, § 45, Rn. 21, 26; Schneider/Schneider, S. 250. Einschränkend auf nicht allzu gravierende Maßnahmen: Schaffstein/Beulke, S. 249 f. Dagegen: Diemer/Schoreit/Sonnen-Diemer, § 45, Rn. 14; Eisenberg, 2002, § 45, Rn. 21; Ostendorf, 2000 (a), § 45, Rn. 13; Böhm, 1992, S. 790 f. Siehe auch: RL Nr. 3 zu § 45 JGG.

551 Schaffstein/Beulke, S. 250.

552 Zum Problem des „Geständniszwangs" angesichts einer verlockenden Verfahrenseinstellung: Eisenberg, 2002, § 45, Rn. 24 ff.; Ostendorf, 2000 (a), § 45, Rn. 14; Albrecht, Peter-Alexis, S. 29; Zieger, S. 100.

der Staatsanwalt die Erteilung einer Ermahnung, von Auflagen oder bestimmten Weisungen durch den Jugendrichter an. In der Regel wird der Richter vor seiner Entscheidung den Jugendlichen in einem formlosen Gespräch anhören. Gegebenenfalls können hier Bezugspersonen oder auch die Jugendgerichtshilfe (bei Erteilung einer Weisung sogar verpflichtend, § 38 III 3 1. Hs. JGG) hinzugezogen werden.[553] Das weitere Vorgehen richtet sich dann nach § 45 III 2-4 JGG.

Nach Erhebung der Anklage kann der Richter zu jedem Zeitpunkt des Verfahrens dieses einstellen, § 47 JGG, wenn er eine förmliche Beendigung durch Urteil nicht für erforderlich oder zweckmäßig hält. Die Voraussetzungen für einen solchen Beschluss entsprechen den Vorschriften aus § 45 JGG. Erforderlich ist immer die Zustimmung des Staatsanwalts, § 47 II JGG. Um sicherzustellen, dass der Beschuldigte die ihm auferlegten Maßnahmen befolgt, bietet das Gesetz durch § 47 I 2-6 JGG die Möglichkeit einer vorläufigen Einstellung. Kommt der Jugendliche den Anordnungen nicht nach, so kann das Verfahren gegen ihn fortgesetzt werden, anderenfalls wird es eingestellt.

Aus dem Gesagten sind die innere Systematik und das Subsidiaritätsverhältnis der §§ 45, 47 JGG deutlich geworden. Auch der Vorrang der Diversion gegenüber einem formellen Strafverfahren, wenn dies nicht erforderlich erscheint, wurde bereits festgestellt. Darüber hinaus genießt die Diversion auch Vorrang gegenüber dem vereinfachten Jugendverfahren nach §§ 76 ff. JGG.[554] Auch nach der RL Nr. 1 zu § 76 JGG stellt die Staatsanwaltschaft einen Antrag auf Entscheidung im vereinfachten Jugendverfahren nur, wenn ein Absehen von der Verfolgung nach § 45 JGG nicht in Betracht kommt.[555] Es stellt sich nun also die Frage, für welche Tat- oder Tätergruppen die §§ 45, 47 JGG Anwendung finden sollen, bzw. in der Praxis finden, und ferner, welche Vor- und Nachteile mit der Diversion verbunden sind. Als Informationsquellen können hier neben der „allgemeinen" Literatur vor allem die Diversionsrichtlinien der einzelnen Bundesländer dienen[556] sowie die zahlreichen wissenschaftlichen Untersuchungen zur Diversion.

---

553 Schaffstein/Beulke, S. 251.

554 Kritisch zu beurteilen ist in diesem Zusammenhang aber der Pensenschlüssel, Eisenberg, 2002, § 45, Rn. 17 c; Ostendorf, 2000 (a), Grdl. z. §§ 45 u. 47, Rn. 9; Heinz, 1998/99, Teil 4, S. 265.

555 Demgegenüber kommt die Bremer Untersuchung, Minden, S. 43 f., 50 ff., zu dem Ergebnis, dass das vereinfachte Verfahren von Bagatelldelikten von Ersttätern dominiert wird, mit der Konsequenz, dass von 100 Verfahren lediglich zwei mit Urteil abgeschlossen, 98 hingegen mit oder ohne Auflage eingestellt wurden.

556 Inhaltliche Zusammenstellung bei Heinz, 1998/99, Teil 3.

Der Versuch einer Konkretisierung des Anwendungsbereichs des § 45 I JGG wird schon in der RL Nr. 2 zu § 45 JGG gemacht:[557] „Eine Anwendung von § 45 Abs. 1 ist insbesondere bei Taten erstmals auffälliger Jugendlicher zu prüfen, wenn es sich um jugendtypisches Fehlverhalten mit geringem Schuldgehalt und geringen Auswirkungen handelt, das über die bereits von der Entdeckung der Tat und dem Ermittlungsverfahren ausgehenden Wirkungen hinaus keine erzieherischen Maßnahmen erfordert." Der „typische" Anwendungsfall erfüllt also vor allem drei Kriterien: Ersttäter, geringe Tatschwere, keine Notwendigkeit erzieherischer Maßnahmen. Sind diese drei Kriterien gegeben, wird das Verfahren in der Regel einzustellen sein.[558] Der mögliche Anwendungsbereich ist jedoch sinnvollerweise breiter anzusetzen. So kommt § 45 I JGG auch bei Wiederholungstätern in Betracht, wenn die Straftaten keinerlei Zusammenhang aufweisen oder ein erheblicher zeitlicher Abstand zwischen ihnen liegt.[559] Grundsätzlich sollten aber auch alle Vergehen im Sinne des § 12 II StGB dem § 45 I JGG zugänglich sein. Tatbezogene Einschränkungen[560] dürfen zumindest nicht abschließend sein.[561] Ohnehin ist zu kritisieren, dass oft einseitig auf tatorientierte Gesichtspunkte abgestellt wird.[562] Auf die Erziehungsbedürftigkeit des Jugendlichen wird mit dem dritten Kriterium Rücksicht genommen. Gleichzeitig wird hier auch auf die Kritik[563] an § 45 I JGG wegen des vollständigen Verzichts auf jugendstrafrechtliche Rechtsfolgen eingegangen.[564] Es wurde nämlich festgestellt, dass schon das Entdecktwerden sowie die Maßnahmen des Jugendamts und die Vernehmung durch die Polizei als schwere Konsequenzen und Sanktionen empfunden werden, insbesondere dann, wenn dadurch auch weitere Reaktionen von Seiten der Eltern, Lehrer, Ausbilder und anderen Bezugspersonen ausgelöst werden.[565] Eigentlich müsste man bei § 45 I JGG anstatt von einer fol-

---

557 Ganz allgemein ermöglicht die RL Nr. 1 zu § 45 JGG die Prüfung einer Verfahrenseinstellung bei kleineren bis mittelschweren Verfehlungen.

558 Vgl. Ostendorf, 2000 (a), § 45, Rn. 10.

559 Amtliche Begründung des 1. JGGÄndG, BT-Drucksache 11/5829, S. 23 f.; Diversions-RL Schleswig-Holstein, abgedruckt in DVJJ-Journal 3/1998 (Nr. 161), S. 260 ff., 261.

560 Siehe etwa: Amtliche Begründung des 1. JGGÄndG, BT-Drucksache 11/5829, S. 23.

561 Vgl. Vorschläge der DVJJ-Kommission für ein neues JGG, Unterkommission II: Ermittlungsverfahren/Diversion, abgedruckt in DVJJ-Journal 1-2/1992 (Nr. 138), S. 17 ff., 18 f.

562 So auch: Herbort, S. 219; Schaffstein/Beulke, S. 245. Siehe auch: Bock, 1997, S. 17; Heinz/Hügel, S. 43.

563 Siehe etwa: Dallinger/Lackner, § 45, Rn. 19.

564 Siehe auch: S. 97 ff. zu den ökonomischen Kriminalitätstheorien.

565 Eisenberg, 2002, § 45, Rn. 18; Ostendorf, 2000 (a), Grdl. z. §§ 45 u. 47, Rn. 4; Bock, 1997, S. 8 f.; Karstedt-Henke, S. 110; Ostendorf, 2000 (b), S. 102; Trenczek, Nr. 134, S. 8. Siehe auch Berliner Diversions-RL, abgedruckt in DVJJ-Journal 2/1999 (Nr. 164), S. 201 ff., 202, die zum Ergebnis kommen, dass erzieherische Maßnahmen insbesondere dann entbehrlich sind, wenn der Beschuldigte Unrechtseinsicht gezeigt und glaubhaft zum

genlosen Einstellung also von einer Einstellung ohne weitere Folgen sprechen. Demzufolge kann der Übergang von § 45 I JGG zu § 45 II JGG fließend sein. Bei Abs. 2 ist jedoch auch an schwerwiegendere erzieherische Maßnahmen zu denken.[566] Im Sinne des dargestellten Stufenverhältnisses der Einstellungsmöglichkeiten ist hier vor allem an Wiederholungstäter leichterer Delikte sowie an Fälle mittelschwerer Kriminalität zu denken.[567] Ein Geständnis des Jugendlichen ist nach allgemeiner Ansicht nicht erforderlich.[568] Kommt § 45 II JGG nicht in Betracht, so ist bei (Wiederholungs-) Fällen mittelschwerer Kriminalität[569] an Abs. 3 zu denken, insbesondere wenn die Anordnung einer Maßnahme durch die höhere richterliche Autorität größeres Gewicht erhalten soll.[570] Davon zu unterscheiden ist die Einstellungsmöglichkeit durch den Richter nach § 47 JGG, da sie erst nach Anklageerhebung eingreift. Im Einzelnen gelten dann jedoch dieselben Bedingungen wie bei den verschiedenen Varianten des § 45 JGG.

Ein kurzer Blick soll nun noch auf die praktische Entwicklung der Diversion im Jugendstrafrecht geworfen werden, bevor die Vorschriften im Rahmen der dieser Arbeit zugrunde liegenden Fragestellung zu bewerten sind. Die Zahlen machen hier deutlich, welch herausgehobene Stellung die Diversion in der deutschen Jugendstrafrechtspraxis eingenommen hat. Eine formelle Aburteilung ist mittlerweile zur Ausnahme geworden. Wurden 1981 noch 56 % der Jugendlichen in einem formellen Verfahren abgeurteilt, lag die Rate 1997 nur noch bei 32 %. Während aber auch die Zahl der Diversionsfälle mit richterlicher Beteiligung (§§ 45 III, 47 JGG) leicht abnahm, wurden 1996 fast 50 % aller Verfahren nach § 45 I oder II JGG eingestellt (1981: ca. 12 %).[571] Betrachtet man die Zahlen genauer, so fällt auch auf, dass die Diversion in den einzelnen Bundesländern höchst unterschiedlich gehandhabt wird. So bewegten sich die Diversionsraten der einzelnen Bundesländer 1996 zwischen 59,5 % (Saarland) und 93,7 % (Hamburg)[572]. Und selbst innerhalb der Bundesländer – also auf Landgerichtsbezirksebene – konnte wohl bisher noch keine einheitliche Diversionspraxis

---

Ausdruck gebracht hat, dass er sein Verhalten bedauert, sowie wenn die Tat lange zurückliegt und sich der Jugendliche seither ohne Begehung weiterer Straftaten gut geführt hat.

566 Vgl. Heinz, 1998/99, Teil 3, S. 135 f.

567 Vgl. Diversions-RL Berlin, abgedruckt in DVJJ-Journal 2/1999 (Nr. 164), S. 201 ff, S. 202.

568 Eisenberg, 2002, § 45, Rn. 19 a.

569 Darüber hinausgehend: Heinz, 1998/99, Teil 3, S. 136.

570 Diversions-RL Berlin, abgedruckt in DVJJ-Journal 2/1999 (Nr. 164), S. 201 ff., 203.

571 Zahlen nach Heinz, 1998/99, Teil 1, S. 249 f.

572 Ein Grund für die hohen Diversionsraten der Stadtstaaten liegt wohl in einer erhöhten Anzeigebereitschaft der dortigen Bevölkerung, Karstedt-Henke, S. 108, sowie an einer naturgemäß höheren Rate von Kaufhausdiebstählen und Schwarzfahren.

hergestellt werden.[573] Dass dies im Hinblick auf den Grundsatz der Gleichheit vor dem Gesetz nicht ganz unbedenklich ist, liegt auf der Hand.[574] Vor allem um eine gleichmäßigere Handhabung der Diversion zu gewährleisten, wurden mittlerweile in allen Bundesländern mit Ausnahme von Bayern „Diversionsrichtlinien“ erlassen, ohne dass allerdings der Staatsanwalt in seinem Beurteilungs- und Ermessensspielraum behindert werden soll.[575]

Für die Bewertung der Diversion als Mittel des Jugendstrafrechts stellt sich nun die Frage, ob sie in der Lage ist, die zu Anfang definierten Ziele, also eine geringere Rückfallhäufigkeit und eine schnellere Verfahrensdurchführung, in der Praxis zu erreichen. Die Ergebnisse der zahlreichen empirischen Untersuchungen,[576] nämlich dass die Rückfallquote von informell Sanktionierten wenn nicht gar besser so doch zumindest nicht schlechter ausfiel als die von formell sanktionierten Jugendlichen,[577] sollten zwar mit einer gewissen Vorsicht genossen werden, da solche Studien nie aufzeigen können, dass der Grund der verbesserten Rückfallquote tatsächlich in der informellen Sanktion liegt,[578] ergeben in dieser Hinsicht aber doch einen insgesamt positiven Eindruck. Bezogen auf die Verfahrensdauer sind mehrere Aspekte zu berücksichtigen. Zunächst bringt die Diversion die Möglichkeit, das gesamte Verfahren möglichst schnell einem Ende zuzuführen; sie führt also zu einer erheblichen Abkürzung der Verfahrensdauer und dem Wegfall der mit dem Verfahren verbundenen Belastungen.[579] Zweitens konnte festgestellt werden, dass auch bei gleichen Maßnahmen die festgesetzten Auflagen und Weisungen im informellen Verfahren schneller erledigt wurden als im formellen.[580] Außerdem ist in diesem Zusammenhang noch einmal auf § 45 I und II JGG hinzuweisen. Die Reaktionen, die gerade dazu führen, dass der Staatsanwalt von einer weiteren Verfolgung und Sanktionierung absieht, also die Entdeckung der Tat, die Vernehmung durch die Polizei und die

---

573 Albrecht, Peter-Alexis, S. 134; Heinz, 1998/99, Teil 1, S. 252 f.

574 Vgl. Amtliche Begründung des 1. JGGÄndG, BT-Drucksache 11/5829, S. 23.

575 Vgl. etwa Diversions-RL Baden-Württemberg, abgedruckt in: Die Justiz, 1998, S. 20 ff., 21; Diversions-RL Sachsen, abgedruckt in DVJJ-Journal 4/1999 (Nr. 166), S. 432 ff., 432; Diversions-RL Schleswig-Holstein, abgedruckt in DVJJ-Journal 3/1998 (Nr. 161), S. 260 ff., 262.

576 Einen Überblick über die wichtigsten Untersuchungen bieten Heinz/Storz, S. 52 ff.

577 Eisenberg, 2002, § 45, Rn. 17 f ff.; Bock, 1997, S. 8; Heinz/Hügel, S. 61; Kalpers-Schwaderlapp, S. 122 ff.; Matheis, S. 147 ff.; Ostendorf, 2000 (b), S. 98. Siehe auch die Antwort der Bundesregierung auf die große Anfrage der SPD-Bundestagsfraktion, BT-Drucksache 13/8284, S. 48.

578 Vgl. Göppinger, S. 634.

579 Eisenberg, 2002, § 45, Rn. 17 a; Heinz, 1998/99, Teil 2, S. 18; Hering/Sessar, S. 99 ff.; Messmer, S. 439; Ostendorf, 1998, S. 486; Schaffstein/Beulke, S. 241.

580 Heinz/Hügel, S. 59 f.

Einleitung des Ermittlungsverfahrens sowie die privaten Konsequenzen seitens der Eltern, Lehrer oder Ausbilder, sind ja gerade in einem solchen Maße tatnah, wie es eben auch von der endgültigen richterlichen Sanktionierung gefordert wird. Kein wie auch immer geartetes Strafverfahren kann diese Tatnähe erreichen. Wenn also dem Kriterium der zeitnahen Reaktion ein so hohes Gewicht beigemessen wird, ist es auch im Sinne des Beschleunigungsgrundsatzes, diese schnellen Reaktionen angemessen zu berücksichtigen, wie dies mit einer Einstellung nach § 45 II JGG möglich ist.[581]

Demzufolge ist die Diversion im Jugendstrafrecht grundsätzlich zu befürworten. Wie bereits beim Versuch, den Anwendungsbereich der verschiedenen Einstellungsmöglichkeiten herauszuarbeiten, deutlich wurde, bleibt jedoch die Frage problematisch, für welche Fälle eine Einstellung, ob mit oder ohne Intervention, erzieherisch angezeigt ist. Dieses Problem lässt sich auch nicht gänzlich auflösen. Liegt die Straftat im Bereich der normalen, episodenhaften Jugendkriminalität, ist jeder staatliche Eingriff nicht nur unnötig, sondern sogar schädlich. Stellt sie jedoch den Beginn einer kriminellen Karriere dar, so wäre zunächst eine ausführliche Persönlichkeitserforschung und darauf basierend gegebenenfalls eine einschneidende Intervention nötig, um das Abgleiten des Jugendlichen zu verhindern. Gerade diese Unterscheidung ist jedoch nur sehr schwer zu treffen und, wenn überhaupt, nur auf der Grundlage einer intensiven Erforschung der Persönlichkeit, die ja bei der Mehrzahl der Fälle gerade unerwünscht ist.[582] Im Bewusstsein dieser Schwierigkeit ist nun also zu fragen, wie die Diversion sinnvoll in die Systematik des deutschen Jugendstrafrechts eingegliedert werden kann. Dabei kann es nicht darum gehen – und dies dürfte auch ganz unmöglich sein –, Abgrenzungskriterien zu entwickeln, nach denen jeder Einzelfall eindeutig im Hinblick auf seine Diversionswürdigkeit beurteilt werden kann. Eine individuelle Einzelfallabwägung kann und darf nicht durch allgemein gültige Maßstäbe ersetzt werden.[583] Es soll vorliegend nur versucht werden, einige grundsätzliche grobe Leitlinien zur systematischen Einordnung der Diversion herauszuarbeiten. Zunächst einmal kann bei episodenhafter Bagatellkriminalität eine schnelle Einstellung nach § 45 I JGG, also ohne erzieherische oder strafende Interventionen, in Betracht kommen, aber nur, wenn nicht andere Aspekte

---

[581] Vgl. Trenczek, Nr. 134, S. 9.

[582] So auch: Ostendorf, 2000 (a), § 45, Rn. 10. Siehe zu dieser Problematik auch: Nix-Rzepka, § 45, Rn. 45; Breymann, S. 15.

[583] So auch: Bock, 1997, S. 17; Ostendorf, 1999, S. 643; Diversions-RL Berlin, abgedruckt in DVJJ-Journal 2/1999 (Nr. 164), S. 201 ff., 201; Diversions-RL Sachsen-Anhalt, abgedruckt in DVJJ-Journal 4/1997 (Nr. 158), S. 429 ff., 429; Diversions-RL Brandenburg, abgedruckt in DVJJ-Journal 2/2001 (Nr. 172), S. 183 ff., S. 183.

des Einzelfalls dafür sprechen, dass daraus die Gefahren, die durch die ökonomischen Kriminalitätstheorien beschrieben wurden (s. S. 66 f.), erwachsen könnten. Des Weiteren wird man wohl eher dann eine Einstellung in Betracht ziehen können, wenn der Jugendliche sein Tun glaubhaft eingesteht, als wenn er es bestreitet. Wurden bereits erzieherische Maßnahmen i. S. d. § 45 II JGG durchgeführt, so verdienen diese nach Maßgabe der erfahrungswissenschaftlich abgeleiteten Kriterien eine besonders sorgfältige Berücksichtigung. Liegt der Fall jedoch problematischer, etwa bei schwerwiegenderen Straftaten, keinerlei Konsequenzen in der Umgebung des Jugendlichen, möglicherweise sogar positiver Unterstützung, oder auch wiederholter Tatbegehung, so kann zwar dennoch eine Verfahrenseinstellung in Betracht kommen, dies sollte jedoch im Einzelfall geprüft werden. Vor einer solchen Entscheidung sollten also Informationen über den Jugendlichen durch die Jugendgerichtshilfe, durch die Polizeiprotokolle[584] und durch eigene Gespräche des Staatsanwalts mit dem Beschuldigten und gegebenenfalls seinen Bezugspersonen gesammelt werden, um zu ermitteln, ob und wenn, welche Interventionen erzieherisch angezeigt sind. Nach einer solchen Persönlichkeitserforschung kann also durchaus noch eine Verfahrenseinstellung gemäß § 45 JGG in Betracht kommen; wird dies erst später erkannt, auch durch den Richter nach § 47 JGG. Ein intensiver Gebrauch der Diversionsmöglichkeiten ist also nachdrücklich zu unterstützen, wobei aus rechtsstaatlichen Gründen versucht werden sollte, die Anwendung stärker zu vereinheitlichen.[585]

Dieses Konzept ist auch mit dem bisherigen Verständnis des Beschleunigungsgrundsatzes in dieser Arbeit in Einklang zu bringen. Liegt die Straftat im Bereich der „normalen" Jugendkriminalität, so wird vom schnellsten und am geringsten stigmatisierenden Mittel der Verfahrensbeendigung, der Diversion, Gebrauch gemacht. Jegliche Verzögerung bringt hier nur erzieherische Nachteile. In anderen Fällen sind jedoch zeitliche Verzögerungen und gewisse Belastungen durch eine umfassende Persönlichkeitserforschung gegebenenfalls auch in einem förmlichen Verfahren in Kauf zu nehmen, um für den individuellen Jugendlichen eine erzieherisch sinnvolle Sanktion zu ermitteln.

[584] Eine kooperative Einbindung der Polizei in das Diversionsverfahren in der Weise, dass von ihr Vorschläge für das weitere Vorgehen entgegengenommen werden, ist sinnvoll und widerspricht nicht der Ablehnung einer selbständigen „Polizeidiverson" (s. S. 106), vgl. Brunner/Dölling, § 45, Rn. 12; Ostendorf, 2000 (a), § 45, Rn. 16 a.

[585] So auch: Brunner/Dölling, § 45, Rn. 10.

6. §§ 76-78 JGG: Vereinfachtes Jugendverfahren

Zu den zentralsten Normen des Jugendgerichtsgesetzes zur Verfahrensbeschleunigung sind die §§ 76-78 JGG zu rechnen. Sie regeln eine besondere Verfahrensart für das Jugendstrafrecht, das vereinfachte Jugendverfahren, bei dem nach § 78 III 1 JGG in gewissen Grenzen zur Vereinfachung, Beschleunigung und jugendgemäßen Gestaltung von Verfahrensvorschriften abgewichen werden darf. Nachdem 1940 zunächst das beschleunigte Verfahren aus dem Erwachsenenstrafrecht auch für Jugendliche zugelassen worden war,[586] hat man bereits 1943 das vereinfachte Jugendverfahren als schnelles und jugendgemäßes Verfahren eingeführt.[587] Dessen Inhalt hat sich im Wesentlichen bis heute in den §§ 76-78 JGG erhalten. Diese Verfahrensart soll hier eingehend besprochen werden, da sie mit ihrem Beschleunigungsziel Thema zahlreicher vor allem rechtspolitischer Forderungen ist – so wird zum einen ihre häufigere Anwendung gefordert und zum anderen über eine Stärkung durch Gesetzesänderungen diskutiert (s. S. 164 ff.) –, sie zugleich aber auch bedeutende rechtliche Probleme in Bezug auf ihren Einsatzbereich und ihre praktische Umsetzung aufwirft.

Wie bereits angedeutet, besteht das Ziel des vereinfachten Jugendverfahrens in der Vereinfachung,[588] Beschleunigung und jugendgemäßen Gestaltung des Verfahrens. Dies wird erzieherisch begründet, soll also im Interesse des Beschuldigten ausgelegt werden, obwohl zumindest tatsächlich auch verfahrensökonomische Interessen der Justiz betroffen sind.[589] Doch schon zwischen diesen Zielbestimmungen können Spannungen auftreten, etwa wenn das Verfahren durch bestimmte Maßnahmen jugendgemäßer gestaltet werden soll, diese Maßnahmen gleichzeitig aber verzögernde Wirkung haben. Und dass dies der Fall sein kann, wurde bereits mehrfach herausgestellt. Darüber hinaus kann das in § 78 III 1 JGG erlaubte Abweichen von Verfahrensvorschriften in ein Spannungsverhältnis zu grundlegenden Rechtsstaatsprinzipien treten. Die vorliegend wichtigste Frage dürfte aber wohl diejenige nach dem Einsatzbereich sein; die Frage also, in welchen Fällen vom vereinfachten Jugendverfahren Gebrauch gemacht wird oder werden sollte. Dabei liegt es auf der Hand, dass das vereinfachte Jugendverfahren „irgendwo in der Mitte" liegt zwischen dem „normalen" förmlichen

---

586 Zum beschleunigten Verfahren: S. 125 f.

587 Näher dazu: Kümmerlein, S. 561 f.

588 Den Begriff der „Vereinfachung" versteht Schaffstein, S. 314, als tautologisch verwendet.

589 Eisenberg, 2002, §§ 76-78, Rn. 3; Ostendorf, 2000 (a), Grdl. z. §§ 76-78, Rn. 3. Diemer/Schoreit/Sonnen-Schoreit, § 78, Rn. 2, sieht das vereinfachte Verfahren sogar als eine Art Angebot an den Jugendlichen, bei dem auch seine wahrscheinliche Willensrichtung und sein mögliches Einverständnis in Rechnung zu stellen sind.

Jugendgerichtsverfahren und den Diversionsmöglichkeiten der §§ 45, 47 JGG.[590] Während beim förmlichen Verfahren alle gesetzlich vorgesehenen Verfahrensvorschriften einzuhalten sind, soll bei der Diversion ein aufwendiges Hauptverfahren ganz vermieden oder möglichst schnell eingestellt werden.[591] Mit dem vereinfachten Verfahren gibt es die Möglichkeit eines Mittelweges zwischen diesen Polen. Anstatt einer förmlichen Hauptverhandlung findet eine so genannte mündliche Verhandlung statt, die, um die angesprochenen Ziele zu verwirklichen, in einigen Punkten modifiziert ist. Diese Aspekte sollen, soweit sie für die Fragestellung dieser Arbeit relevant sind, im Folgenden diskutiert werden.

Seinen Ausgangspunkt hat das vereinfachte Jugendverfahren im staatsanwaltlichen Antrag nach § 76 JGG. Die inhaltlichen Anforderungen an den Antrag sind gegenüber den Anforderungen an eine förmliche Anklageschrift (vgl. § 46 JGG, § 200 StPO) deutlich reduziert, was jedoch keine erzieherischen Nachteile mit sich bringt. Der Beschleunigung dient auch die Möglichkeit, den Antrag mündlich, sogar fernmündlich zu stellen, wobei RL Nr. 2 zu § 76 JGG für den Regelfall einen schriftlichen Antrag vorsieht, was sich vor allem aus Gründen der verfahrensrechtlichen Transparenz und der Rechtssicherheit ergibt.[592] Der Antrag kann jedoch nur gestellt werden, wenn eine der in § 76 Satz 1 JGG aufgezählten Sanktionen zu erwarten ist. Als weitere Zulässigkeitsvoraussetzung für die Antragstellung ist die Eignung der Sache zu werten, da anderenfalls der Jugendrichter die Entscheidung im vereinfachten Verfahren gemäß § 77 I 1 JGG abzulehnen hätte. Das vereinfachte Verfahren wird de lege lata insbesondere dann als ungeeignet angesehen, wenn als Sanktion § 12 Nr. 2 JGG oder Jugendstrafe wahrscheinlich ist oder wenn eine umfangreiche Beweisaufnahme erforderlich ist. Darauf wird später noch zurückzukommen sein. Auch der Jugendrichter hat jedoch erneut zu prüfen, ob er die Sache für geeignet hält. Ist das nicht der Fall, lehnt er nach § 77 I 1 JGG die Entscheidung im vereinfachten Verfahren ab,[593] was auch noch während der mündlichen Verhandlung bis zur Urteilsverkündung möglich ist, § 77 I 2 JGG. Dies sollte jedoch nach Ansicht der Literatur nach Möglichkeit vermieden werden. Dies wird sowohl verfahrensökonomisch begründet[594] als auch mit den Belastungen, die ein erneutes Verfahren dem Jugendlichen aufbürdet.[595] Richtigerweise muss eine Ablehnung bei

---

590 Schaffstein/Beulke, S. 275.
591 Zur Diversion: S. 103 ff.
592 Eisenberg, 2002, §§ 76-78, Rn. 11; Ostendorf, 2000 (a), §§ 76-78, Rn. 2.
593 Vgl. dazu: Roestel, S. 1952 f.
594 Dallinger/Lackner, § 77, Rn. 8; Eisenberg, 2002, §§ 76-78, Rn. 15.
595 Ostendorf, 2000 (a), §§ 76-78, Rn. 8.

fehlender Eignung jedoch in jedem Fall geschehen, da das vereinfachte Verfahren in ungeeigneten Fällen, wie noch zu sehen sein wird, in nicht unbedeutendem Maße schädlich sein kann. Eine sorgfältige Beweisaufnahme etwa darf hier nicht unter dem Aspekt des Beschleunigungsgrundsatzes beschnitten werden.

Will jedoch der Jugendrichter dem Antrag stattgeben, so kann er unmittelbar die mündliche Verhandlung terminieren; ein Eröffnungsbeschluss ist nicht erforderlich, so dass das Zwischenverfahren entfällt.[596] Obwohl § 77 JGG ausdrücklich für den Jugendrichter keine Prüfungspflicht bezüglich eines hinreichenden Tatverdachts gegen den Beschuldigten normiert, ist die diesbezügliche Problematik nicht unumstritten.[597] Das liegt daran, dass sich so oder so mit dem Beschleunigungsgrundsatz argumentieren lässt. Auf der einen Seite kostet die Prüfung des hinreichenden Tatverdachts Zeit, auf der anderen Seite wird gegebenenfalls die Beendigung eines unnötigen Verfahrens verzögert. Die überwiegende Ansicht lehnt eine Prüfungspflicht mangels gesetzlicher Vorgabe ab, erlaubt dem Richter jedoch eine solche Überprüfung oder rät ihm sogar dazu, um unnötige Belastungen des Jugendlichen und erzieherisch unerwünschte Freisprüche zu vermeiden.[598] Aus den genannten Gründen sollte diese Empfehlung ernst genommen werden.

Der entscheidende Beschleunigungseffekt soll jedoch dadurch erzielt werden, dass im Sinne des § 78 III 1 JGG auf die Beachtung der Vorschriften über die Ladungsfristen (vgl. § 217 StPO) verzichtet wird. Auf der Grundlage der bekannten Argumentation zugunsten des Beschleunigungsgrundsatzes wird beabsichtigt, dass vor allem auf frischer Tat festgenommene Jugendliche sofort und auf der Stelle abgeurteilt werden.[599] Doch auch hier existieren gewichtige Gegenargumente. So wird die Möglichkeit des Jugendlichen zu einer effektiven Verteidigung beeinträchtigt, was letztendlich auch die Wahrheitserforschung im Sinne des § 78 III 1 JGG gefährdet.[600] Bei auf frischer Tat ergriffenen Jugendlichen gilt dies im Besonderen aufgrund des Überraschungseffekts.[601] Wird der

---

596 BGH St 12, S. 180 ff. (14.11.1958), S. 182; Schaffstein/Beulke, S. 276.

597 So spricht sich auch Ostendorf, 2000 (a), §§ 76-78, Rn. 9, für eine solche – wenn auch gegenüber dem Normalverfahren abgestufte – Prüfungspflicht des Jugendrichters aus, da anderenfalls eine Verfolgung Unschuldiger i. S. d. § 344 StGB gegeben wäre. Gegen eine Prüfung jedoch Diemer/Schoreit/Sonnen-Schoreit, § 77, Rn. 3; Schaffstein, S. 317.

598 Brunner/Dölling, §§ 76-78, Rn. 13; Eisenberg, 2002, §§ 76-78, Rn. 14; Kolbe, S. 801.

599 So die wohl herrschende Ansicht: Brunner/Dölling, §§ 76-78, Rn. 18; Diemer/Schoreit/Sonnen-Schoreit, § 78, Rn. 3; Böhm, 1996, S. 88; Schaffstein/Beulke, S. 276; Schaffstein, S. 317.

600 Nix-Rzepka, § 78, Rn. 11. Im Ergebnis auch: Bohnert, S. 84.

601 Ostendorf, 2000 (a), §§ 76-78, Rn. 14.

Beschuldigte so gleichsam überrumpelt, könnte dies auch die verstärkte Gefahr von Falschgeständnissen bergen.[602] Es ist folglich den Autoren zuzustimmen, die zumindest die Einhaltung einer – § 418 II 3 StPO entnommenen – 24-stündigen Ladungsfrist fordern.[603]

Nicht ganz unproblematisch ist die Frage der Zulässigkeit von Zwangsmitteln im vereinfachten Jugendverfahren. Es besteht Einigkeit darüber, dass Vorführung und Haftbefehl i. S. d. § 230 II StPO als Reaktion auf ein Nichterscheinen des Jugendlichen zur mündlichen Verhandlung de lege lata bisher nicht möglich sind,[604] da eine diesbezügliche gesetzliche Bestimmung fehlt[605] und die mündliche Verhandlung eben keine Hauptverhandlung i. S. d. § 226 StPO darstellt.[606] Kolbe weist eindrucksvoll nach, warum man auch nicht durch die Überlegung einer Gleichstellung des vereinfachten Jugendverfahrens mit dem beschleunigten Verfahren des Erwachsenenstrafrechts nach §§ 417 ff. StPO, bei dem zumindest eine Vorführung nach § 230 II StPO angeordnet werden darf,[607] oder einer analogen Anwendung des § 230 II StPO zu einem anderen Ergebnis kommen kann.[608] Nach herrschender Ansicht ist in einem solchen Fall nun ein förmliches Verfahren durchzuführen, hier notfalls mit den Möglichkeiten des § 230 II StPO.[609] Es stellt sich aber ferner die Frage, ob bei einem Nichterscheinen des Jugendlichen, das in einem Ortswechsel begründet ist, eine Verfahrensabgabe nach § 42 III JGG wegen fehlender örtlicher Zuständigkeit möglich ist. Dem stehen jedoch rechtsdogmatische Gründe entgegen. Zum einen wird damit argumentiert, dass eine Übertragung der örtlichen Zuständigkeit erst zulässig ist, wenn ein Gericht die Untersuchung eröffnet hat,[610] beim vereinfachten Jugend-

---

602 Nix-Rzepka, § 78, Rn. 11.

603 So vor allem: Ostendorf, 2000 (a), §§ 76-78, Rn. 14. Zweifelnd bezüglich der überwiegenden Ansicht auch: Eisenberg, 2002, §§ 76-78, Rn. 27.

604 Zur Situation de lege ferenda: S. 164 ff.

605 Siehe dazu auch in einem etwas anderen Zusammenhang: OLG Celle MDR, 1963 (17), S. 523 f. (22.2.1963).

606 Brunner/Dölling, §§ 76-78, Rn. 17; Diemer/Schoreit/Sonnen-Schoreit, § 78, Rn. 4; Eisenberg, 2002, §§ 76-78, Rn. 21; Nix-Rzepka, § 78, Rn. 3; Ostendorf, 2000 (a), §§ 76-78, Rn. 17.

607 Vgl. Meyer-Goßner, § 418, Rn. 9.

608 Kolbe, S. 800 ff.

609 Brunner/Dölling, §§ 76-78, Rn. 17; Diemer/Schoreit/Sonnen-Schoreit, § 78, Rn. 4; Eisenberg, 2002, §§ 76-78, Rn. 21; Nix-Rzepka, § 78, Rn. 3; Kolbe, S. 802. Anders nur: Ostendorf, 2000 (a), §§ 76-78, Rn. 17, der sich für die Möglichkeit eines Vorführungsbefehls gemäß § 134 StPO ausspricht.

610 Vgl. BGH St 10, S. 391 ff. (11.10.1957).

verfahren ein solcher Eröffnungsbeschluss aber gerade nicht vorkommt.[611] Zum anderen wird darauf abgestellt, dass der Jugendrichter nur darüber zu befinden hat, „ob das vereinfachte Verfahren jetzt, in der konkreten Situation, bei dem Jugendgericht, bei dem die Staatsanwaltschaft den Antrag gestellt hat, durchgeführt werden kann." Dies wäre nicht der Fall, wenn er eine Abgabe für geboten hielte. In einem solchen Falle müsste er also nach § 77 I 1 JGG die Entscheidung im vereinfachten Verfahren ablehnen. Der weitere Verfahrenslauf liegt nun in den Händen der Staatsanwaltschaft und gegebenenfalls des „neuen" Jugendrichters.[612] Die Gegenansicht argumentiert hingegen damit, dass bei einer Abgabe die Verfahrensverzögerung „regelmäßig geringer" sei als bei dem beschriebenen Weg.[613] Die rechtlichen Probleme können so jedoch nicht beseitigt werden, und auch de lege ferenda erscheint die Abgabemöglichkeit nicht zweckmäßig, da die Frage, ob im konkreten Fall eine Abgabe sinnvoll ist, oft nur durch eine umfangreiche Beweisaufnahme geklärt werden kann, was wiederum im Widerspruch zu § 77 I 1 JGG steht.[614] Noch deutlicher wird die Problematik im Falle eines mehrfachen Aufenthaltswechsels des Jugendlichen.

Eine Grenze des Abweichens von Verfahrensvorschriften im vereinfachten Jugendverfahren macht § 78 III 1 JGG darin fest, dass die Erforschung der Wahrheit nicht beeinträchtigt werden darf.[615] Auch eine erzieherisch noch so gebotene Beschleunigung kann darüber nicht hinweggehen. Umstritten ist jedoch, wie dies zu konkretisieren ist. Einigkeit besteht insoweit, dass die Grundsätze der gerichtlichen Aufklärungspflicht (§ 244 II StPO), der notwendigen mündlichen Erörterung des gesamten Prozessstoffes (§ 261 StPO) und der Unmittelbarkeit der Beweisaufnahme (§§ 250 ff. StPO) sowie die grundlegenden Rechte des Angeklagten auf rechtliches Gehör (Art. 103 I GG) und freie Wahl eines Vertei-

---

611 BGH St 12, S. 180 ff. (14.11.1958), S. 184. Mangels endgültiger Bindung der Staatsanwaltschaft wird auch nicht anerkannt, dass diesem Eröffnungsbeschluss irgendein bestimmtes Ereignis im vereinfachten Verfahren gleichgestellt wird, wie dies Schnitzerling, S. 316, tut, wenn er die Abgabe nach Bekanntmachung des staatsanwaltlichen Antrags auf Verhandlung im vereinfachten Jugendverfahren in der ersten mündlichen Verhandlung als zulässig ansieht.

612 BGH St 12, S. 180 ff. (14.11.1958), S. 182 f., der auch noch mit der Rolle des gegebenenfalls nach § 42 III 2 JGG über die Abgabe zu entscheidenden gemeinschaftlichen oberen Gerichts argumentiert. Im Ergebnis genauso: Brunner/Dölling, § 42, Rn. 11; Diemer/Schoreit/Sonnen-Schoreit, § 42, Rn. 19; Eisenberg, 2002, § 42, Rn. 20.

613 Ostendorf, 2000 (a), §§ 76-78, Rn. 17; Nix-Herz, § 42, Rn. 15.

614 BGH St 12, S. 180 ff. (14.11.1958), S. 182 und beispielhaft S. 185.

615 Erst recht dürfen nach dem Sinn des vereinfachten Verfahrens natürlich diejenigen Normen nicht ausgeschlossen werden, die gerade der Beschleunigung oder der jugendgemäßen Gestaltung dienen, wie z. B. §§ 48, 49 JGG, Brunner/Dölling, §§ 76-68, Rn. 19.

digers (§§ 141 ff. StPO) nicht beeinträchtigt werden dürfen.[616] Problematisch ist dagegen im Rahmen des Beweisantragsrechts die Frage der Bindung des Richters an die Ablehnungsgründe des allgemeinen Verfahrensrechts gemäß § 244 III StPO. Zum Teil wird eine solche Bindung verneint, mit dem Ergebnis, dass der Richter in seiner Entscheidung über einen Beweisantrag ungebundener ist, wobei aber auch erkannt wird, dass bei einer leichtfertigen Ablehnung die Gefahr einer Verletzung der gerichtlichen Aufklärungspflicht besteht.[617] Dieser Auffassung kann jedoch keineswegs gefolgt werden. Zunächst kommt eine allgemeine Interessenabwägung zwischen Beschleunigungsprinzip und Wahrheitserforschung nicht in Betracht,[618] da der Gesetzgeber Letzterer in § 78 III 1 JGG eindeutig den Vorrang eingeräumt hat.[619] Ferner ist gerade bei einer Verfahrensart, die sich eine Beschleunigung zum Ziel gesetzt hat, darauf zu achten, dass der garantierte Rechtsschutz des Jugendlichen nicht beeinträchtigt wird.[620] Dies gilt insbesondere für die Verteidigungsrechte des Angeklagten. Da aber in aller Regel im vereinfachten Verfahren kein Verteidiger auftritt – was nicht zuletzt auch daran liegt, dass wegen der großen Beschleunigung keine Möglichkeit zur Bestellung verbleibt[621] – ist ein Festhalten an den Beweisregeln des § 244 III StPO unbedingt erforderlich,[622] um die Erforschung der Wahrheit gemäß § 78 III 1 JGG nicht zu beeinträchtigen. Zur notwendigen Wahrheitserforschung gehört freilich auch eine ausreichende Persönlichkeitserforschung. § 43 JGG ist in § 78 I JGG zwar nicht als unantastbare Norm aufgeführt, doch handelt es sich bei ihr um eine Sondernorm zur jugendgemäßen Gestaltung des Verfahrens, die im vereinfachten Verfahren folglich erst recht zu beachten ist.[623] Trotzdem wird vertreten, dass die Jugendgerichtshilfe – von der oben bereits festgestellt wurde, dass sie eine bedeutende erzieherische Rolle im Verfahren spielt – im Einzelfall, um Verzögerungen vorzubeugen, auch erst nachträglich vom Verfahren verstän-

---

616 Brunner/Dölling, §§ 76-78, Rn. 20; Diemer/Schoreit/Sonnen-Schoreit, § 78, Rn. 11; Eisenberg, 2002, §§ 76-78, Rn. 23; Böhm, 1996, S. 88; Schaffstein/Beulke, S. 276; Kolbe, S. 801.

617 So Brunner/Dölling, §§ 76-78, Rn. 20; Dallinger/Lackner, § 78, Rn. 15; Eisenberg, bis zur 6. Auflage, 1995, §§ 76-78, Rn. 23; Böhm, 1996, S. 88.

618 So aber: Schaffstein, S. 319.

619 So auch: Nix-Rzepka, § 78, Rn. 12.

620 Vgl. Albrecht, Peter-Alexis, S. 384, der ganz grundsätzlich die Vorstellung ablehnt, „Vorschriften der StPO könnten zur Disposition gestellt werden, ohne die Erforschung der Wahrheit zu beeinträchtigen."

621 Siehe Zieger, S. 145.

622 So auch: Eisenberg, 2002, §§ 76-78, Rn. 23; Nix-Rzepka, § 78, Rn. 12; Ostendorf, 2000 (a), §§ 76-78, Rn. 15; Albrecht, Peter-Alexis, S. 382; Zieger, S. 144; und wohl auch Diemer/Schoreit/Sonnen-Schoreit, § 78, Rn. 11.

623 Vgl. Schaffstein, S. 318, nach dem der Persönlichkeitsbericht der Jugendgerichtshilfe niemals dem Wunsch nach schnellerer Terminierung geopfert werden darf, S. 322.

digt werden darf.[624] Dies widerspricht jedoch nicht nur erzieherischen Zweckmäßigkeitsüberlegungen, sondern auch dem eindeutigen Gesetzeswortlaut, der in § 78 III 2 JGG die Beachtung von § 70 JGG auch im vereinfachten Jugendverfahren vorschreibt. § 70 JGG verlangt nämlich ausdrücklich die Benachrichtigung der Jugendgerichtshilfe von Einleitung und Ausgang des Verfahrens.[625] Eine nachträgliche Benachrichtigung kann daher nicht in Betracht kommen und findet auch keine ausreichende Legitimierung im Beschleunigungsgrundsatz.[626]

Nach einer gewichtigen Auffassung soll eine Verfahrensbeschleunigung auch dadurch erreicht werden, dass die Urteilsbegründung[627] im vereinfachten Verfahren kürzer ausfallen kann als im förmlichen Verfahren, wobei zumindest Einigkeit darüber besteht, dass eine Tatschilderung sowie eine Persönlichkeitsbeurteilung enthalten sein müssen.[628] Im vorangegangenen Abschnitt wurde jedoch herausgearbeitet, wie wichtig es für die erzieherische Wirkung einer Bestrafung ist, dass sie dem Delinquenten erklärt wird, und zwar in einer Form, die ihm verständlich macht, warum sein eigenes Verhalten zu dieser Konsequenz führen muss. Bei einer aus zeitlichen Gründen verkürzten Urteilsbegründung dürften gerade solche Hinweise, die in der Regel nicht unmittelbar rechtlicher Natur sind, ausgespart werden. Ganz im Gegenteil gilt es also, einige Mühe auf eine umfassende und jugendgemäße[629] Urteilsbegründung zu verwenden.[630]

Neben der Beschleunigung ist ein weiteres Ziel des vereinfachten Jugendverfahrens gemäß § 78 III 1 JGG die jugendgemäße Gestaltung des Verfahrens. Hierzu finden sich in der Literatur zunächst ganz konkrete Vorschläge, um die Verhandlung aufzulockern und informeller zu gestalten. So braucht der Staatsanwalt nicht anwesend zu sein, ebenso kann auf einen gesonderten Protokollführer (nicht aber auf das Protokoll selbst) verzichtet werden, der Richter soll ohne Robe verhandeln dürfen,[631] die Verhandlung kann im Arbeitszimmer des Richters in aufgelockerter Sitzordnung[632] und in einer gegenüber § 243 StPO freieren

---

624 So Brunner/Dölling, §§ 76-78, Rn. 18; Eisenberg, 2002, §§ 76-78, Rn. 26.

625 Zur Unterstützung ist auch Satz 2 der RL zu § 78 JGG heranzuziehen.

626 So auch: Diemer/Schoreit/Sonnen-Schoreit, § 78, Rn. 12; Nix-Rzepka, § 78, Rn. 15; Ostendorf, 2000 (a), §§ 76-78, Rn. 16.

627 Zur Urteilsbegründung im Einzelnen: S. 138 ff.

628 Brunner/Dölling, §§ 76-78, Rn. 21; Diemer/Schoreit/Sonnen-Schoreit, § 78, Rn. 6; Eisenberg, 2002, §§ 76-78, Rn. 31.

629 Interessante Ideen dazu bringt Heinen, S. 207 f.

630 Gegen eine verkürzte Urteilsbegründung auch: Nix-Rzepka, § 78, Rn. 5.

631 Vgl. dazu: Hess. DGH MDR, 1986 (40), S. 464 f. (7.11.1985).

632 Man spricht hierbei auch von einer Verhandlung am „runden Tisch“. Siehe dazu: Schreiber/Schöch/Bönitz.

Abfolge stattfinden.[633] Zum Teil wird auch gefordert, vom Schuldinterlokut Gebrauch zu machen.[634] Inwieweit diese konkreten Vorschläge im Einzelnen in der Praxis erzieherisch positiv wirken können,[635] darauf soll in dieser Arbeit nicht eingegangen werden, da dies nicht unmittelbar im Zusammenhang mit dem Beschleunigungsgrundsatz steht. Eine solche umfassende Untersuchung wäre jedoch zu begrüßen (wie vorliegend müsste auch dabei interdisziplinär vorgegangen werden). Ebenso muss hier die Frage unbeantwortet bleiben, ob nicht manche dieser Gesichtspunkte ganz grundsätzlich Eingang in das Jugendstrafverfahren – also auch das förmliche – finden sollten.[636] Eher grundsätzlicher Art ist die Forderung, durch die genannten und eventuell auch noch andere Verfahrensvereinfachungen zu einer pädagogischen und vertrauensvollen Atmosphäre zwischen Richter und Jugendlichem zu gelangen. Dem pädagogischen Ermessen des Richters[637] soll es weitgehend überlassen bleiben, zu entscheiden, welche Mittel notwendig sind, um eine „intime Sphäre", eine auf Kooperation und Kommunikation ausgerichtete Verhandlung zu schaffen und Einschüchterung und Hemmungen abzubauen.[638] Im Zuge der pädagogischen Überlegungen im vorangegangenen Abschnitt wurde aufgezeigt, wie wichtig die Herstellung einer solchen Atmosphäre für die Erziehung des Jugendlichen ist. Dass ein völlig zwang- und angstloses Verhältnis wohl nicht erreichbar ist,[639] wurde dort ebenfalls schon problematisiert. Möglicherweise wäre dies aber auch gar nicht wünschenswert, da trotz des Gesagten die Straftat auch nicht verniedlicht und die justizielle Machtausübung nicht verschleiert werden sollte.[640] Gerade die Allgemeinverständlichkeit sowie ganz allgemein die Herstellung eines möglichst positiven pädagogischen Verhältnisses machen es jedoch erforderlich, dass sich

---

633 Brunner/Dölling, §§ 76-78, Rn. 18; Diemer/Schoreit/Sonnen-Schoreit, § 78, Rn. 10; Eisenberg, 2002, §§ 76-78, Rn. 27; Nix-Rzepka, § 78, Rn. 13, Ostendorf, 2000 (a), §§ 76-78, Rn. 17; Böhm, 1996, S. 88 f.; Schaffstein, S. 319 f., 322. Kritisch dazu: Albrecht, Peter-Alexis, S. 382.

634 So Ostendorf, 2000 (a), §§ 76-78, Rn. 17. Siehe zum Schuldinterlokut auch: Asbrock, S. 94 ff.

635 In einer Bremer Untersuchung stellte sich jedoch heraus, dass diese Möglichkeiten zur Verfahrensauflockerung – abgesehen von der Abwesenheit des Staatsanwalts – kaum oder gar nicht genutzt wurden, Minden, S. 43, 52.

636 Albrecht, Peter-Alexis, S. 382 f., warnt jedoch ausdrücklich „vor einer immanenten Reformierung der Jugendgerichtsverhandlung de lege lata über § 78 III 1 JGG," wobei er aber wohl in erster Linie an die Gefahr einer Einschränkung der rechtsstaatlichen Verteidigungsmöglichkeiten des Jugendlichen denkt.

637 Vgl. Schaffstein/Beulke, S. 276.

638 Heinen, S. 206, 208; Kolbe, S. 800; Minden, S. 53; Schaffstein, S. 315.

639 Vgl. Minden, S. 53.

640 Nix-Rzepka, § 78, Rn. 13; Ostendorf, 2000 (a), §§ 76-78, Rn. 17; Heinen, S. 205.

der Richter Zeit nimmt für den Jugendlichen.[641] In einer nur auf Beschleunigung ausgerichteten Verhandlung dürfte dies kaum möglich sein. Sofern die Ziele der Beschleunigung und jugendgemäßen Gestaltung im Rahmen des vereinfachten Verfahrens entgegengesetzte Konsequenzen fordern, muss demzufolge der Beschleunigungsgrundsatz zurückstehen.[642]

Unabhängig von diesen Einzelproblemen stellt sich jedoch die drängende Frage, ob es für das vereinfachte Jugendverfahren überhaupt einen geeigneten Anwendungsbereich gibt. Wie bereits angedeutet, steht es „etwa in der Mitte"[643] zwischen dem formlosen Erziehungsverfahren nach §§ 45, 47 JGG, von dem es sich dadurch unterscheidet, dass nur nach einer mündlichen Verhandlung und möglicherweise durch Urteil entschieden werden kann und der Sanktionsbereich erweitert ist, und dem förmlichen Verfahren, demgegenüber ein Abweichen von den Verfahrensvorschriften im oben beschriebenen Rahmen möglich ist. Dabei ist jedoch zu beachten, dass grundsätzlich die Diversionsmöglichkeiten vorrangig zu berücksichtigen sind (s. auch S. 108). Wie bereits angedeutet, lassen sich hier keine allgemeinen Regelungen festlegen; die Entscheidung über eine Verfahrenseinstellung kann nur im Einzelfall getroffen werden. Dennoch wurden bereits oben gewisse zu berücksichtigende Aspekte angedeutet (s. S. 109 f.).

Auf der anderen Seite scheidet die Anwendung des vereinfachten Jugendverfahrens nach allgemeiner Ansicht dann aus, wenn aufgrund eines komplizierten Sachverhalts eine umfangreiche Beweisaufnahme zu erwarten ist (vgl. § 77 I 1 JGG) oder wenn die Persönlichkeitserforschung des Beschuldigten besondere Schwierigkeiten bereitet.[644] Aus rein erzieherischen Gründen lässt sich jedoch de lege lata wohl nicht rechtfertigen, ein förmliches Verfahren anstatt des vereinfachten durchzuführen.[645] Ein hartnäckiges Leugnen des Beschuldigten steht dem vereinfachten Verfahren zumindest rechtlich nicht zwingend entgegen, zum Teil wird jedoch in diesem Fall ein förmliches Verfahren für zweckmäßiger er-

---

641 Heinen, S. 206.

642 So auch: Schaffstein, S. 322. Zumal der tatsächliche Beschleunigungseffekt beim vereinfachten Verfahren durchaus unterschiedlich beurteilt wird: Während in der Bremer Untersuchung, Minden, S. 52, eine Verkürzung von 2-3 Monaten festgestellt wurde, wird nach Schaffstein, S. 321, eine Verfahrensbeschleunigung „nur in sehr bescheidenem Umfange" erreicht.

643 So Schaffstein/Beulke, S. 275.

644 Brunner/Dölling, §§ 76-78, Rn. 5; Eisenberg, 2002, §§ 76-78, Rn. 5; Nix-Rzepka, § 76, Rn. 7; Albrecht, Peter-Alexis, S. 381.

645 So aber: Brunner/Dölling, §§ 76-78, Rn. 5. Dagegen: Eisenberg, 2002, §§ 76-78, Rn. 5; Nix-Rzepka, § 76, Rn. 7.

achtet.[646] Ferner beschränkt der Gesetzgeber den Anwendungsbereich des vereinfachten Verfahrens noch in Bezug auf die Sanktionierung. So darf der Staatsanwalt gemäß § 76 Satz 1 JGG einen solchen Antrag nur stellen, wenn zu erwarten ist, dass der Jugendrichter ausschließlich Weisungen erteilen, Hilfe zur Erziehung i. S. d. § 12 Nr. 1 JGG anordnen, Zuchtmittel verhängen, auf ein Fahrverbot erkennen, die Fahrerlaubnis entziehen und eine Sperre von nicht mehr als zwei Jahren festsetzen oder den Verfall oder die Einziehung aussprechen wird. Der Jugendrichter darf schließlich nach § 78 I 2 JGG nicht auf Hilfe zur Erziehung i. S. d. § 12 Nr. 2 JGG, Jugendstrafe[647] oder Unterbringung in einer Entziehungsanstalt erkennen. Aufgrund der beschriebenen vereinfachenden und beschleunigenden Maßnahmen, die im vereinfachten Verfahren unter Abweichung von allgemeinen Vorschriften gemäß § 78 III 1 JGG angewendet werden, macht es sicherlich Sinn, diese beiden Fallgruppen auszuschließen. Ein komplizierter Sachverhalt kann gerade nicht in einem schnellen und einfachen Verfahren aufgeklärt werden. Dasselbe gilt, wenn die schon mehrfach als besonders wichtig herausgehobene Persönlichkeitserforschung breiteren Raum einnehmen muss. Auch Sanktionen mit besonders erheblichen Auswirkungen dürfen keinesfalls auf der Grundlage eines rechtlich und zeitlich verkürzten Verfahrens verhängt werden.

Schließt man diese Bereiche aus, so bleibt nur noch ein eher geringer Anwendungsbereich für das vereinfachte Verfahren, etwa bei geringerer Kriminalität, die aus erzieherischen Gründen nicht für die Diversion geeignet ist, aber auch nicht so große Probleme aufweist, dass ein förmliches Verfahren nötig ist. Wie bereits betont, kann dies jedoch nur im Einzelfall unter Abwägung aller tat- und täterbezogenen Umstände entscheiden werden. Gerade auch die beschriebenen rechtsstaatlichen Mängel sprechen für eine zurückhaltende Anwendung dieser Verfahrensart.[648] Zumindest sollte aber das vereinfachte Jugendverfahren in der oben dargelegten Weise modifiziert werden.

Darüber hinaus sollte bedacht werden, inwieweit man die Vorschläge, die zu einer informelleren Gestaltung der mündlichen Verhandlung führen sollen, wie

---

646 So Brunner/Dölling, §§ 76-78, Rn. 5; Schaffstein, S. 319. Offen: Eisenberg, 2002, §§ 76-78, Rn. 5; Nix-Rzepka, § 76, Rn. 7.

647 Nach herrschender Meinung ist damit auch § 27 JGG ausgeschlossen, BayObLG MDR, 1971 (25), S. 864 f. (29.10.1970); Brunner/Dölling, §§ 76-78, Rn. 3; Eisenberg, 2002, §§ 76-78, Rn. 9. Dagegen: Ostendorf, 2000 (a), §§ 76-78, Rn. 11.

648 So auch: Albrecht, Peter-Alexis, S. 382 f. Zu den Statistiken über das vereinfachte Jugendverfahren Eisenberg, 2002, §§ 76-78, Rn. 3; Ostendorf, 2000, Grdl. z. §§ 76-78, Rn. 4.

etwa die Verlegung der Verhandlung in das Arbeitszimmer des Richters, sofern sie in erzieherischer Hinsicht positive Effekte erwarten lassen, auf das förmliche Verfahren übertragen kann.

7. § 79 JGG: Strafbefehl und beschleunigtes Verfahren

Nach § 79 I und II JGG kommt gegen einen Jugendlichen weder der Erlass eines Strafbefehls (vgl. § 407 ff. StPO) noch die Anwendung des aus dem Erwachsenenstrafrecht stammenden beschleunigten Verfahrens (vgl. § 417 ff. StPO) in Betracht. Dies könnte zu einiger Verwunderung führen, wenn man sich die allgemeine Beurteilung des Jugendgerichtsgesetzes als dem Beschleunigungsgrundsatz verpflichtet vor Augen führt. Denn sowohl das Strafbefehlsverfahren[649] als auch das beschleunigte Verfahren, bei dem sich dies schon aus dem Namen ergibt, haben einen schnelleren Verfahrensablauf, also eine Zeitverkürzung bis zu einer rechtskräftigen Entscheidung, zum Ziel.[650] Durch eine Nichtzulassung im Bereich der Jugendkriminalität – bei Heranwachsenden ist die Durchführung eines beschleunigten Verfahrens immer möglich und der Erlass eines Strafbefehls dann, wenn kein Jugendstrafrecht angewendet wird (vgl. § 105 JGG) – werden diese Beschleunigungsmöglichkeiten jedoch ausgeschlossen.

Das Strafbefehlsverfahren erreicht seine beschleunigende Wirkung insbesondere durch eine einseitige Straffestsetzung ohne Hauptverhandlung und Urteil[651] sowie durch das Ausreichenlassen eines hinreichenden Tatverdachts, was sich nach richtiger Ansicht durch die summarische Natur des Verfahrens rechtfertigen lässt.[652] Die hier nicht im Einzelnen aufzuführenden Eingriffe in rechtsstaatliche Grundsätze, die auch erhebliche Kritik erfahren,[653] sollen aufgewogen werden einerseits durch die Möglichkeit des Angeklagten, nach § 410 StPO Einspruch gegen den Strafbefehl zu erheben, und andererseits dadurch, dass dem Beschuldigten die seelischen, zeitlichen und finanziellen Belastungen einer

---

649 Vgl. Meyer-Goßner, Vor § 407, Rn. 1.
650 Zu beiden Verfahrensarten ausführlich: Fezer, S. 1 ff.
651 Meyer-Goßner, Vor § 407, Rn. 1.
652 Die Schuld des Täters muss demnach nicht zur Überzeugung des Gerichts feststehen. So auch: Meyer-Goßner, § 408, Rn. 7; Hausel, S. 95; Roxin, Claus, S. 515; Schlüchter, 1983, S. 875. Dagegen aber: Pfeiffer, Gerd, 1999-Fischer, § 408, Rn. 9; Pfeiffer, Gerd, 2001, § 408, Rn. 4; Rieß, 1988, S. 133 f.
653 Siehe etwa: Roxin, Claus, S. 513.

Hauptverhandlung erspart werden.[654] Darüber hinaus wäre eine Strafjustiz ohne ein solches summarisches Verfahren wohl völlig überfordert.[655] Gewichtige Argumente haben den Gesetzgeber allerdings dazu bewogen, durch § 79 I JGG das Strafbefehlsverfahren für Jugendliche auszuschließen. Zum einen wird darauf verwiesen, dass ein solches schriftliches Verfahren nicht dazu geeignet ist, ausreichend auf die individuelle Persönlichkeit des Jugendlichen einzugehen. Zum anderen besteht die Gefahr, dass – etwa aus Scham, Leichtsinn, Angst oder Ungeschicklichkeit – der Jugendliche sein Einspruchsrecht seltener wahrnimmt als Erwachsene, so dass nicht mehr in befriedigender Weise für eine gründliche richterliche Überprüfung gesorgt ist.[656] Dennoch nimmt die herrschende Ansicht an, dass ein trotz des Verbots ergangener Strafbefehl gegenüber einem Jugendlichen nicht nichtig, sondern rechtswirksam ist, also mit Rechtsmitteln angegriffen werden muss, soll er nicht in Rechtskraft erwachsen.[657] Fragwürdig ist in diesem Zusammenhang ferner die Zulässigkeit von Verwarnungsgeld (vgl. § 56 OWiG) und Bußgeldbescheid.[658] Allgemeine Auffassung ist jedoch die Berechtigung des § 79 I JGG aufgrund der genannten Argumente.

Etwas problematischer ist demgegenüber der Ausschluss des beschleunigten Verfahrens gemäß § 79 II JGG.[659] Hierfür ist ein genauerer Blick auf die §§ 417 ff. StPO erforderlich. Seine beschleunigende Wirkung erreicht dieses Verfahren dadurch, dass keine Anklageschrift eingereicht werden muss (§ 418 III StPO), das Zwischenverfahren entfällt (§ 418 I StPO), die Ladungsvoraussetzungen vereinfacht werden (§ 418 II StPO) und im Rahmen des Beweisrechts die Beweisaufnahme erleichtert (§ 420 I-III StPO), das Beweisantragsrecht jedoch verkürzt wird (§ 420 IV StPO). Es ergeben sich also ganz ähnliche Kritikpunkte wie beim vereinfachten Jugendverfahren. Zunächst besteht das Problem, in einem solchen verkürzten Verfahren den Sachverhalt eindeutig aufzuklären. Dem soll jedoch § 417 StPO Genüge tun, wonach eine Sache nur geeignet ist, wenn ein einfacher Sachverhalt oder eine klare Beweislage vorliegt. Gewichtiger sind jedoch die Kritikpunkte aufgrund der Einbußen an Justizförmigkeit (vor allem im Beweisrecht) sowie der praktischen Unmöglichkeit der Erforschung der Tä-

[654] BVerfG E 25, S. 158 ff. (21.1.1969), S. 164 f.; Schroeder, S. 124.
[655] Roxin, Claus, S. 513.
[656] BayObLG NJW, 1957 (10), S. 838 f. (15.3.1957), S. 838; Diemer/Schoreit/Sonnen-Schoreit, § 79, Rn. 2; Eisenberg, 2002, § 79, Rn. 3; Albrecht, Peter-Alexis, S. 381; Herz, S. 125.
[657] BayObLG NJW, 1957 (10), S. 838 f. (15.3.1957), S. 838; Brunner/Dölling, § 79, Rn. 3; Eisenberg, 2002, § 79, Rn. 6; Meyer-Goßner, § 407, Rn. 3.
[658] Kritisch: Eisenberg, 2002, § 79, Rn. 3; Albrecht, Peter-Alexis, S. 381. Für die Zulässigkeit argumentiert Bohnert, S. 80 ff.
[659] Zu den politischen Forderungen s. S. 164 ff.

terpersönlichkeit und einer darauf beruhenden Strafzumessung. Darüber hinaus wird dem Beschleunigungsgrundsatz auch noch das Erfordernis gegenübergestellt, das Strafverfahren solle in einer Atmosphäre ruhiger Gelassenheit ablaufen.[660] Besonders kritikwürdig ist, dass der Richter – anders als im vereinfachten Jugendverfahren – auch Freiheitsstrafen von bis zu einem Jahr verhängen darf, § 419 I 2 StPO. Angesichts dieser Aspekte sowie der Tatsache, dass schon für das vereinfachte Verfahren nur ein recht kleiner Anwendungsbereich anerkannt wurde (s. S. 122 f.), ist die Anwendung des beschleunigten Verfahrens auf Jugendliche[661] also abzulehnen, § 79 II JGG folglich zu befürworten.

Am Beispiel des § 79 JGG wird ein weiteres Mal der mögliche Gegensatz zwischen Beschleunigungsprinzip und anderen erzieherischen Erfordernissen deutlich. So ist es aus rechtsstaatlichen sowie erzieherischen Gründen richtig, auf die verfahrensverkürzenden Effekte durch ein Strafbefehls- oder beschleunigendes Verfahren im Jugendstrafrecht zu verzichten. Grundsätzliche Bedeutung hat jedoch die Erkenntnis, dass der Gesetzgeber den gleichen Weg geht. Auch er sieht die Nachteile dieser Verfahrensarten und schließt sie deshalb gegenüber Jugendlichen aus. Dies macht deutlich, dass das Jugendgerichtsgesetz eben nicht – wie es oft zu vermitteln versucht wird – eindimensional auf Beschleunigung ausgerichtet ist. Es werden durchaus die Vor- und Nachteile von beschleunigenden Maßnahmen gegeneinander abgewogen und entsprechende Konsequenzen daraus gezogen.

8. § 103 JGG: Verbindung mehrerer Strafsachen

Dem Ziel, das Jugendgerichtsverfahren möglichst erzieherisch zu gestalten, ist auch § 103 JGG verpflichtet, nach dessen Abs. 1 in bestimmten Fällen Strafsachen gegen Jugendliche und Erwachsene verbunden werden können. Dies ist hier wenigstens kurz zu behandeln, da – zumindest mittelbar – ein Zusammenhang besteht zum Ziel einer möglichst schnellen Verfahrensdurchführung. Eine Verbindung von Strafsachen gegen Jugendliche und Erwachsene kann nämlich in der Weise prozessökonomisch wirken, dass die Wiederholung einer ohnehin umfangreichen Beweisaufnahme erspart bleibt. Dem kann jedoch entgegenste-

---

[660] Zur Kritik am beschleunigten Verfahren: Meyer-Goßner, Vor § 417, Rn. 3 ff.; Albrecht, Peter-Alexis, S. 380 f.; Roxin, Claus, S. 483; Schroeder, S. 109 f.; Schünemann, 1968, S. 975 f. Dähn, S. 354 ff., versucht diese Argumente zu entkräften.

[661] Für eine generelle Abschaffung auch im Erwachsenenstrafrecht: Herzog, S. 129; Scheffler, 1994, S. 2195; und wohl auch Rzepka, S. 333 ff. Fezer, S. 37 ff., will dagegen das beschleunigte Verfahren zwar umgestalten, aber grundsätzlich beibehalten.

hen, dass das Verfahren gegen einen Jugendlichen möglicherweise durch den Erwachsenen betreffende Fragen unangemessen verlängert wird.[662]

Wann macht nun eine solche Verbindung erzieherisch Sinn ? Das Gesetz bleibt hier sehr unkonkret und fordert in § 103 I JGG – abgesehen von einem Verweis auf die Vorschriften des allgemeinen Verfahrensrechts (vgl. vor allem § 3 StPO) – lediglich, dass die Verbindung zur Erforschung der Wahrheit oder aus anderen wichtigen Gründen geboten sein muss. Reine Zweckmäßigkeitserwägungen können also nicht die Verbindung begründen.[663] Wichtige Gründe können jedoch die Vermeidung unnützer Doppelarbeit und sich widersprechender Entscheidungen darstellen,[664] da hiermit auch persönliche Belastungen des Angeklagten verbunden sein können.[665] Entscheidendes Kriterium ist allerdings die Wahrheitserforschung. Hier ist vor allem an den Fall einer Tatbeteiligung zu denken, insbesondere bei widerstreitenden Aussagen mehrerer Mittäter, da dann auch die Rolle des einzelnen Angeschuldigten im Gesamtgeschehen zu klären ist; die maßgeblichen Erkenntnisse über die Beziehung des Jugendlichen zu seiner Umwelt können teilweise nur durch eine umfassende und einheitliche Verhandlung gegen alle Beschuldigten gewonnen werden.[666] Dabei dürfen die Gefahren einer solchen Verbindung jedoch nicht übersehen werden. Erfahrene erwachsene Angeklagte können die jugendadäquate Atmosphäre einer Verhandlung stören, so dass eine unbefangene Persönlichkeitserforschung bedeutend erschwert wird.[667] Sogar eine Beeinflussung des Jugendlichen durch den Erwachsenen noch in der Hauptverhandlung ist nicht auszuschließen.[668] Deshalb soll nach RL Nr. 1 Satz 2 zu § 103 JGG eine Verbindung auch insbesondere dann vermieden werden, wenn es sich bei den Erwachsenen um die Eltern des Jugendlichen handelt. Zu berücksichtigen ist in diesem Zusammenhang ferner, dass seit der Abkehr vom Schwergewichtsprinzip jede Verbindung nach § 103 II JGG (abgesehen von den dort aufgeführten Ausnahmen) die Erwachsenentat den

[662] Brunner/Dölling, § 103, Rn. 8, 8 a; Eisenberg, 2002, § 103, Rn. 10, 10 a; Ostendorf, 2000 (a), § 103, Rn. 5.

[663] BGH St 10, S. 327 ff. (22.5.1957), S. 329. Nach Kost, S. 30, und Fahl, S. 310, ist damit auch das Argument einer Verfahrensbeschleunigung nicht ausreichend.

[664] OLG Koblenz JR, 1982, S. 479 ff. (9.2.1982), S. 481.

[665] Ostendorf, 2000 (a), § 103, Rn. 5.

[666] OLG Koblenz JR, 1982, S. 479 ff. (9.2.1982), S. 480 f.; Brunner/Dölling, § 103, Rn. 8, 8 a; Diemer/Schoreit/Sonnen-Schoreit, § 103, Rn. 5; Eisenberg, 2002, § 103, Rn. 10; Ostendorf, 2000 (a), § 103, Rn. 5.

[667] Eisenberg, 2002, § 103, Rn. 10; Ostendorf, 2000 (a), § 103, Rn. 5; Fahl, S. 310.

[668] Eisenberg, 2002, § 103, Rn. 10.

Jugendgerichten zuweist, was nicht ganz unproblematisch im Hinblick auf den Grundsatz des gesetzlichen Richters (Art. 101 I 2 GG) ist.[669]

Abstrakte Vorgaben lassen sich über das bisher Gesagte hinaus nicht treffen. Bei § 103 I JGG handelt es sich um eine Ermessensentscheidung; der Richter muss im Einzelfall die Vor- und Nachteile einer Verbindung abwägen. Dass die Möglichkeit, aber nicht die Pflicht dazu besteht, ist also zu begrüßen. Richtigerweise ist die Norm jedoch restriktiv zu handhaben. Schon die Amtliche Begründung des Entwurfs eines Gesetzes zur Änderung des Reichsjugendgerichtsgesetzes von 1952 führt aus, dass die Verbindung von Jugend- und Erwachsenenstrafsachen zwar „grundsätzlich zulässig, in der Regel aber unerwünscht ist."[670] Auch die RL Nr. 1 Satz 1 zu § 103 JGG nennt die Verbindung „im allgemeinen nicht zweckmäßig." Diese Auffassung wird – was mit der dargelegten Begründung zu unterstützen ist – durchweg geteilt.[671] Insbesondere erscheint eine Verbindung dann nicht sinnvoll, wenn der Jugendliche geständig und der Sachverhalt einfach ist (vgl. RL Nr. 1 Satz 2 zu § 103 JGG), da in diesem Fall unnötige Verfahrensverlängerungen für den Jugendlichen wegen des Verfahrens gegen den Erwachsenen vermieden werden sollen.[672] Unter Einhaltung dieser Vorgaben handelt es sich bei § 103 JGG zweifellos um eine erzieherisch sinnvolle Ausprägung des Beschleunigungsgrundsatzes.

9. §§ 5, 9 ff., 13 ff., 17 JGG: Sanktionsauswahl

Zu Beginn dieser Arbeit wurde bereits ausgeführt, dass es sich beim deutschen Jugendstrafrecht um ein so genanntes Täterstrafrecht handelt – im Gegensatz zum auch als Tatstrafrecht bezeichneten Erwachsenenstrafrecht (s. S. 25 ff.). Es ist primär auf den Strafzweck der positiven Spezialprävention hin ausgerichtet. Ziel jeglichen strafrechtlichen Handelns ist demnach die Rückfallverhütung beim betroffenen Jugendlichen. Vor diesem Hintergrund ist auch das jugendstrafrechtliche Sanktionssystem zu verstehen, das deutlich breiter angelegt ist als im allgemeinen Strafrecht. Mit Hilfe der verschiedenen Rechtsfolgen soll der Jugendrichter in die Lage versetzt werden, individuell auf den betroffenen Jugendlichen eingehen zu können und auch mit der endgültigen Sanktionierung in

---

669 Vgl. Fahl, S. 310; Miehe, 1979, S. 241.

670 BT-Drucksache 1/3264, S. 49.

671 Siehe etwa: Eisenberg, 2002, § 103, Rn. 10; Ostendorf, 2000 (a), § 103, Rn. 6; Fahl, S. 310 f.; Kost, S. 29 f.

672 OLG Stuttgart Zbl, 1995 (82), S. 297 f. (3.11.1994), S. 298; Brunner/Dölling, § 103, Rn. 8 a; Eisenberg, 2002, § 103, Rn. 10.

einer Weise auf ihn einzuwirken, die die größte Chance zur Verhinderung seiner Rückfälligkeit verspricht.[673]

Das Jugendstrafrecht kennt zunächst drei Gruppen jugendspezifischer Rechtsfolgen, die allesamt primär vom Erziehungszweck beherrscht werden.[674] Dabei handelt es sich um Erziehungsmaßregeln (§§ 9 ff. JGG), Zuchtmittel (§§ 13 ff. JGG) und die Jugendstrafe (§§ 17 f. JGG). Bereits unmittelbar dem Gesetz ist zu entnehmen, dass sie in einem Stufenverhältnis zueinander stehen. So bestimmt § 5 II JGG, dass Zuchtmittel oder Jugendstrafe nur in Betracht kommen, wenn Erziehungsmaßregeln als Sanktion nicht ausreichen. Eine Ahndung durch Zuchtmittel findet jedoch gemäß § 13 I JGG nur statt, wenn nicht Jugendstrafe geboten ist, was wiederum genauer durch § 17 II JGG geregelt ist. Darüber hinaus sind nach § 6 JGG bestimmte besonders stigmatisierende Nebenfolgen des allgemeinen Strafrechts auf Jugendliche nicht anwendbar, und § 7 JGG beschränkt für das Jugendstrafrecht die Zulässigkeit der Maßregeln der Besserung und Sicherung.

Im Folgenden sollen die verschiedenen Rechtsfolgen kurz erläutert werden. Bei den Erziehungsmaßregeln unterscheidet man die Erziehungsbeistandschaft sowie die Heimerziehung nach § 12 JGG und die Weisungen gemäß § 10 JGG. Eine Entscheidung nach § 12 JGG kommt in Betracht, wenn eine dem Wohl des Jugendlichen entsprechende Erziehung nicht gewährleistet ist (§ 27 I KJHG) und somit ein erzieherischer Bedarf entweder für die Erziehungsbeistandschaft (§ 12 Nr. 1 JGG) oder in besonders gravierenden Fällen (Subsidiaritätsprinzip) für die Heimerziehung (§ 12 Nr. 2 JGG) besteht. Beides wird jedoch nur außerordentlich selten verhängt. Von deutlich größerer praktischer Bedeutung sind die Weisungen gemäß § 10 JGG, obwohl auch sie 1998 nur noch 13,5 % der verhängten Rechtsfolgen ausmachten.[675] Nach der Legaldefinition des § 10 I 1 JGG sind Weisungen Gebote und Verbote, welche die Lebensführung des Jugendlichen regeln und dadurch seine Erziehung fördern und sichern sollen. Die Aufzählung möglicher Weisungen in § 10 I 3 JGG hat lediglich Beispielcharakter.[676]

---

673 Zur tatsächlichen Nutzung dieser Möglichkeiten: Hupfeld und aktueller: Ostendorf, 2000 (a), Grdl. z. §§ 5-8, Rn. 4 f.; Albrecht, Peter-Alexis, S. 141 ff.; Ostendorf, 2000 (b), S. 74 ff. Zum Sinn aus richterlicher Sicht: Hauser, S. 73 ff.

674 Diemer/Schoreit/Sonnen-Diemer, § 5, Rn. 5; Eisenberg, 2002, § 5, Rn. 13; Herz, S. 49; Maurach/Gössel/Zipf, S. 708.

675 Der zahlenmäßige Rückgang der Weisungen dürfte zum einen mit der zunehmenden Ausschöpfung der Diversion zusammenhängen, Schaffstein/Beulke, S. 107, und zum anderen mit der Zunahme der Zuchtmittel durch Einführung der Arbeitsauflagen, die zuvor als Weisungen verhängt wurden.

676 Zu einzelnen Weisungen: Albrecht, Peter-Alexis, S. 169 ff.; Schaffstein/Beulke, S. 105 ff.

Der Jugendrichter kann diese Vorschläge konkretisieren, erweitern oder auch ganz andere Weisungen erteilen. Seiner erzieherischen Befähigung bietet sich damit ein weites Feld, da seine Entscheidungsfreiheit „ein Maximum an persönlichkeitsadäquater Individualisierung der Unrechtsfolgen ermöglicht.“[677] Beschränkt ist diese Freiheit nur dadurch, dass die verhängte Weisung nicht unzumutbar oder unverhältnismäßig sein darf, sie darf nicht anderen Rechtsnormen widersprechen und nicht erzieherisch unzweckmäßig sein.[678] Grundsätzlich werden die Erziehungsmaßregeln „aus Anlass“ der Tat verhängt. Erforderlich ist also, dass in der Straftat Erziehungsmängel zum Ausdruck gekommen sind. Ziel der Verhängung ist demzufolge nicht die Ahndung der Straftat, sondern die Erziehung des Täters zu einem rechtschaffenen Verhalten. Ob sie als Reaktion ausreichen i. S. d. § 5 II JGG, unterliegt ebenfalls einem weiten Beurteilungsspielraum des Richters. Wird die Anordnung einer Erziehungsmaßregel für nicht ausreichend erachtet, bietet § 13 JGG die Möglichkeit, die begangene Straftat mit einem Zuchtmittel zu ahnden. Voraussetzung hierfür ist einerseits, dass nicht Jugendstrafe geboten ist, andererseits aber dem Jugendlichen eindringlich zum Bewusstsein gebracht werden muss, dass er für das von ihm begangene Unrecht einzustehen hat, § 13 I JGG. Die Zuchtmittel, in Betracht kommen die Verwarnung (§ 14 JGG), Auflagen (§ 15 JGG – hier ist die Aufzählung des Abs. 1 abschließend) und der Jugendarrest,[679] enthalten folglich sühnende, repressive Elemente, sollen also Ausgleich für begangenes Unrecht sein und abschreckend wirken, wie auch erzieherische, durch Ansprechen des Ehrgefühls des Jugendlichen.[680] Sie richten sich an den „im Grunde gut gearteten Jugendlichen“, den sie als eine Art „Denkzettel“ mit einer kurzfristigen, aber eindringlichen Warnung von der weiteren Begehung von Straftaten abhalten wollen. Die einzige „echte“ Kriminalstrafe, die gegen Jugendliche in Betracht kommt, ist die Jugendstrafe. Sie wird gemäß § 17 JGG verhängt, wenn Erziehungsmaßregeln und Zuchtmittel nicht ausreichen, und zwar entweder wegen schädlicher Neigungen des Jugendlichen oder wegen der Schwere der Schuld.[681] Sie bildet also die „ultima ratio“ der jugendstrafrechtlichen Rechtsfolgen.[682] Aber auch die Jugendstrafe

---

[677] Schaffstein/Beulke, S. 114 ff.

[678] Albrecht, Peter-Alexis, S. 165 ff.

[679] Zu den verschiedenen Zuchtmitteln siehe etwa: Böhm, 1996, S. 180 ff.

[680] BGH St 18, S. 207 ff. (9.1.1963), S. 209.

[681] Beide Alternativen werden aber auch kritisiert. Der Begriff der „schädlichen Neigungen“ soll stigmatisierend wirken und der Begriff „Schwere der Schuld“ stehe gegen den Strafzweck der Spezialprävention, vgl. Schaffstein/Beulke, S. 158 f.

[682] Vor diesem Hintergrund sind die tatsächlichen Inhaftierungszahlen, die zwischen 1992 und 2000 stetig und deutlich anstiegen, als besonders problematisch anzusehen, vgl. Sonnen, 2001, S. 32.

trägt erzieherische Züge.[683] Dies wird besonders deutlich an ihrer zeitlichen Bemessung. Gemäß § 18 I 3 JGG gelten die an der Tatschwere orientierten Strafrahmen des allgemeinen Strafrechts im Jugendstrafrecht nicht. Innerhalb des vorgegebenen Rahmens von 6 Monaten bis zu 5 bzw. 10 Jahren (§ 18 I 1, 2 JGG) ist die Jugendstrafe gemäß § 18 II JGG so zu bemessen, dass die erforderliche erzieherische Einwirkung möglich ist. Trotzdem darf sie aber auch nicht außer Verhältnis zu Tat und Schuld stehen.[684]

Die Aufgabe des Jugendrichters besteht darin, nach der Schuldfeststellung darüber zu entscheiden, welche Rechtsfolge die adäquate Sanktion für den jeweiligen Jugendlichen darstellt, ob also Erziehungsmaßregeln ausreichen oder eine eindringliche Warnung durch ein Zuchtmittel erforderlich oder gar die Verhängung von Jugendstrafe geboten ist, ohne dass hierin jedoch ein konsequentes Stufenverhältnis der Eingriffsintensität zu sehen wäre. Darüber hinaus muss er je nachdem eine erzieherisch sinnvolle Weisung oder Auflage auswählen bzw. die Dauer der Jugendstrafe bemessen. Dies sollte sich nach dem Gesagten also zuvorderst nach der Persönlichkeit und dem Erziehungsbedürfnis des betroffenen Jugendlichen richten. Neben einer ausreichenden Persönlichkeitserforschung und auf deren Grundlage ist demzufolge eine Kriminalprognose für den Täter zu erstellen,[685] da ja die Verhinderung zukünftiger Straftaten im Mittelpunkt der Überlegungen steht. Bei einer solchen vorausschauenden Beurteilung des künftigen Verhaltens des Täters stehen dem Jugendrichter verschiedene Prognosemethoden zur Verfügung, von denen die wichtigsten kurz genannt werden sollen. Die wohl gebräuchlichste[686] ist die intuitive Prognose, bei der der Richter aufgrund seines Gefühls und Erfahrungswissens vorgeht. Problematisch ist hierbei vor allem die Subjektivität und fehlende Systematik der Beurteilung. Dieses Problem ergibt sich jedoch in ähnlicher Weise wegen der verschiedenen Fachausbildungen auch für die klinische Prognose,[687] die nach einer umfassenden Exploration durch Psychologen und Psychiater erstellt wird. Da diese Methode sehr aufwendig ist, kommt sie wohl nur für besonders schwierige Fälle in Betracht.[688] Vom Richter selbst durchführbar ist dagegen die statistische Pro-

---

683 Vgl. auch die RL Nr. 1 Satz 2 zu § 17 JGG.

684 Albrecht, Peter-Alexis, S. 256 ff.; Böhm, 1996, S. 210; Maurach/Gössel/Zipf, S. 724 f. Zum Einfluss der Tat auf die jugendstrafrechtliche Sanktion: Hermann/Wild, S. 13 ff.; Miehe, 1964.

685 Zur Geschichte der Kriminalprognose und kritische Beurteilung der verschiedenen Prognosemethoden: Siehe Göppinger, S. 190 ff.

686 Eisenberg, 2000, S. 170; Kaiser, 1996, S. 960.

687 Bock, 2000, S. 176; Eisenberg, 2000, S. 171.

688 Vgl. Eisenberg, 2002, § 5, Rn. 31; Kaiser, 1996, S. 962; Schneider, Hans Joachim, S. 313.

gnose,[689] bei der anhand von Punktesystemen, die aus bestimmten Rückfalluntersuchungen hervorgegangen sind, das Maß der kriminellen Gefährdung gleichsam errechnet wird. Diese Methode schreibt jedoch den Jugendlichen auf vergangene Umstände fest und hat darüber hinaus auch keine ausreichende Treffsicherheit erlangt. Vor allem wird hier lediglich eine abstrakte Rückfallwahrscheinlichkeit ermittelt, ohne in ausreichender Weise auf den individuellen Einzelfall einzugehen. Somit ist sie auch nicht in der Lage, Vorschläge für bestimmte Sanktionsformen zu entwickeln.[690] Auf die Besonderheiten des Einzelfalls einzugehen, vermag besser die aus der Tübinger Jungtäter-Vergleichsuntersuchung hervorgegangene „Methode der idealtypisch-vergleichenden Einzelfallanalyse,“[691] bei der der Täter in *seinen* sozialen Bezügen und *seinen* konkreten Lebensumständen beurteilt wird. Trotzdem ist diese Methode nicht mit einem übermäßigen Aufwand verbunden und kann vom Jugendrichter selbst vorgenommen werden. Ihre Anwendung erscheint demnach – sofern nicht besondere psychische Abnormitäten eine klinische Prognose nahe legen – Erfolg versprechend, wodurch jedoch nicht ausgeschlossen sein muss, dass insbesondere bei der endgültigen Auswahl bestimmter Weisungen oder Auflagen auch intuitive Momente sowie grundsätzliche Erkenntnisse aus der statistischen Prognoseforschung in den Entscheidungsprozess Eingang finden können.[692]

Unabhängig davon bedeutet jedenfalls die Existenz eines breit gefächerten Sanktionsinstrumentariums, das noch dazu an der jeweiligen Persönlichkeit des Täters ausgerichtet werden soll und damit eine umfassende Erforschung dieser Persönlichkeit erforderlich macht, einen nicht unerheblichen zeitlichen Aufwand. Eine geringe Zahl von Sanktionsmöglichkeiten sowie eine Orientierung überwiegend an der Tatschwere würden eine schnellere Entscheidung möglich machen. Erneut zeigt sich also, dass es dem Jugendgerichtsgesetz nicht lediglich um Beschleunigung geht. Längere Verfahren werden hier bewusst in Kauf genommen, um durch individuell angemessene Reaktionen die spezialpräventiven Wirkungen des Jugendstrafrechts zu verbessern. Dieser Ansatz deckt sich wiederum mit den Erkenntnissen aus dem erfahrungswissenschaftlichen Abschnitt. Dort wurde ebenfalls die Bedeutung einer Persönlichkeitserforschung betont, um den Jugendlichen entwicklungs- und persönlichkeitspsychologisch richtig einschätzen zu können und seine Bedingungen in Bezug auf Halt, Bindungen

---

689 Ausführlich dazu: Kaiser, 1996, S. 962 ff.

690 Deshalb zu Recht sehr kritisch: Nix-Rzepka, § 5, Rn. 27; Albrecht, Peter-Alexis, S. 149; Bock, 2000, S. 174 f.

691 Siehe dazu: Bock, 2000, S. 177 ff.; Göppinger, S. 328 ff.; Schallert.

692 So auch: Schaffstein/Beulke, S. 97 f.

und Selbstkontrolle zu erkennen. Persönlichkeitserforschung und Prognose sollen also auch dazu dienen, die pädagogisch richtigen Sanktionen zu finden, um diese Bedingungen positiv zu stärken, Motivationen für ein zukünftiges straffreies Verhalten zu entwickeln und gegebenenfalls auch herauszufinden, in welcher Form andere geeignete Institutionen helfend eingreifen können. Damit diese Möglichkeiten erzieherisch sinnvoll genutzt werden, ist es jedoch von größter Bedeutung, dass die am Jugendstrafverfahren Beteiligten, insbesondere natürlich die Jugendrichter, für ihre Aufgaben gut qualifiziert und ausgebildet sowie erzieherisch befähigt sind.[693] Durch die Sollvorschrift des § 37 JGG wird dies jedoch nicht sichergestellt. Zumindest Grundkenntnisse in Jugendkriminologie sind hier ebenso unentbehrlich wie regelmäßige fachspezifische Fortbildungen. Eine dementsprechende gesetzliche Regelung sollte daher dringend in Erwägung gezogen werden.[694]

10. §§ 27 ff. JGG: Aussetzung der Verhängung der Jugendstrafe

Zwischen Zuchtmittel und der Verhängung von Jugendstrafe existiert im Jugendstrafrecht noch eine weitere Entscheidungsmöglichkeit für den Richter: die Aussetzung der Verhängung der Jugendstrafe nach § 27 JGG. Als eigenständige „echte“ Strafentscheidung wird sie – voraussetzend, schon im Schuldspruch liege eine Schuld vergeltende Missbilligung – nur teilweise anerkannt,[695] zumeist wird sie als bedingte Verurteilung bezeichnet.[696] Mit § 27 JGG werden verschiedene Hoffnungen und Erwartungen verknüpft. Die Vorschrift soll eine Überbrückungsfunktion zwischen den Zuchtmitteln (Dauerarrest bis zu vier Wochen) und Jugendstrafe (Mindestmaß: sechs Monate) einnehmen.[697] Die Stigmatisierung des Jugendlichen mit dem Etikett der „schädlichen Neigungen“ soll verhindert werden.[698] Dem Institut wird eine Warnungs- und Hilfefunktion

---

693 Vgl. Bock, 1997, S. 11; Hauser, S. 21 ff.; Vorschläge der DVJJ-Kommission für ein neues JGG – Unterkommission II: Ermittlungsverfahren/Diversion, DVJJ-Journal 1-2/1992 (Nr. 138), S. 17 ff., 17.

694 So auch: Jung, S. 42; Scholz, S. 237 ff.; Wieben, S. 66. Entsprechende Vorschläge finden sich sowohl in den Beschlüssen des 64. Deutschen Juristentags 2002, abgedruckt in: NJW 2002, S. 3073 ff., 3078, als auch in den Vorschlägen der 2. Jugendstrafrechtsreform-Kommission der DVJJ, abgedruckt in: DVJJ-Journal 3/2002 (Nr. 177), S. 227 ff., 235.

695 Brunner/Dölling, § 27, Rn. 2; Ostendorf, 2000 (a), Grdl. z. §§ 27-30, Rn. 1; Grethlein, 1962, S. 162.

696 Etwa Diemer/Schoreit/Sonnen-Diemer, § 27, Rn. 2; Kreischer, S. 9; Schaffstein/Beulke, S. 181.

697 Eisenberg, 2002, § 27, Rn. 8; Heublein, S. 436.

698 Eisenberg, 2002, § 27, Rn. 6; Heublein, S. 436.

zugesprochen.[699] Es geht darum, dem Jugendlichen den Strafmakel zu ersparen,[700] und teilweise wird mit der Tatsache, dass der Jugendliche hinsichtlich der Frage der Rechtsfolgenverhängung im Ungewissen verbleibt, eine erzieherisch positive Wirkung verbunden.[701]

Die Verhängung der Jugendstrafe kann unter den Voraussetzungen des § 27 JGG ausgesetzt werden, also wenn auch nach Erschöpfung der Ermittlungsmöglichkeiten[702] (hier hat sich der Richter an den Anforderungen der §§ 43 JGG, 244 StPO zu orientieren) nicht mit Sicherheit beurteilt werden kann, ob in der Straftat eines Jugendlichen (die Schuld des Täters muss feststehen) schädliche Neigungen von einem Umfang hervorgetreten sind, dass Jugendstrafe erforderlich ist (der Verhältnismäßigkeitsgrundsatz verbietet also die Entscheidung nach § 27 JGG, wenn eine andere mildere Sanktion ausreicht). Eine Aussetzung nur aus erzieherischen oder anderen Zweckmäßigkeitsgründen ist demnach nicht zulässig.[703] Die Aussetzung kommt außerdem nicht in Betracht, wenn schon die Schwere der Schuld eine Jugendstrafe erfordert. Streitig ist hingegen, ob § 27 JGG auch bei Zweifeln über das Vorliegen der schädlichen Neigungen überhaupt anwendbar ist.[704] Liegen die genannten Voraussetzungen vor, steht es im Ermessen des Jugendrichters, ob er § 27 JGG anwendet.[705] Tut er dies, so stellt er zunächst nur die Schuld des Jugendlichen fest, während er die Entscheidung über die Verhängung der Jugendstrafe für eine von ihm zu bestimmende Bewährungszeit aussetzt. Für diese Zeit kann er Weisungen und Auflagen erteilen.[706] Je nachdem, ob sich im Laufe der Bewährungszeit herausstellt, dass doch schädliche Neigungen in einem die Jugendstrafe erfordernden Maße vorhanden waren

---

699 Ostendorf, 2000 (a), Grdl. z. §§ 27-30, Rn. 3.

700 Brunner/Dölling, § 27, Rn. 1; Eisenberg, 2002, § 27, Rn. 6. Vgl. aber auch: Ostendorf, 2000 (a), Grdl. z. §§ 27-30, Rn. 1; Heublein, S. 436; Zieger, S. 56.

701 Eisenberg, 2002, § 27, Rn. 6. Vgl. aber auch: Ostendorf, 2000 (a), Grdl. z. §§ 27-30, Rn. 3.

702 Deshalb kann nach herrschender Meinung im vereinfachten Jugendverfahren nicht nach § 27 JGG entschieden werden, BayObLG GA, 1971, S. 181 ff. (29.10.1970), S. 181; Brunner/Dölling, § 27, Rn. 5; Diemer/Schoreit/Sonnen-Diemer, § 27, Rn. 4; Eisenberg, 2002, § 27, Rn. 10. Dagegen nur: Ostendorf, 2000 (a), § 62, Rn. 1.

703 BayObLG GA, 1971, S. 181 ff. (29.10.1970), S. 182; Diemer/Schoreit/Sonnen-Diemer, § 27, Rn. 7.

704 Dafür: OLG Düsseldorf MDR, 1990 (44), S. 466 (13.3.1989); Schaffstein/Beulke, S. 168. Dagegen: Eisenberg, 2002, § 27, Rn. 11; Diemer/Schoreit/Sonnen-Diemer, § 27, Rn. 5; Ostendorf, 2000 (a), § 27, Rn. 3; Böhm, 1996, S. 247; Kreischer, S. 26; Lorbeer, S. 97.

705 Zum Problem des Ermessens siehe: Heublein, S. 438 f.

706 Zur umstrittenen Frage der Verbindung einer Entscheidung nach § 27 JGG mit der Verhängung von Jugendarrest siehe: Brunner/Dölling, § 27, Rn. 13; Ostendorf, 2000 (a), § 27, Rn. 10; Böhm, 1996, S. 249 f.; Schaffstein/Beulke, S. 184 ff.

und noch sind, wird nun gemäß § 30 JGG auf Jugendstrafe erkannt oder der Schuldspruch getilgt. Fraglich ist, ob diese Vorschrift eher eng oder extensiv auszulegen ist. Vor allem vor dem Hintergrund der angesprochenen erzieherischen Hoffnungen sowie der sich aus Untersuchungen ergebenden hohen Erfolgsquote[707] wird zum Teil eine weite Auslegung befürwortet.[708] Dabei wird jedoch die Gefahr übersehen, dass die gebotene Persönlichkeitserforschung vor dem Urteil vernachlässigt wird. In der Regel sollte sie nämlich eine eindeutige Entscheidung über das Ausmaß der schädlichen Neigungen möglich machen.[709] Außerdem ist zu beachten, das § 27 JGG eine Ausnahme vom „in dubio pro reo"-Grundsatz normiert, da dieser bei Zweifeln über das Vorliegen schädlicher Neigungen eigentlich gebieten würde, von Jugendstrafe abzusehen.[710] Deswegen ist der Ansicht zu folgen, die dem § 27 JGG lediglich Ausnahmecharakter zuspricht.[711] Dies entspricht auch der tatsächlichen Rechtspraxis.[712] Ein typischer Anwendungsfall dürfte jedoch wohl dann vorliegen, wenn sich ein bisher unauffälliger Jugendlicher plötzlich in massiver Weise strafbar macht (Schwere der Schuld aber nicht anzunehmen ist), ohne dass sich dafür in seiner Vorgeschichte eine Erklärung finden lässt.[713]

Zu beachten ist ferner, dass es außerordentlich schwierig sein dürfte, dem Jugendlichen die Entscheidung nach § 27 JGG verständlich zu machen,[714] was jedoch auch als Herausforderung des Richters zu einem (noch) intensiveren Vermittlungsbemühen verstanden werden kann.[715]

Vorliegend stellt sich jedoch vor allem die Frage, welche Schlüsse aus der Regelung des § 27 JGG für das Verständnis des Beschleunigungsgrundsatzes durch das Jugendgerichtsgesetz gezogen werden können. Dafür ist zunächst noch einmal auf die Frage der Funktion dieser Bestimmung zurückzukommen. Zu Anfang wurden die Hoffnungen und Erwartungen benannt, die in der wissenschaftlichen Literatur mit ihr verknüpft werden: vor allem die Überbrückungs- sowie die Warnungs- und Hilfefunktion und die Vermeidung von Strafmakel und

---

707 Vgl. Ostendorf, 2000 (a), Grdl. z. §§ 27-30, Rn. 4.

708 So Brunner/Dölling, § 27, Rn. 9; Eisenberg, 2002, § 27, Rn. 7; Kreischer, S. 141.

709 Schaffstein/Beulke, S. 182.

710 So auch: OLG Frankfurt NJW, 1955 (8), S. 603 (2.3.1955); Diemer/Schoreit/Sonnen-Diemer, § 27, Rn. 3; Böhm, 1996, S. 247, 250.

711 Sogar ganz ablehnend: Albrecht, Peter-Alexis, S. 278.

712 Vgl. zu den Zahlen: Eisenberg, 2002, § 27, Rn. 15 f.; Nix-Schendler, § 27, Rn. 5; Ostendorf, 2000 (a), Grdl. z. §§ 27-30, Rn. 5.

713 Vgl. Heublein, S. 439; Schaffstein/Beulke, S. 182.

714 Vgl. Albrecht, Peter-Alexis, S. 278; Heublein, S. 436; Lorbeer, S. 245; Zieger, S. 56.

715 Eisenberg, 2002, § 27, Rn. 15.

Stigmatisierung. Sicherlich entbehren diese positiven Erwartungen auch nicht einer pragmatischen Grundlage. Im weitesten Sinne geht es darum, den im Allgemeinen für die Erziehung eher abträglich erachteten Jugendstrafvollzug sowie die mit ihm verbundenen Belastungen nach Möglichkeit – und über die Strafaussetzung gemäß § 21 JGG hinaus – zu vermeiden. Jedoch stellen sie richtigerweise lediglich durchaus erwünschte Nebenfolgen eines Vorgehens nach § 27 JGG dar.

Der unmittelbare Zweck, den der Wortlaut dieser Vorschrift offenbart, ist hingegen ein anderer. Es soll dem Problem entgegengewirkt werden, dass der Jugendrichter zum Zeitpunkt seiner Entscheidung keine Sicherheit darüber erlangen kann, ob in der Straftat des Jugendlichen schädliche Neigungen in einem die Jugendstrafe erforderlich machenden Maße hervorgetreten sind. Dem Richter ist es also nicht möglich, Gewissheit zu schaffen, ob Erziehungsmaßnahmen oder Zuchtmittel zur Erziehung des Jugendlichen ausreichen oder ob Jugendstrafe gemäß § 17 II 1. Alt. JGG geboten ist.[716] Ausnahmsweise befreit ihn das Gesetz nun von der Pflicht, eine endgültige Entscheidung über die Sanktion zu treffen, und räumt ihm eine Überlegungsfrist ein.[717]

Hier liegt also ein weiteres Beispiel für Verzögerungsmechanismen im Jugendgerichtsgesetz vor. Entgegen der Forderung, das Jugendverfahren möglichst schnell zum Abschluss zu bringen, schafft es – immerhin unter Einschränkung des „in dubio pro reo"-Grundsatzes – die Möglichkeit, die endgültige Sanktionsentscheidung auf einen späteren Zeitpunkt zu verschieben und somit gegebenenfalls erheblich zu verzögern. Seine Rechtfertigung findet dies in der Annahme, dass zu diesem späteren Zeitpunkt das Maß der schädlichen Neigungen geklärt sei und der Richter nun die für den Jugendlichen pädagogisch sinnvolle Sanktion aussprechen könne. Erneut zeigt sich also, dass das Jugendgerichtsgesetz nicht eindimensional auf Beschleunigung in Form eines möglichst schnellen Verfahrensabschlusses hin ausgerichtet ist, sondern dass es sogar bewusst zeitliche Verzögerungen ermöglicht, wenn diese dem Ziel dienen, eine für den jeweiligen Jugendlichen erzieherisch wirkungsvolle Reaktion zu ermitteln. Auf der anderen Seite enthält dieses Rechtsinstitut aber auch eine sachgerecht beschleunigende Funktion. Noch vor einer endgültigen Verurteilung, also möglichst schnell, kann man durch Weisungen und Auflagen erzieherisch auf den Jugendlichen einwirken und so den weiteren Verfahrensablauf sowie die letztendliche Entscheidung beeinflussen.

---

[716] Vgl. Böhm, 1996, S. 247 f.
[717] Ostendorf, 2000 (a), Grdl. z. §§ 27-30, Rn. 3.

Abschließend erscheint es sinnvoll, die Vorschrift des § 27 JGG gegen andere ähnliche Rechtsinstitute des Jugendstrafrechts abzugrenzen. Zu denken ist dabei zunächst an die Strafaussetzung zur Bewährung nach §§ 21 ff. JGG.[718] Hier setzt der Jugendrichter die Vollstreckung der Jugendstrafe zur Bewährung aus, wenn dem Jugendlichen im Zeitpunkt der tatrichterlichen Entscheidung[719] eine günstige Prognose gestellt werden kann.[720] Im Unterschied zu § 27 JGG hat der Jugendliche bei der Strafaussetzung also mit einer bestimmten, ihm bekannten Strafdauer zu rechnen, betroffen ist nur deren Vollstreckung.[721] Bei § 27 JGG wird hingegen wegen der Unsicherheit über das Maß der schädlichen Neigungen gerade keine Jugendstrafe verhängt.[722]

Eine weitere Möglichkeit zur Strafaussetzung bietet § 88 JGG.[723] Hier kann nach Teilverbüßung einer Jugendstrafe deren Rest bei Vorliegen einer günstigen Prognose zur Bewährung ausgesetzt werden. Im vorliegenden Zusammenhang ist dabei auf Abs. 3 Satz 1 hinzuweisen, da hier eine zeitliche Komponente ins Spiel gebracht wird. So soll der Vollstreckungsleiter seine Entscheidung zur Strafaussetzung so frühzeitig treffen, dass die erforderlichen Maßnahmen zur Vorbereitung des Verurteilten auf sein Leben nach der Entlassung durchgeführt werden können. Dies macht Sinn, da der Jugendliche gerade in der ersten Zeit nach seiner Entlassung aus dem Jugendstrafvollzug einer besonders hohen Rückfallgefahr ausgesetzt ist.[724] Dem gilt es durch gezielte Vorbereitung in Bezug auf Unterkunft, Arbeit etc. entgegenzuwirken.[725] Es geht bei § 88 III 1 JGG also nicht um eine Beschleunigung des Vollstreckungsverfahrens, sondern darum, während des Vollzugs möglichst viel Zeit für erzieherisch sinnvolle Vorbereitungsmaßnahmen zu gewinnen. Falls in diesem Zeitraum neue Tatsachen bekannt werden oder eintreten, aufgrund derer die ursprüngliche Prognose nicht mehr aufrechterhalten werden kann, so kann der Richter gemäß § 88 III 2 JGG

---

718 Allgemein zur Bewährungsaussetzung: Westphal. Zur umstrittenen Frage der rechtlichen Einordnung: Brunner/Dölling, § 21, Rn. 1 f.; Böhm, 1996, S. 225 f.; Schaffstein/Beulke, S. 172 f. Zur Anwendungshäufigkeit: Ostendorf, 2000 (a), Grdl. z. §§ 21-26 a, Rn. 5.

719 BGH StV, 1991 (11), S. 424 (8.10.1990).

720 Hier liegt gerade das unmittelbare Ziel in der Vermeidung der als schädlich erkannten Strafvollstreckung, vgl. Ostendorf, 2000 (a), Grdl. z. §§ 21-26 a, Rn. 3; Albrecht, Peter-Alexis, S. 262 f.

721 Böhm, 1996, S. 225; Schaffstein/Beulke, S. 172.

722 BGH St 9, S. 160 ff. (6.4.1956), S. 161; Brunner/Dölling, § 27, Rn. 1.

723 Siehe dazu allgemein: Claasen.

724 Diemer/Schoreit/Sonnen-Sonnen, § 88, Rn. 17; Eisenberg, 2002, § 88, Rn. 11.

725 Brunner/Dölling, § 88, Rn. 7 a.

seine Aussetzungsentscheidung bis zur Entlassung des Verurteilten wieder aufheben.[726]

Abzugrenzen ist die Entscheidung nach § 21 JGG auch gegenüber der so genannten „Vorbewährung".[727] Dieses Rechtsinstitut wird aus dem Umstand abgeleitet, dass gemäß § 57 JGG die Aussetzung der Jugendstrafe nach § 21 JGG auch noch nachträglich durch Beschluss erfolgen kann. Daraus wird zum Teil die Möglichkeit gefolgert, den Jugendlichen zunächst nur zu einer bestimmten Jugendstrafe zu verurteilen und die spätere Entscheidung über deren Aussetzung von der Befolgung gleichzeitig erteilter Weisungen und/oder Auflagen abhängig zu machen.[728] Ebenso wie bei § 27 JGG wird hier die endgültige Entscheidung hinausgezögert und durch Weisungen und Auflagen vorbereitet, um dann die erzieherisch sinnvollste Reaktion auswählen zu können.[729] Anders als bei der Aussetzung der Verhängung der Jugendstrafe ist bei der Vorbewährung jedoch bereits entschieden, dass schädliche Neigungen in einem Maße vorliegen, das Jugendstrafe erforderlich macht; offen bleibt lediglich die Frage, ob dem Jugendlichen eine Strafaussetzung zuerkannt werden soll.[730] Unabhängig vom pädagogischen Nutzen der „Vorbewährung" ist diese jedoch wohl de lege lata abzulehnen, da es ihr an einer ausreichenden Rechtsgrundlage im Jugendgerichtsgesetz fehlt.[731] Die Rechtsprechung hingegen hält die Figur für zulässig.[732]

11. § 54 JGG: Urteilsgründe

Am Ende der Hauptverhandlung steht in der Regel die Verkündung des Urteils.[733] Dies richtet sich zunächst nach allgemeinem Strafprozessrecht, also nach den §§ 267, 268 StPO, wird jedoch für Jugendverfahren durch § 54 JGG modifi-

---

726 Die mangelnde Konkretisierung der Voraussetzung kritisierend: Diemer/Schoreit/Sonnen-Sonnen, § 88, Rn. 18; Eisenberg, 2002, § 88, Rn. 11. Siehe auch: Ostendorf, 2000 (a), § 88, Rn. 13.

727 Allgemein dazu: Flümann.

728 So Brunner/Dölling, § 57, Rn. 4; Diemer/Schoreit/Sonnen-Sonnen, § 57, Rn. 15; Eisenberg, 2002, § 57, Rn. 6. Unter engen Voraussetzungen auch: Böhm, 1996, S. 219 ff.

729 Ostendorf, 2000 (a), § 57, Rn. 5.

730 Vgl. Flümann, S. 13 f.

731 So auch: Flümann, S. 78; Kruse, S. 221 ff.; Schaffstein/Beulke, S. 180 f.; Walter/Pieplow, S. 168. Schon den pädagogischen Nutzen bestreitend: Ostendorf, 2000 (a), § 57, Rn. 5 ff.; Albrecht, Peter-Alexis, S. 272; Westphal, S. 283.

732 BGH NStZ-RR, 1997 (2), S. 21 (28.8.1996); OLG Karlsruhe StV, 1998 (18), S. 348 (24.3.1998); OLG Dresden NStZ-RR 1998 (3), S. 318 (12.6.1998).

733 Siehe dazu ausführlich: Momberg, vor allem S. 26 ff., S. 206 ff.

ziert. Dabei erweitert § 54 I JGG die Anforderungen an die Urteilsgründe, während § 54 II JGG die Möglichkeit normiert, dem Angeklagten aus erzieherischen Gründen bestimmte Urteilsgründe nicht mitzuteilen. Sowohl Anfertigung und Begründung des Urteils als auch seine Verkündung sollen somit eine erzieherische Prägung erhalten. Die pädagogische Bedeutung der Urteilsverkündung wird sehr unterschiedlich beurteilt. Zum Teil wird eine eher geringe Aufnahmefähigkeit des Jugendlichen vermutet.[734] Dem wird entgegengesetzt, dass durch eine pädagogisch geschickte und für den Jugendlichen verständliche Vermittlung das Urteil durchaus eine sinnvolle erzieherische Wirkung haben kann.[735] Auch die RL Nr. 2 Satz 1 zu § 54 JGG spricht der Urteilsverkündung für die Erziehung eine „besondere Bedeutung" zu. Wie diese Wirkung zu erreichen ist, ist Thema zahlreicher Überlegungen. Dabei geht es teilweise um ganz konkrete Begrifflichkeiten,[736] teilweise aber auch um allgemeinere Forderungen, etwa nach einer „eindrucksvollen" Urteilsverkündung[737] und vor allem einer für den Jugendlichen verständlichen Vermittlung.[738] Gerade Letzteres entspricht den Ergebnissen, die aus dem vorliegenden erfahrungswissenschaftlichen Abschnitt herrühren (s. S. 35 ff.). Auch hier zeigt sich wieder die große Bedeutung, individuell auf den jeweiligen Betroffenen einzugehen. Es kann auch sinnvoll sein, das Urteil durch die Wortwahl bereits im Verfahren gleichsam „vorzubereiten".[739] Von der Möglichkeit des § 54 II JGG sollte jedoch nur zurückhaltend Gebrauch gemacht werden, da der Erziehungszweck durch Vorenthalten von Informationen im Einzelfall sogar gefährdet sein kann.[740] Es kann sich also durchaus lohnen zu versuchen, auch in der Urteilsverkündung auf den individuellen Jugendlichen pädagogisch einzuwirken.

Die Erweiterung der Begründungspflicht durch § 54 I JGG trägt der jugendstrafrechtlichen Besonderheit Rechnung, dass die Rechtsfolge im Wesentlichen

---

734 So Göppinger, S. 655.

735 So etwa: Brunner/Dölling, § 54, Rn. 18; Schaffstein/Beulke, S. 258.

736 Eisenberg, 2002, § 54, Rn. 9; Kroschel/Meyer-Goßner, S. 45, wollen etwa den Ausdruck „verurteilt" vermeiden. Andere Ansicht: Ostendorf, 2000 (a), § 54, Rn. 4; Albrecht, Peter-Alexis, S. 373, mit dem Argument einer „ehrlichen Sprache". Für die Verkündung in der Form einer persönlichen Ansprache Eisenberg, 2002, § 54, Rn. 43; Hauber/Mayer-Rosa, S. 493; Schaffstein/Beulke, S. 258. Andere Ansicht: Ostendorf, 2000 (a), § 54, Rn. 20.

737 Brunner/Dölling, § 54, Rn. 18.

738 Brunner/Dölling, § 54, Rn. 18; Herz, S. 121 f.; Schaffstein/Beulke, S. 258. Vgl. auch: RL Nr. 2 Satz 2 zu § 54 JGG.

739 Vgl. Heinen, S. 210.

740 So auch: Diemer/Schoreit/Sonnen-Schoreit, § 54, Rn. 30; Eisenberg, 2002, § 54, Rn. 42; Ostendorf, 2000 (a), § 54, Rn. 21.

durch die Persönlichkeit des Jugendlichen bestimmt wird.[741] Deshalb muss sich der Richter im Urteil ausdrücklich mit Tat und Täter auseinander setzen und die Umstände benennen, die für die verhängte Rechtsfolge entscheidend waren.[742] Ziel dieser Vorschrift ist nicht nur, die größtmögliche Nachvollziehbarkeit für den betroffenen Jugendlichen herzustellen,[743] sondern auch die Überprüfung des Urteils in der höheren Instanz zu vereinfachen und vor allem, Hinweise für die erzieherische Durchführung der angeordneten Rechtsfolgen für Jugendstrafvollzug, Heimerziehung, Bewährungshelfer oder Erziehungsbeistand zu geben.[744] Auch hier ist bezüglich der praktischen Umsetzung im Einzelnen vieles problematisch und umstritten.[745] Unabhängig von der pädagogischen Bewertung bestimmter Aussagen im Urteil und dem Aufbau der Urteilsgründe ist jedoch deutlich geworden, dass auch in der Begründung und Verkündung des Urteils erzieherisches Potential liegt, das es im Hinblick auf den individuellen Jugendlichen zu nutzen gilt, auch wenn die Urteilsabfassung und -vermittlung dadurch etwas mehr Zeit in Anspruch nehmen.[746]

12. §§ 82 ff., 87 III, 56 I JGG: Vollstreckung

Liegt nun eine rechtskräftige Entscheidung vor, so gilt es, in die Phase von deren Vollstreckung und Vollzug einzutreten. Während die Erziehungsmaßregeln und Auflagen selbstredend erzieherisch ausgestaltet sind, wird dies für den Vollzug des Jugendarrestes ausdrücklich in § 90 I 2 JGG normiert. Eine ebensolche erzieherische Ausgestaltung ergibt sich für den Vollzug der Jugendstrafe aus § 91 JGG. Weniger für den Bereich des Vollzugs als vielmehr für die Vollstreckung[747] ist nun der Beschleunigungsgrundsatz von Bedeutung. Es geht also um die Frage des Vollstreckungszeitpunktes, wobei hier die §§ 82 ff. JGG Anhaltspunkt sind für eine allgemeine Betrachtung der Vollstreckung, während §

---

[741] Schaffstein/Beulke, S. 258. Vgl. auch: RL Nr. 1 Satz 1 zu § 54 JGG sowie ThürOLG StV, 1998, S. 340 (13.1.1998).
[742] OLG Hamm StraFo, 2002, S. 58 (13.8.2001).
[743] Vor allem hierauf abstellend: Ostendorf, 2000 (a), § 54, Rn. 13.
[744] Eisenberg, 2002, § 54, Rn. 24; Kroschel/Mayer-Goßner, S. 244; Schaffstein/Beulke, S. 258. Vgl. auch: RL Nr. 1 Satz 2 zu § 54 JGG.
[745] Vgl. hier nur: Diemer/Schoreit/Sonnen-Schoreit, § 54, Rn. 18 ff.; Eisenberg, 2002, § 54, Rn. 24 ff.
[746] Dies muss nicht im Widerspruch zu der Ansicht stehen, dass die Urteilsabsetzung im Jugendstrafverfahren in zeitlich engeren Grenzen als im allgemeinen Strafverfahren (§ 275 I StPO) zu geschehen hat, vgl. Eisenberg, 1999, S. 286.
[747] Zur Unterscheidung von Vollzug und Vollstreckung siehe: Schaffstein/Beulke, S. 283.

56 I JGG sowie § 87 III JGG besondere Vollstreckungsfragen regeln, die im Zusammenhang mit dem Beschleunigungsgrundsatz stehen.

Zunächst soll § 87 III JGG etwas näher betrachtet werden. Der üblichen Argumentation zugunsten des Beschleunigungsgrundsatzes wird die Forderung zugrunde gelegt, dass der Jugendarrest möglichst schnell nach Eintritt der Rechtskraft des Urteils zu vollstrecken sei, damit seine pädagogischen Zwecke erreicht werden können.[748] Die praktischen Erfahrungen zeigen jedoch, dass in der Regel erst nach mehreren Monaten der angeordnete Jugendarrest vollstreckt wird (s. S. 7). In Anbetracht dieser Tatsache berechtigt § 87 III 1 JGG den Vollstreckungsleiter (vgl. § 82 I JGG) dazu, von der Vollstreckung des Jugendarrestes ganz bzw. nach teilweiser Verbüßung von dessen Rest abzusehen, wenn dies aufgrund neuer Umstände erzieherisch angezeigt ist. Richtigerweise wird hiermit aus dem Erziehungsgedanken gefolgert, dass eine so einschneidende Sanktion wie der Arrest auch nach dem Urteil wieder aufgehoben werden sollte, wenn sich herausstellt, dass die Verbüßung dem Jugendlichen eher schaden würde.[749] Hiermit bietet sich eine sinnvolle Möglichkeit, auf positive Veränderungen des Jugendlichen zu reagieren,[750] was ja auch im Sinne der lernpsychologischen Bevorzugung von Belohnung eines erwünschten Verhaltens gegenüber Bestrafung des unerwünschten ist. Der Beschleunigungsgrundsatz führt nun mit seiner Begründung, dass die Aussichten auf ein erzieherisch erfolgreiches Einwirken auf den Jugendlichen umso geringer werden, je größer der zeitliche Abstand zwischen Urteil und Vollstreckungsbeginn ist,[751] dazu, dass nach § 87 III 2 JGG von der Vollstreckung abgesehen wird, wenn seit Eintritt der Rechtskraft sechs Monate verstrichen sind und dies aus Gründen der Erziehung geboten ist.[752] Noch weiter geht § 87 IV JGG, der die Vollstreckung von Jugendarrest nach einem Jahr sogar gänzlich untersagt.[753] Hierin ist keine Sonderregelung über die Vollstreckungsverjährung zu sehen;[754] vielmehr wird im Sinne des Beschleuni-

---

[748] BT-Drucksache 11/5829, S. 35; Brunner/Dölling, § 87, Rn. 7; Eisenberg, 2002, § 87, Rn. 6 a; Nix-Richtberg, § 87, Rn. 3; Böhm, 1996, S. 194.

[749] BT-Drucksache 11/5829, S. 35; Eisenberg, 2002, § 87, Rn. 6. Beispiele in: Brunner/Dölling, § 87, Rn. 7.

[750] Ostendorf, 2000 (a), Grdl. z. §§ 86-87, Rn. 5.

[751] BT-Drucksache 11/5829, S. 35.

[752] Siehe dazu: Eisenberg, 2002, § 87, Rn. 6 a.

[753] Für solche Befristungen sprach sich der Arbeitskreis III-2 „Neue Strategien im Jugendstrafverfahren" beim 25. Deutschen Jugendgerichtstag 2001 in Marburg auch in Bezug auf ambulante Maßnahmen aus (nicht veröffentlicht).

[754] Diemer/Schoreit/Sonnen-Sonnen, § 87, Rn. 9; Eisenberg, 2002, § 87, Rn. 10; Ostendorf, 2000 (a), § 87, Rn. 14.

gungsgrundsatzes angenommen, dass nach Jahresfrist die Vollstreckung eines Jugendarrestes immer ungeeignet im Sinne einer Individualprävention ist.[755]

§ 56 I JGG, der die Möglichkeit der Teilvollstreckung einer Einheitsstrafe normiert, stellt eine Durchbrechung des Grundsatzes des allgemeinen Strafprozessrechts dar, wonach nur rechtskräftige Urteile vollstreckbar sind (§ 449 StPO).[756] Eine solche Teilvollstreckung ist möglich, wenn ein Jugendlicher zu einer Einheitsstrafe verurteilt worden ist, er aber nur einen Teil des Strafausspruchs anficht.[757] Der nicht beanstandete Teil der Strafe kann nun für vollstreckbar erklärt werden, wenn dies dem wohlverstandenen Interesse des Angeklagten entspricht und der Jugendliche durch die Teilvollstreckung nicht benachteiligt werden kann (vgl. § 56 I 3 JGG). Legitimiert wird diese Ausnahmevorschrift in erster Linie durch den Beschleunigungsgrundsatz – die Rechtsfolge soll also in möglichst engem zeitlichem Zusammenhang zur Tat und Verurteilung stehen –; daneben wird aber auch mit der Vermeidung der erzieherisch weniger geeigneten Untersuchungshaft argumentiert.[758] § 56 JGG wird aber auch erhebliche Kritik entgegengebracht. Zunächst wird der Begriff des „wohlverstandenen Interesses" als zu unbestimmt angesehen, „um eine Durchbrechung des im § 449 StPO beinhalteten allgemeinen Grundsatzes in jedem Fall in den gebotenen rechtsstaatlich tragbaren Grenzen zu halten."[759] Ferner wird die Gefahr gesehen, dass durch die Teilvollstreckung gerade eine Beschleunigung verhindert wird, da bei einer Inhaftierung leichter angenommen werden könnte, dass das weitere Verfahren nicht eilt.[760] Der wichtigste Kritikpunkt dürfte jedoch im Verständnis des Jugendstrafrechts als Täterstrafrecht zu sehen sein.[761] Bei Wegfall einzelner Schuldfeststellungen kann sich nämlich ein neues Bild von der Persönlichkeit des Jugendlichen ergeben, was so weit gehen kann, dass damit die Verhängung von Jugendstrafe überhaupt entbehrlich wird. Aus diesem Grund kommt nicht nur die RL Nr. 1 zu § 56 JGG, sondern auch die herrschende Literatur zu der

---

755 Nix-Richtberg, § 87, Rn. 5; Ostendorf, 2000 (a), § 87, Rn. 14.

756 Eisenberg, 2002, § 56, Rn. 4; Schaffstein/Beulke, S. 265. Schon aus diesem Grund kritisch: Albrecht, Peter-Alexis, S. 399; Nothacker, 1982 (b), S. 278 f.

757 Zum Spannungsverhältnis zwischen § 56 JGG und § 31 II JGG siehe: Bohlander, S. 237 f.

758 Brunner/Dölling, § 56, Rn. 1; Eisenberg, 2002, § 56, Rn. 5; Schaffstein/Beulke, S. 265. Kritisch dazu: Nothacker, 1982 (b), S. 278 f.

759 Eisenberg, 2002, § 56, Rn. 6. Kritisch auch: Diemer/Schoreit/Sonnen-Schoreit, § 56, Rn. 8.

760 Ostendorf, 2000 (a), Grdl. z. §§ 55-56, Rn. 7, der deshalb die Möglichkeit der Teilvollstreckung nach § 56 I JGG vollständig ablehnt.

761 Diemer/Schoreit/Sonnen-Schoreit, § 56, Rn. 3; Eisenberg, 2002, § 56, Rn. 4.

berechtigten Auffassung, dass von der Möglichkeit der Teilvollstreckung nach § 56 JGG nur mit Zurückhaltung Gebrauch gemacht werden sollte.[762]

Allgemein wird das Vollstreckungsrecht für Jugendliche in den §§ 82 ff. JGG geregelt. Während hier jedoch nicht explizit auf die zeitliche Komponente der Vollstreckung, also insbesondere deren Beginn, eingegangen wird, nehmen die Richtlinien zum JGG diesen Gesetzesteil zum Anlass für ein besonders intensives Plädoyer für den Beschleunigungsgrundsatz. Dessen Bedeutung wird hier in zweifacher Weise gesteigert. Zum einen ist die Beschleunigung in Fragen der Vollstreckung noch wichtiger als ohnehin im Jugendstrafverfahrensrecht. Zum anderen wird die generelle Verpflichtung der Vollstreckungsbehörde zur alsbaldigen Vollstreckung im allgemeinen Strafvollstreckungsrecht (vgl. § 2 StVollstrO) für Jugendliche in ihrer Bedeutung noch potenziert. Grundlegend wird dies in der RL II Nr. 1 zu §§ 82-85 JGG ausgeführt: „Die bei der Strafvollstreckung grundsätzlich erforderliche Beschleunigung ist für die Vollstreckung der für Jugendliche festgesetzten Maßnahmen und Strafen besonders wichtig. Je mehr sich für sie der innere Zusammenhang zwischen Tat, Urteil und Vollstreckung durch Zeitablauf lockert, umso weniger ist damit zu rechnen, dass die Maßnahme oder Strafe die beabsichtigte Wirkung erreicht. Alle beteiligten Stellen müssen daher bestrebt sein, die Vollstreckung nachdrücklich zu fördern.“ Konkretisiert werden diese allgemeinen Überlegungen durch Regelungen für die Praxis in den RL II Nr. 2 und 3, IV Nr. 1, V Nr. 4 sowie VI Nr. 1 und 4 zu §§ 82-85 JGG. Die besondere Betonung des Beschleunigungsgrundsatzes für den Bereich der Vollstreckung wird auch von der überwiegenden Literatur so anerkannt.[763] Was ist aber auf der Grundlage der Erkenntnisse aus dem erfahrungswissenschaftlichen Teil dieser Arbeit von dieser Auffassung zu halten ? Wie wichtig ist es tatsächlich für die Erziehung des Jugendlichen, die Vollstreckung seiner jeweiligen Sanktion beschleunigt herbeizuführen ?

Hauptargument zugunsten des Beschleunigungsgrundsatzes ist, dass der Jugendliche nach Ablauf einer längeren Zeitdauer den Bezug zu seiner Tat verliere und

---

[762] Siehe etwa: Brunner/Dölling, § 56, Rn. 1; Diemer/Schoreit/Sonnen-Schoreit, § 56, Rn. 1; Eisenberg, 2002, § 56, Rn. 6; Nix-Nicolai, § 56, Rn. 2.

[763] Brunner/Dölling, Vor § 82, Rn. 3; Ostendorf, 2000 (a), § 82, Rn. 7, § 85, Rn. 11; Middendorf, S. 72; Schaffstein/Beulke, S. 286. Unentschieden: Eisenberg, 2002, § 82, Rn. 19. Kritisch hingegen: Scheffler, 1981, S. 454; Albrecht, Peter-Alexis, S. 410 f., der die Gefahr des Verzichts auf rechtsstaatliche Grundsätze sieht und darauf hinweist, dass – etwa aufgrund der Ermittlungsdauer, der Rechtsmittel sowie der begrenzten Haft- und Arrestplätze – ein unmittelbares Nachfolgen der Strafe auf die Tat ohnehin praktisch nie realisierbar ist.

dadurch die Sanktion nicht mehr als konsequente Folge seines eigenen Tuns akzeptieren könne. Es wurde jedoch gezeigt, dass durch verschiedene Maßnahmen dieser Bezug auch anders herstellbar ist als nur durch zeitliche Kontiguität. Ist jedoch das gerichtliche Verfahren bereits abgeschlossen und eine rechtskräftige Entscheidung herbeigeführt, so hat man bis zur Vollstreckung der verhängten Maßnahme gewöhnlich keinen Einfluss mehr auf den Jugendlichen. In diesem Zeitraum ist die Gefahr des beschriebenen Bezugsverlustes also besonders groß. Ferner ist zu berücksichtigen, dass der Jugendliche im Falle der Verhängung von Jugendarrest oder gar Jugendstrafe ohne Bewährung oft keinen Anlass sehen wird, in der Zeit zwischen Urteil und Vollstreckung seine Situation zu verbessern, etwa durch Aufnahme einer Arbeit, da er damit rechnen muss, aus dieser Entwicklung durch die Vollstreckung des Urteils wieder herausgerissen zu werden. Es ist also zu befürchten, dass diese Zeit eine für die individuelle Entwicklung des Jugendlichen verlorene ist. Anders ist dies nur, wenn der Verurteilte davon ausgehen kann, dass sich seine positive Entwicklung in der Frage der Vollstreckung niederschlägt. Eine solche Möglichkeit bietet der bereits erläuterte § 87 III JGG in Form des Absehens von der Arrestvollstreckung. Diese Regelung ist folglich zu begrüßen.

Noch sinnvoller erscheint es aber – und auch dies ist im Sinne der bisherigen Überlegungen –, wenn man schon im gerichtlichen Verfahren selbst auf solche positiven Entwicklungen aufmerksam wird – was jedoch in einem nur auf Beschleunigung ausgerichteten Verfahren nur schwer möglich sein wird – und auf dieser Grundlage zu einer aktuell erzieherisch sinnvollen Rechtsfolge gelangt. Ist während des Verfahrens eine solche Entwicklung jedoch nicht deutlich geworden und wurde eine erzieherisch angemessene Sanktion verhängt, dann ist diese auch möglichst schnell zu vollstrecken, um eben gerade zu vermeiden, dass eventuelle zwischenzeitliche erzieherische Fortschritte wieder zunichte gemacht werden; denn natürlich steigt mit zunehmender Dauer zwischen Urteil und Vollstreckung auch die Wahrscheinlichkeit, dass sich der Jugendliche „wegentwickelt“ im Sinne der Entwicklungs- und Persönlichkeitstheorien und dass in seinem Umfeld – kriminologisch gesprochen – Halt und Bindungen entstehen. Auf der anderen Seite besteht aber die Gefahr, dass die ungünstigen Verhältnisse des Jugendlichen sich in der Zwischenzeit weiter verstärken und die folgende Sanktion gegen einen noch größeren Widerstand ankämpfen muss. Egal wie sich der Jugendliche also entwickelt, ein bloßes Zuwarten bis zur Urteilsvollstreckung gilt es zu vermeiden. Während der Beschleunigungsgrundsatz in der Form einer Forderung nach einer möglichst schnellen Durchführung des gerichtlichen Verfahrens und damit eines möglichst schnellen Aufeinanderfolgens von Tat und rechtskräftiger Entscheidung im Rahmen dieser Arbeit bisher erheblich relativiert wurde, findet er im vorliegenden Zusammenhang mit seiner Forderung nach einer möglichst schnellen Vollstreckung der getroffenen Entscheidung nachdrückliche Unterstützung. Dabei darf jedoch die weitere Entwicklung des Jugendlichen nicht unberücksichtigt bleiben, falls es dennoch zu einer längeren Wartezeit bis zur Vollstreckung gekommen ist.

13. § 55 I, II JGG: Rechtsmittelbeschränkung

Bereits mehrfach in dieser Darstellung wurde das Spannungsverhältnis deutlich, in dem der erzieherisch legitimierte Beschleunigungsgrundsatz zum strafprozessualen Grundsatz der Rechtsstaatlichkeit steht. So wurde etwa die Frage problematisiert, inwieweit im Rahmen des vereinfachten Jugendverfahrens mit dem Ziel einer Beschleunigung nach § 78 III JGG von Verfahrensvorschriften abgewichen werden darf (s. S. 114 ff.). Besonders deutlich wird dieses Spannungsverhältnis erneut bei den Rechtsmittelbeschränkungen, die der Gesetzgeber für Jugendliche in § 55 I und II JGG vorgenommen hat.[764] Grundsätzlich gelten auch im Jugendstrafverfahren die Rechtsbehelfsvorschriften des allgemeinen Strafverfahrensrechts.[765] Sonderregelungen im Bereich der Beschwerde finden sich aber z. B. in den §§ 59 II 2, 88 VI 3, 89 III JGG. Von größerer Bedeutung, insbesondere im vorliegenden Zusammenhang, sind jedoch die bereits angesprochenen Beschränkungen in § 55 I und II JGG. Dabei handelt es sich im Falle des Abs. 1 um eine sachliche, bei Abs. 2 um eine instanzielle Beschränkung der Möglichkeit, jugendstrafrechtliche Urteile anzufechten. Zentraler Gegenstand von § 55 I JGG ist, dass Entscheidungen, in denen lediglich Erziehungsmaßregeln oder Zuchtmittel angeordnet wurden (Ausnahme: Hilfe zur Erziehung nach § 12 Nr. 2 JGG, vgl. § 55 I 2 JGG), nicht wegen des Umfangs der Maßnahmen angefochten werden können oder weil andere Maßnahmen hätten angeordnet werden sollen.[766] Davon unbeeinträchtigt bleibt die Anfechtungsmöglichkeit in der Schuldfrage.[767] Die herrschende Meinung legt jedoch die

---

764 Zu den statistischen Angaben über Rechtsmittelverfahren in Jugendsachen siehe: Eisenberg, 2002, § 55, Rn. 38; Ostendorf, 2000 (a), Grdl. z. §§ 55-56, Rn. 4.

765 Vgl. Albrecht, Peter-Alexis, S. 383 f. Auch das Verschlechterungsverbot gilt grundsätzlich im jugendgerichtlichen Rechtsmittelverfahren. Dabei ist jedoch die Einordnung der verschiedenen jugendstrafrechtlichen Sanktionen in ein Bewertungssystem problematisch. Siehe hierzu etwa: Brunner/Dölling, § 55, Rn. 21 ff.; Diemer/Schoreit/Sonnen-Schoreit, § 55, Rn. 15 ff.; Eisenberg, 2002, § 55, Rn. 73 ff.; Schaffstein/Beulke, S. 264 f.

766 Ferner ist in § 55 I 1 JGG die Rolle des Vormundschaftsrichters mitgeregelt.

767 Eine Anfechtung ist aber auch zulässig, wenn die Ungesetzlichkeit einer Anordnung geltend gemacht wird, Brunner/Dölling, § 55, Rn. 11 f.; Eisenberg, 2002, § 55, Rn. 48;

sachliche Rechtsmittelbeschränkung in § 55 I JGG im Hinblick auf ihren Wortlaut („Entscheidung ... angefochten") recht weit aus,[768] was teilweise auch auf Kritik stößt.[769] Die Regelung des § 55 II JGG führt im Ergebnis dazu, dass grundsätzlich jeder Anfechtungsberechtigte nur ein Rechtsmittel einlegen kann (Abs. 2 Satz 2 soll hier Umgehungen verhindern). In der Regel hat dies eine Verkürzung des Rechtswegs auf zwei Instanzen zur Folge;[770] mit der Wahl eines der beiden Rechtsmittel wird das jeweils andere unzulässig.[771] Trotzdem kann natürlich der Staatsanwalt gegen das Berufungsurteil Revision einlegen, wenn zuvor nur der Angeklagte Berufung eingelegt hatte – und umgekehrt.

Diese beiden Regelungen sind freilich in rechtsstaatlicher Hinsicht nicht unproblematisch.[772] Die jeweilige Entscheidung ist nicht mehr in derselben Weise überprüfbar, wie dies gewöhnlicherweise im allgemeinen Strafverfahrensrecht der Fall ist. Solche Einschränkungen bedürfen aber einer überzeugenden Legitimation. Verschiedene Aspekte werden angeführt, die die Rechtsmittelbeschränkungen legitimieren sollen. Im Zentrum dieser Überlegungen steht, wie bereits angedeutet, der Beschleunigungsgrundsatz.[773] Mit der bekannten Argumentation kommt man zu dem Ergebnis, dass aus erzieherischen Gründen die Strafe der Tat möglichst schnell nachfolgen und somit in möglichst kurzer Zeit

---

Böhm, 1996, S. 91; Schaffstein/Beulke, S. 262 f. Dagegen: Diemer/Schoreit/Sonnen-Schoreit, § 55, Rn. 7.
Nach herrschender Ansicht kann das Rechtsmittelgericht aber auch bei Aufrechterhaltung des Schuldspruchs die vom Erstrichter verhängten Maßnahmen ändern (Grenze: Verbot der reformatio in peius, §§ 331 I, 358 II StPO), BGH St 10, S. 198 ff. (3.4.1957), S. 200 ff.; Brunner/Dölling, § 55, Rn. 12; Eisenberg, 2002, § 55, Rn. 53; Nix-Nicolai, § 55, Rn. 8; Ostendorf, 2000 (a), § 55, Rn. 25; Albrecht, Peter-Alexis, S. 389; Böhm, 1996, S. 91 f. Die Gegenansicht argumentiert ihrerseits mit der Gefahr einer Umgehung des § 55 I JGG, OLG Frankfurt/M. NJW, 1956 (9), S. 32 f. (17.8.1955); Kaufmann, S. 9 ff.; Schaffstein/Beulke, S. 263.

768 Siehe etwa: Brunner/Dölling, § 55, Rn. 8.

769 Etwa: Albrecht, Peter-Alexis, S. 387; Nothacker, 1982 (a), S. 457 ff.

770 Da die Beschränkung auch den Staatsanwalt trifft, kann sie sich unter Umständen sogar günstig für den Verurteilten auswirken.

771 Für die Auswahl des Rechtsmittels hat man jedoch Zeit bis zum Ablauf der Revisionsbegründungsfrist (§ 345 StPO), BGH St 13, S. 388 ff. (15.1.1960), S. 393; Diemer/Schoreit/Sonnen-Schoreit, § 55, Rn. 43; Eisenberg, 2002, § 55, Rn. 59; Schaffstein/Beulke, S. 262.

772 Vgl. auch: OLG Celle JR, 1980, S. 37 ff. (13.2.1972); Eisenberg, 2002, § 55, Rn. 37.

773 BT-Drucksache 1/3264, S. 46; BT-Drucksache 1/4437, S. 9; BVerfG NStZ, 1988 (8), S. 34 f. (23.9.1987), S. 34; Brunner/Dölling, § 55, Rn. 1; Diemer/Schoreit/Sonnen-Schoreit, § 55, Rn. 2 f.; Ostendorf, 2000 (a), Grdl. z. §§ 55-56, Rn. 4; Böhm, 1996, S. 94; Herz, S. 122 f.; Middendorf, S. 71 f.; Schäfer, Herbert, S. 335; Schaffstein/Beulke, S. 261. Kritisch dazu: Eisenberg, 2002, § 55, Rn. 35 ff.; Nix-Nicolai, § 55, Rn. 7.

eine rechtskräftige Entscheidung herbeigeführt werden solle.[774] Jeder weitere eingelegte Rechtsbehelf verlängere dagegen die gesamte Verfahrensdauer und schwäche so die erzieherische Wirkung der Sanktion auf den Jugendlichen stark ab. Weitere Argumente sind die Gefahr einer erzieherisch abträglichen Minderung der gerichtlichen Autorität durch voneinander abweichende (Rechtsmittel-) Entscheidungen,[775] die Verringerung von Stereotypisierungen durch höhere Gerichte insbesondere bei der Rechtsfolgenbemessung[776] sowie die Feststellung, dass der erstinstanzliche Richter die Erziehungsbedürfnisse des Jugendlichen in der Regel besser wahrnehmen könne,[777] dass aber gerade seine „pädagogische Verantwortungsfreudigkeit" unter einer weiten Rechtsmittelmöglichkeit leiden müsse.[778] Vor allem zugunsten § 55 II JGG wird teilweise auch mit verfahrensökonomischen Gründen argumentiert.[779]

Dieser Argumentation sind jedoch einige kritische Gesichtspunkte entgegenzusetzen. Zunächst ist eine rein verfahrensökonomische Begründung, wie bereits mehrfach erklärt, beim erzieherisch ausgeformten Jugendstrafrecht eindeutig abzulehnen. Weiterhin kann das Argument der gerichtlichen Autorität nicht vollständig überzeugen, da es zum einen sehr unkritisch auf der Grundlage eines autoritär verstandenen Erziehungskonzepts beruht[780] und zum anderen in der Möglichkeit divergierender Rechtsmittelentscheidungen aus der Sicht des Angeklagten vielleicht weniger ein Autoritätsverlust als vielmehr die rechtsstaatlich garantierte Chance der Korrektur von Verfahrensverstößen und Fehlentscheidungen gesehen werden kann.[781] Teilweise wird in den Regelungen des § 55 JGG auch ein Verstoß gegen Art. 3 GG gesehen.[782] Eine Verfassungswidrigkeit wegen der Schlechterstellung jugendlicher Angeklagter gegenüber Erwachsenen wird jedoch von der herrschenden Ansicht nicht anerkannt, da – im Blick auf § 55 II JGG – ein bestimmter Instanzenzug von Verfassungs wegen nicht gewähr-

---

[774] Vgl. auch: RL Nr. 1 zu § 55 JGG; in Satz 2 wird hier sinnvollerweise eine besondere Zurückhaltung bei der Einlegung von Rechtsmitteln zuungunsten des Angeklagten gefordert.
[775] Kaufmann, S. 11; Schaffstein/Beulke, S. 261.
[776] Eisenberg, 2002, § 55, Rn. 36.
[777] Böhm, 1996, S. 92. Erneut ist hierbei aber auf die mangelnde pädagogische Ausbildung der Jugendrichter entgegen § 37 JGG hinzuweisen, vgl. Nix-Nicolai, § 55, Rn. 7.
[778] Schaffstein/Beulke, S. 261.
[779] Dies kritisierend: Eisenberg, 2002, § 55, Rn. 37; Albrecht, Peter-Alexis, S. 386; Nothacker, 1982 (a), S. 454, 467; Scheffler, 1981, S. 451 ff.
[780] Eisenberg, 2002, § 55, Rn. 36; Nothacker, 1982 (a), S. 453.
[781] Albrecht, Peter-Alexis, S. 386 f.
[782] Albrecht, Peter-Alexis, S. 385 f.

leistet ist und vor allem die Rechtsmittelbeschränkung auf den genannten sachlichen Gründen beruht.[783]

Als entscheidende Legitimation dieser Einschränkung bleibt also der erzieherisch begründete Beschleunigungsgrundsatz bestehen. Wieweit diese Legitimation reicht, das ist nun die grundlegende Frage. Zu suchen ist also ein Kompromiss im Spannungsbereich zwischen Beschleunigung und Rechtsstaatlichkeit. Genau genommen stellt jede gesetzliche Rechtsmittelsystematik einen solchen Kompromiss dar, also auch die Beschränkung der Anfechtbarkeit von Urteilen auf zwei Instanzen im allgemeinen Verfahrensrecht. Fraglich ist jedoch, ob der Beschleunigungsgrundsatz eine demgegenüber verstärkte Abschwächung rechtsstaatlicher Garantien gegenüber Jugendlichen erlaubt. Hierbei ist erneut zwischen den beiden Vorschriften des § 55 JGG zu differenzieren. Bei Abs. 1 geht es um die Unanfechtbarkeit bezüglich Art und Umfang von Weisungen und Auflagen bei einer unwidersprochenen Schuldfeststellung. Demgegenüber behandelt Abs. 2 die einschneidendere Sanktion „Jugendstrafe" oder die grundlegende Frage der Schuld. Im Sinne des Verhältnismäßigkeitsgrundsatzes erscheint es also durchaus angemessen, im Falle des Abs. 2 den Rechtsstaatsgrundsatz stärker ins Zentrum zu rücken als bei Abs. 1. Ferner spielt eine mögliche Schlechterstellung von Jugendlichen gegenüber Erwachsenen im Bereich von § 55 I JGG keine Rolle, da es sich bei den Erziehungsregeln und Zuchtmitteln nicht um Strafen im Rechtssinne handelt[784] und es darum an der Vergleichbarkeit fehlt. Überzeugend ist außerdem die Auffassung, dass der erstinstanzliche Richter oft eher in der Lage sein wird, eine unter erzieherischen Gesichtspunkten individuell angemessene Sanktion auszuwählen. Dies führt im Ergebnis dazu, dass trotz der genannten rechtsstaatlichen Probleme die Regelung des § 55 I JGG zu begrüßen ist.[785]

Wie gesagt sind die rechtsstaatlichen Faktoren bei § 55 II JGG stärker zu gewichten. Da aber auch die anderen soeben genannten Argumente zumindest an Bedeutung verlieren, kann die Beschränkung auf ein Rechtsmittel hier entscheidend nur durch den erzieherischen Sinn des Beschleunigungsgrundsatzes legitimiert werden. Zu der Relativierung, die dieser im Laufe der vorliegenden Arbeit ohnehin schon erfahren hat, kommt jedoch hier noch hinzu, dass im Falle einer

---

783 BVerfG NStZ, 1988 (8), S. 34 f. (23.9.1987), S. 34; Schaffstein/Beulke, S. 261.

784 Böhm, 1996, S. 92.

785 Nach Ostendorf, 2000 (a), Grdl. z. §§ 55-56, Rn. 6, müssen hingegen zumindest solche Sanktionen anfechtbar bleiben, die über ein bestimmtes Maß hinausgehen; insbesondere gilt dies für den Arrest. Schäfer, Herbert, S. 335, spricht sich seinerseits für eine Annahmeberufung aus.

Urteilsüberprüfung durch ein Rechtsmittel sowieso schon so viel Zeit bis zur Strafvollstreckung vergehen muss, dass von einer Strafe, die „auf dem Fuße folgt," nicht mehr gesprochen werden kann.[786] Beachtet man nun die hohe Bedeutung des Rechtsstaatsprinzips bei der wichtigen Frage der Schuldfeststellung bzw. so einschneidenden Sanktionen wie der Jugendstrafe, dann muss man zu dem Ergebnis kommen, dass der erzieherische Sinn des Beschleunigungsgrundsatzes eine Rechtsmittelbeschränkung, wie sie § 55 II JGG vorsieht, nicht ausreichend legitimieren kann. Auch im Jugendstrafrecht muss daher dem Angeklagten der „volle" Instanzenzug eröffnet sein.[787]

14. §§ 11, 15, 22 ff., 31 JGG: Nachträgliche Entscheidungen

Wie bereits gezeigt wurde, kann sich die Forderung, Verfahren zu beschleunigen, auf unterschiedliche Abschnitte des Verfahrens beziehen. Gefordert wird, je nachdem, was bezweckt werden soll, einmal ein möglichst kurzer Zeitraum zwischen Tat und Beginn des Verfahrens, insbesondere auch der Aufnahme der Persönlichkeitserforschung, ein anderes Mal eine möglichst schnelle Herbeiführung einer rechtskräftigen Entscheidung oder auch – noch umfassender – eine frühe Strafvollstreckung. Hintergrund für den Beschleunigungsgrundsatz in all diesen Facetten soll das mit dem Erziehungsgedanken operierende Jugendgerichtsgesetz sein. Dass dieses jedoch deutlich differenzierter ausgestaltet ist, wurde bereits mehrfach aufgezeigt. Ein weiterer Einschnitt ist darin zu sehen, dass das Gesetz nicht unwesentliche rechtliche Schritte auch noch nach Erwachsen einer Entscheidung in Rechtskraft zulässt. Es geht also hier nicht wie zuvor um regelrechte Verzögerungsmechanismen – die Herbeiführung einer rechtskräftigen Entscheidung wird ebenso wenig hinausgezögert wie deren Vollstreckung –, sondern es geht darum, dass auch ein noch so schneller Verfahrensabschluss in gewisser Hinsicht nicht endgültig und unabänderlich sein muss. Es wird also sozusagen die „endgültige Abschlussfunktion" der rechtskräftigen gerichtlichen Entscheidung bezüglich bestimmter Aspekte aufgehoben, was einer dem Beschleunigungsgrundsatz entgegengerichteten Verzögerung aber sehr nahe kommt. Dass dies jedoch vor allem im Hinblick auf die Rechtssicherheit erhebliche Probleme aufwirft, liegt auf der Hand. Drei jugendstrafrechtliche Optionen sollen in diesem Zusammenhang angesprochen werden. Das ist zum einen die

786 So auch: Nothacker, 2001, S. 145. Vgl. auch: Bottke, 1983, S. 102.

787 So auch: Albrecht, Peter-Alexis, S. 385 f.; Nothacker, 2001, S. 147. Zum Teil wird aber auch gegenteilig argumentiert, das Jugendstrafrecht solle zum „Vorreiter für eine allgemeine Reform" werden, um die Ungleichbehandlung zwischen Jugendlichen und Erwachsenen zu beseitigen, Böhm, 1996, S. 94.

Möglichkeit der nachträglichen Änderung von Weisungen und Auflagen nach §§ 11 II, 15 III 1 JGG, zum zweiten die Flexibilität von Entscheidungen, die die Bewährungszeit betreffen, gemäß den §§ 22 II 2, 23 I 2, 24 II 1, 26 II und auch 28 II 2 JGG, und drittens die Möglichkeit der nachträglichen Einbeziehung früherer Urteile in eine einheitliche Entscheidung nach § 31 II JGG.

§ 11 II JGG erlaubt es dem Jugendrichter auch noch nachdem seine Entscheidung rechtskräftig geworden ist, Weisungen zu ändern, von ihnen zu befreien oder ihre Laufzeit bis zu drei Jahren zu verlängern, sofern dies aus Gründen der Erziehung geboten ist. Hierin wird bisweilen ein bedenklicher Einbruch in die Rechtssicherheit und das Rechtsstaatsprinzip gesehen.[788] Die überwiegende Ansicht jedoch sieht darin kein Problem und argumentiert damit, dass im Hinblick auf § 11 II JGG nicht die einzelne angeordnete Weisung in Rechtskraft erwachse, sondern die allgemeine Anordnung, dass der Jugendliche durch Weisungen in der jeweils adäquaten Form erzogen werden soll.[789] Auswahl und Ausgestaltung der Weisungen stehen demnach stets unter dem Änderungsvorbehalt.[790] Die Möglichkeit der Befreiung von Weisungen sieht der Wortlaut der Regelung ausdrücklich vor und sie ist auch unumstritten. Dies ist vor allem erzieherisch sinnvoll, wenn der intendierte Erfolg der Weisung bereits erreicht ist oder nicht mehr erreichbar erscheint.[791] Im Sinne der lerntheoretischen Überlegungen ist dies besonders angezeigt, um eine gute Entwicklung des Jugendlichen positiv zu verstärken. Das Absehen von der Weisung ist dabei als Belohnung anzusehen.

Problematischer, aber auch von der herrschenden Meinung anerkannt, ist jedoch die Möglichkeit einer Verschlechterung für den Jugendlichen im Sinne einer höheren Eingriffsintensität der neuen Weisung. Unabhängig von strittigen Einzelproblemen wird hier überwiegend das Verschlechterungsverbot zurückgestellt, so dass die neuen Weisungen den Jugendlichen auch härter treffen können als die ursprünglichen.[792] Begründen lässt sich die weite Auslegung mit dem Erziehungsgedanken. Es soll dem Jugendrichter also jederzeit möglich sein, sich der Entwicklung des straffälligen Jugendlichen anzupassen und eine individuell

---

[788] Deshalb kritisch: Eisenberg, 2002, § 11, Rn. 4 f.; Albrecht, Peter-Alexis, S. 169.

[789] Brunner/Dölling, § 11, Rn. 2; Diemer/Schoreit/Sonnen-Diemer, § 11, Rn. 5; Nix-Semler/Möller, § 11, Rn. 2; Grethlein, 1963, S. 168; Herz, S. 59 f.

[790] Böhm, 1996, S. 177.

[791] Brunner/Dölling, § 11, Rn. 3; Eisenberg, 2002, § 11, Rn. 9; Nix-Semler/Möller, § 11, Rn. 3; Ostendorf, 2000 (a), § 11, Rn. 5.

[792] Brunner/Dölling, § 11, Rn. 3; Dallinger/Lackner, § 11, Rn. 3; Diemer/Schoreit/Sonnen-Diemer, § 11, Rn. 8. Andere Ansicht: Ostendorf, 2000 (a), § 11, Rn. 4, auf der Grundlage des Vertrauensprinzips. Kritisch auch: Eisenberg, 2002, § 11, Rn. 5.

und aktuell positive pädagogische Maßnahme anzuordnen.[793] Um das Vertrauen des Jugendlichen nicht unnötig zu belasten, sollte man mit solchen Verschlechterungen jedoch sehr behutsam umgehen, zumal für eine Änderung ein Verschulden des Jugendlichen nicht erforderlich ist.[794] Hinsichtlich der Verlängerung der Laufzeit einer Weisung nach § 11 II JGG[795] herrscht denn auch Einigkeit über den Ausnahmecharakter dieser Vorschrift.[796] Jedenfalls nicht zulässig ist mangels Rechtsgrundlage und aufgrund der Verschiedenartigkeit der Sanktionen eine Umwandlung von Weisungen in Auflagen und umgekehrt.[797] § 65 I JGG verlangt ferner, dass eine Entscheidung nach § 11 II JGG erst nach Anhörung des Staatsanwalts und des Jugendlichen (ggf. auch noch anderer Beteiligter) erfolgen kann. Mit dem 1. JGGÄndG wurde die Möglichkeit geschaffen, auch Auflagen nachträglich zu ändern oder von ihnen zu befreien, § 15 III 1 JGG. Im Wesentlichen ist hier auf das zu den Weisungen Gesagte zu verweisen. Wenn dies aus erzieherischen Gründen angezeigt ist, ist insbesondere eine völlige Befreiung zu begrüßen. Im Unterschied zu oben lehnt die wohl überwiegende Auffassung die Möglichkeit einer Schlechterstellung des Jugendlichen durch eine eingriffsintensivere Auflage als die ursprüngliche aber ab.[798]

Vergleichbare nachträgliche Entscheidungen durch den Jugendrichter werden auch im Rahmen der Aussetzung der Jugendstrafe zur Bewährung ermöglicht.[799] So können auch die Weisungen und Auflagen, die den Verurteilten für die Dauer der Bewährungszeit beeinflussen sollen, nachträglich getroffen, geändert oder aufgehoben werden, § 23 I JGG. Hierbei ergeben sich ganz ähnliche Probleme im Hinblick auf Rechtssicherheit und erzieherische Wirksamkeit wie die oben beschriebenen.[800] Darüber hinaus kann der Richter nach § 22 II 2 JGG die Bewährungszeit nachträglich bis auf ein Jahr verkürzen[801] oder vor ihrem Ablauf bis auf vier Jahre verlängern, er kann gemäß § 24 II 1 JGG nachträglich be-

---

793 Vgl. BT-Drucksache 1/4437, S. 4.

794 Vgl. Eisenberg, 2002, § 11, Rn. 5.

795 Zur Überprüfung der erzieherischen Wirksamkeit längerfristiger Weisungen: Vgl. RL Nr. 1 zu § 11 JGG.

796 Eisenberg, 2002, § 11, Rn. 4; Nix-Semler/Möller, § 11, Rn. 1, argumentierend auch auf der Grundlage des Beschleunigungsgrundsatzes.

797 Brunner/Dölling, § 11, Rn. 3 (a. A. bis zur 9. Auflage); Diemer/Schoreit/Sonnen-Diemer, § 11, Rn. 6; Eisenberg, 2002, § 11, Rn. 8; Albrecht, Peter-Alexis, S. 169.

798 Eisenberg, 2002, § 15, Rn. 22; Nix-Semler, § 15, Rn. 6; Ostendorf, 2000 (a), § 15, Rn. 19. Andere Ansicht: Diemer/Schoreit/Sonnen-Diemer, § 15, Rn. 22.

799 Zur Bewährung: Siehe auch S. 207.

800 Vgl. vor allem: Eisenberg, 2002, § 23, Rn. 8 f.

801 Eine solche Verkürzung wäre wiederum als positive Verstärkung einer erwünschten Entwicklung angezeigt.

stimmte Entscheidungen die Bewährungshilfe betreffend ändern, und er hat nach § 26 II Nr. 1, 2 JGG die Möglichkeit, durch Erteilung weiterer Weisungen und Auflagen oder durch Verlängerung der Bewährungszeit den Widerruf der Strafaussetzung zu vermeiden, was ganz im Sinne des Jugendgerichtsgesetzes ist, nach Möglichkeit den als erzieherisch abträglich erkannten Vollzug der Jugendstrafe zu verhindern. Ebenso kann auch die Aussetzung der Verhängung der Jugendstrafe betreffend die Bewährungszeit nach § 28 II 2 JGG nachträglich verkürzt oder verlängert werden.

Auch § 31 II JGG führt dazu, dass eine rechtskräftige Entscheidung nicht unantastbar bleiben muss. Im Sinne des Grundsatzes der einheitlichen Sanktionierung kann auch ein rechtskräftiges Urteil nachträglich in eine neue Entscheidung mit einbezogen werden, sofern nicht erzieherische Gründe dagegen sprechen (Abs. 3). Durch die Festsetzung einer einheitlichen Rechtsfolge soll eine „Kontinuität der Sanktionierung" erreicht werden, von der man eine stärkere erzieherische Wirkung erwartet.[802]

Bewusst wurde an dieser Stelle darauf verzichtet, auf umstrittene Einzelfragen dieses Themenkomplexes einzugehen und den erzieherischen Wert der einzelnen Möglichkeiten nachträglicher Entscheidungen zu bemessen. Bedeutsamer erscheint nämlich in diesem Zusammenhang die Intention, die hinter diesen Regelungen steht. Schon wiederholt wurde in Frage gestellt, ob das Jugendgerichtsgesetz tatsächlich so eindimensional das Ziel einer Beschleunigung des Strafverfahrens verfolgt. Und auch vorliegend richtet sich das Gesetz eher gegen den Beschleunigungsgrundsatz. Das Ziel einer möglichst schnellen Herbeiführung einer nicht nur rechtskräftigen, sondern auch in Bezug auf die Sanktion endgültigen und unabänderlichen Entscheidung wird hier zurückgestellt zugunsten der richterlichen Befugnis, „bis zuletzt" die jeweils im Einzelfall erzieherisch Erfolg versprechendste Sanktion anzuordnen. Wiederum ist dem Gesetz die individuell und aktuell angemessene Reaktion auf die Straftat also wichtiger als der erzieherische Wert des Beschleunigungsgrundsatzes.

15. §§ 97 ff. JGG: Beseitigung des Strafmakels

Mit der Vollstreckung einer im Hinblick auf eine Straftat verhängten Sanktion wird der Jugendliche noch nicht vollständig aus dem Bannkreis des Strafrechts entlassen. Alle jugendrichterlichen und bestimmte staatsanwaltliche Reaktionen

---

[802] Nix-Nicolai, Vor §§ 31, 32, Rn. 2.

führen nämlich zu einer Registrierung im Zentral- oder Erziehungsregister. Dies hat auch eine nicht zu unterschätzende Bedeutung, da die Kenntnis über vorangegangene Straftaten und ihre Rechtsfolgen unerlässlich ist für eine umfassende und zutreffende Persönlichkeitsbeurteilung in einem neuen Strafverfahren.[803] Nur so können konkrete Feststellungen zuverlässig getroffen werden, wie z. B. die Entscheidungen darüber, ob Erziehungsmaßregeln oder Zuchtmittel ausreichen oder ob schädliche Neigungen vorliegen.[804] Ferner wird auch mit dem „allgemeinen Interesse der Öffentlichkeit" argumentiert, sich vor allem bei der Anstellung für Vertrauensposten „vor Personen zu schützen, die zu strafbaren Handlungen neigen."[805] Dabei werden jedoch andererseits auch erhebliche Probleme für den Jugendlichen offensichtlich. Nach Verbüßung seiner Strafe wird er in seiner sozialen Integration behindert, sein berufliches Fortkommen wird erschwert.[806] Gelingt seine Wiedereingliederung nicht, erhöht sich die Rückfallgefahr aufgrund von Frustration und „falschen" Kontakten. Die Stigmatisierung als „Vorbestrafter" kann auch zu seelischen Belastungen wie Minderwertigkeitsgefühlen führen, die sich im Sinne des „labeling-approach" (s. S. 61 ff.) in seinem Selbstbild festschreiben und die Gefahr sekundärer Devianz entstehen lassen.[807]

Das gesamte strafrechtliche Registerrecht ist als Kompromiss zwischen diesen widerstreitenden Interessen anzusehen.[808] Es wird geregelt, was überhaupt eingetragen wird, worüber wer informiert wird und wann Eintragungen getilgt werden. Aus erzieherischen Gründen soll aber der Jugendliche in besonderer Weise geschützt werden. Deshalb sieht das Jugendgerichtsgesetz in den §§ 97 ff. JGG die Möglichkeit einer Beseitigung des Strafmakels vor. Dies wird eingetragen (§ 13 I Nr. 5 BZRG) und hat folgende registerrechtliche Wirkungen: keine Aufnahme der Verurteilung ins Führungszeugnis (§ 32 II Nr. 4 BZRG); Mitteilung nur noch an Strafgerichte und Staatsanwaltschaften für ein Strafverfahren gegen den Betroffenen (§ 41 III BZRG); keine Offenbarungspflicht (§ 53 I Nr. 1 BZRG); teilweise Reduzierung der Tilgungsfrist (§ 46 I Nr. 1 f BZRG).[809] Für den Jugendlichen besteht hiermit also die Möglichkeit einer „vorzeitigen Reha-

---

803 Brunner/Dölling, Vor § 97, Rn. 3; Böhm, 1996, S. 250 f.
804 Schaffstein/Beulke, S. 307.
805 Schaffstein/Beulke, S. 307.
806 Brunner/Dölling, Vor § 97, Rn. 3; Ostendorf, 2000 (a), Grdl. z. §§ 97-101, Rn. 3; Albrecht, Peter-Alexis, S. 413; Böhm, 1996, S. 251.
807 Schaffstein/Beulke, S. 307, 311.
808 Vgl. BT-Drucksache 6/1550, S. 1. Sehr kritisch zu diesem „Kompromiss": Haffke, S. 65 ff.
809 Albrecht, Peter-Alexis, S. 421.

bilitation".[810] Im Sinne eines weit gefassten Beschleunigungsgrundsatzes wird also der endgültige und vollständige Abschluss des strafrechtlichen „Bezugs" zum Jugendlichen beschleunigt.

Eine jugendrichterliche Beseitigung des Strafmakels kann auf zwei verschiedenen Wegen erreicht werden. Nach § 100 JGG ist dies der Fall, wenn die Jugendstrafe oder ein Strafrest bei Verurteilung zu nicht mehr als zwei Jahren Jugendstrafe nach Aussetzung zur Bewährung erlassen wird. Hierzu bedarf es keiner besonderen Leistung des Jugendlichen. Anders bei § 97 JGG: Der Jugendrichter kann danach den Strafmakel als beseitigt erklären, wenn er davon überzeugt ist, dass sich der zu Jugendstrafe verurteilte Jugendliche durch einwandfreie Führung als „rechtschaffener Mensch" erwiesen hat; wobei diese Anordnung gemäß Abs. 2 grundsätzlich erst zwei Jahre nach Verbüßung oder Erlass der Strafe ergehen kann (Ausnahme: Der Verurteilte hat sich besonders würdig gezeigt). Für die „Rechtschaffenheit" wird dabei von der überwiegenden Auffassung mehr als nur ein straffreies Verhalten gefordert. Es soll eine positiv bestätigte, die Rechtsordnung bejahende Gesinnung vorliegen.[811] Der besondere erzieherische Wert dieser zweiten Möglichkeit liegt also in der Schaffung eines Anreizes zu einer positiven Entwicklung des Jugendlichen und deren späterer Belohnung.[812]

Im Grundsatz sind die gesetzlichen Möglichkeiten zur Strafmakelbeseitigung nach §§ 97 ff. JGG zu begrüßen.[813] Um Stigmatisierungen und damit einhergehende Behinderungen des Jugendlichen bei seiner Wiedereingliederung in die Gesellschaft zu vermeiden, sollte sogar über weitergehende Schritte nachgedacht werden.[814] Für eventuelle neue strafrechtliche Ermittlungen müssen Informationen über die Vergangenheit des Jugendlichen aber weiterhin verfügbar

---

810 Albrecht, Peter-Alexis, S. 420; Terdenge, S. 357.

811 So Brunner/Dölling, § 97, Rn. 7; Dallinger/Lackner, § 97, Rn. 8; Diemer/Schoreit/Sonnen-Schoreit, § 97, Rn. 3. Noch höhere Anforderungen stellt Schaffstein/Beulke, S. 310. Zweifelnd: Eisenberg, 2002, § 97, Rn. 11. Andere Ansicht: Nix-Höflich, §§ 97-101, Rn. 3; Ostendorf, 2000 (a), § 97, Rn. 7 (wohl überzeugender, da es dem Jugendgerichtsgesetz nicht darum geht, zu erziehen um der Erziehung willen, sondern um Straftaten zu verhindern).

812 Albrecht, Peter-Alexis, S. 420 f.; Schaffstein/Beulke, S. 310.

813 So auch: Ostendorf, 2000 (a), Grdl. z. §§ 97-101, Rn. 5; Böhm, 1996, S. 253 f.

814 Böhm, 1996, S. 254, fordert etwa die Gestattung einer „positiven Lebenslüge", um „weiße Flecken" im Lebenslauf zu vermeiden. Albrecht, Peter-Alexis, S. 423 f., fordert hingegen eine Streichung der §§ 97 ff. JGG und eine grundsätzlich deutlich weiter reichende Verbesserung der BZRG-Regelungen für alle Jugendlichen.

sein, damit eine möglichst gute und umfassende Persönlichkeitsbeurteilung ermöglicht wird.[815]

16. Zusammenfassung

Der zweite Schwerpunkt dieser Arbeit war einer dogmatischen Hinterfragung des Beschleunigungsgrundsatzes gewidmet. Es ging darum, durch einen genauen Blick auf die Bestimmungen des Jugendgerichtsgesetzes, die im Zusammenhang mit einer zeitlichen Komponente stehen, herauszufinden, inwieweit das Gesetz tatsächlich dem Beschleunigungsprinzip verpflichtet ist. Dazu lässt sich zusammenfassend sagen, dass der Gesetzgeber hier eine viel differenziertere Intention zu erkennen gibt, als gemeinhin vermutet wird. Die Aussage, das Jugendgerichtsgesetz sei grundsätzlich auf eine Verfahrensbeschleunigung hin ausgelegt, kann man in dieser eindimensionalen Sicht also nicht treffen. Vielmehr offenbart die angestellte Untersuchung ein vielfältiges Bild: Im Gesetz enthalten sind Normen, die eine möglichst schnelle Verfahrendurchführung ermöglichen sollen, genauso wie solche, die den Abschluss des Verfahrens geradezu hinauszögern. Dies zeigt deutlich, dass der Gesetzgeber teilweise anderen Zwecken eine Priorität gegenüber dem Beschleunigungsgrundsatz einräumt. Insbesondere in diesem Bereich muss man sich die Frage stellen, ob ein solches Vorgehen durch die Erkenntnisse gerechtfertigt ist, die aus dem erfahrungswissenschaftlichen Abschnitt der vorliegenden Arbeit herrühren. Es soll nun versucht werden, die wichtigsten Leitlinien, die die dogmatische Hinterfragung offen gelegt hat, noch einmal unter Einschluss der eigenen kritischen Beurteilung zusammenzufassen.

Zunächst gilt es festzustellen, was man überhaupt unter dem „Beschleunigungsgrundsatz" versteht. Die bekannten Forderungen, das Verfahren möglichst schnell zu einem Ende zu bringen, möglichst bald eine rechtskräftige Entscheidung herbeizuführen, den Zeitabstand zwischen Tat und Urteil bzw. Tat und Sühne möglichst kurz zu fassen, sind genauso wie die bildlichere Darstellung, die Strafe solle der Tat „auf dem Fuße folgen", viel zu unbestimmt, um sich intensiv und qualifiziert damit zu befassen. Die Zeit zwischen tatsächlicher Tatbegehung und Vollstreckung der jeweils verhängten Sanktion ist sinnvollerweise

[815] Kritisch diesbezüglich: Albrecht, Peter-Alexis, S. 419. Ihm ist insoweit zuzustimmen, als zurückliegenden Straftaten keinesfalls schon für sich allein eine prognostische Bedeutung zugemessen werden darf. Trotzdem können sie aber in die aktuelle Beurteilung mit einfließen und wichtige Hinweise geben.

in drei Phasen zu unterteilen, die unterschiedlich zu behandeln sind: zunächst der Abschnitt von der Tat bis zum Beginn der verschiedenen Ermittlungen, dann von diesem Zeitpunkt bis zur rechtskräftigen Entscheidung und schließlich die Zeit zwischen der Entscheidung und deren Vollstreckung.

Dabei können der erste sowie der dritte Abschnitt recht kurz behandelt werden. Vor allem in den §§ 38 III, 43, 72 a JGG wird deutlich, dass das Jugendgerichtsgesetz voll hinter dem Beschleunigungsgrundsatz in Form der Forderung eines möglichst frühen Ermittlungsbeginns steht. Sowohl hinsichtlich der Straftat als auch bezüglich der Persönlichkeitserforschung beim beschuldigten Jugendlichen soll möglichst bald mit den wichtigen Ermittlungen eingesetzt werden. Um diese wirkungsvoll voranzubringen, ist auch in einem möglichst frühen Stadium die Jugendgerichtshilfe als Fachinstitution heranzuziehen. Ebenso findet der Beschleunigungsgrundsatz eindeutige gesetzliche Unterstützung im Rahmen der dritten zeitlichen Phase. Liegt schließlich ein rechtskräftiges Urteil vor, so tritt der Gesetzeswille offen zutage, dass diese Entscheidung möglichst schnell vollstreckt werden soll, §§ 82 ff. JGG. Da jedoch eine sofortige Vollstreckung nicht immer praktisch durchführbar sein wird, erkennt es das Gesetz als weiterhin wichtig an, rechtliche Möglichkeiten bereitzustellen, um auch noch nach der Entscheidung flexibel auf die weitere Entwicklung des Jugendlichen einzugehen – insbesondere natürlich, wenn sich diese positiv gestaltet –, sei es durch ein Absehen von stationären Maßnahmen, etwa nach § 87 III JGG, sei es durch nachträgliche Aufhebung oder Änderung von Weisungen und Auflagen gemäß §§ 11 II, 15 III JGG. Betrachtet man nun diese beiden Phasen, so ist also durchaus der allgemeinen Auffassung zuzustimmen, die davon ausgeht, dass der Beschleunigungsgrundsatz der eindeutigen Intention des Jugendgerichtsgesetzes entspreche. Darüber hinaus ist einem so verstandenen Beschleunigungsprinzip auch aus der dargestellten erfahrungswissenschaftlichen Sicht heraus beizupflichten. Die Forderungen nach einem möglichst frühen Einstieg in die Ermittlungen unter Einschluss der Jugendgerichtshilfe sowie nach einer möglichst schnellen Vollstreckung der rechtskräftigen Entscheidung unter Aufrechterhaltung einer gewissen Flexibilität entsprechen durchaus auch den dortigen Feststellungen und sind somit zu begrüßen und zu unterstützen.

Bei der zweiten zeitlichen Phase, gekennzeichnet durch die Ermittlungen der verschiedenen Institutionen, das gerichtliche Verfahren und gegebenenfalls ein Rechtsmittelverfahren, ist bezüglich der Intention des Jugendgerichtsgesetzes eine sehr viel differenziertere Betrachtung vorzunehmen. Ein unproblematischer Aspekt ist dabei noch vorwegzuschicken: Besondere Bedeutung verdient der Beschleunigungsgrundsatz im Rahmen von Haftsachen. Befindet sich der beschuldigte Jugendliche in Untersuchungshaft, so ordnet das Gesetz ein besonders beschleunigtes Vorgehen an, §§ 38 II 3, 72 V, 72 a JGG. Auch die Auffassung des Gesetzgebers, die Untersuchungshaft beinhalte besonders große Gefahren und Nachteile für den Jugendlichen, stigmatisiere ihn in einer besonderen Weise und sei deshalb so weit wie möglich zu vermeiden oder – falls unumgänglich – so bald wie möglich wieder aufzuheben, wird von den bisherigen Erkenntnissen gestützt und ist deshalb zu begrüßen.

Wie aber steht das Jugendgerichtsgesetz ansonsten im Rahmen dieser zeitlichen Phase zum Beschleunigungsgrundsatz ? Hier ist zwischen mehreren Bestimmungen, die sich auf die zeitliche Dauer des Verfahrens auswirken, zu unterscheiden. Wie gesagt finden sich sowohl Normen, die eine Verfahrensbeschleunigung bezwecken sollen, als auch solche, die den Abschluss des Verfahrens faktisch hinauszögern. Zur ersten Gruppe gehören in zentraler Weise die Bestimmungen zum vereinfachten Jugendverfahren nach §§ 76-78 JGG, zur Diversion nach §§ 45, 47 JGG sowie zur Rechtsmittelbeschränkung nach § 55 JGG. Hier bietet das Gesetz mit dem vereinfachten Verfahren und der Diversion schnellere Verfahrensarten an, genauso wie die Rechtsmittelbeschränkung zu einer früheren Rechtskraft der Entscheidung führt. Demgegenüber finden sich jedoch auch zum Teil erheblich verzögernde Regelungen, hier auch als Verzögerungsmechanismen bezeichnet. Zu nennen sind in diesem Zusammenhang die §§ 38, 43 JGG, die eine Persönlichkeitserforschung unter Einschluss der Jugendgerichtshilfe vorsehen, § 79 JGG, der die Anwendung von Strafbefehl und beschleunigtem Verfahren aus dem Erwachsenenstrafrecht untersagt, §§ 5 ff., 54 JGG, die ein breites Spektrum an Sanktionsmöglichkeiten eröffnen und die Urteilsbegründung stärker betonen, §§ 27 ff. JGG mit der Möglichkeit, die endgültige Sanktionsentscheidung hinauszuzögern, sowie die §§ 11 ff. JGG, die auch noch nach Vorliegen einer rechtskräftigen Entscheidung erhebliche Änderungsmöglichkeiten vorsehen.

Welche gesetzliche Gesamtintention lässt sich nun aus diesen sich scheinbar unversöhnlich gegenüberstehenden Normen ableiten ? Offensichtlich sieht das Jugendgerichtsgesetz in einer Verfahrensbeschleunigung durchaus ein erstrebenswertes Ziel. Jedoch scheint der Gesetzgeber daneben auch noch andere Zwecke im Verfahren verwirklicht wissen zu wollen, selbst wenn dazu Maßnahmen mit verzögernder Wirkung erforderlich sind. In diesen Fällen ist eine Abwägung zwischen den verschiedenen Zielen nötig.[816] Räumt nun das Gesetz einem anderen Zweck Priorität gegenüber dem Beschleunigungsgrundsatz ein, so kann es

[816] Zu dieser Auffassung gelangt auch für das Erwachsenenstrafrecht Dölling, S. 112.

zu den genannten Verzögerungsmechanismen kommen. Um es noch einmal deutlich zu machen: Das Jugendgerichtsgesetz wendet sich weder gegen den Beschleunigungsgrundsatz, noch aber verabsolutiert es ihn; vielmehr stellt dieser ein erstrebenswertes Ziel dar, das es zu verwirklichen gilt, sofern nicht andere wichtigere Ziele seine Zurückstellung und damit Verzögerungen erforderlich machen. Richtigerweise lässt sich sogar sagen, dass sich in diesen Fällen zwar tatsächlich zeitliche Verzögerungen im Verfahrensablauf ergeben, dass aber dennoch auch hier der Erziehungsprozess als Gesamtziel möglichst schnell in Gang gesetzt werden soll. Der Gesetzgeber erkennt aber, dass dies nicht immer auf dem vordergründig schnellsten Wege, also durch eine möglichst schnelle Sanktionierung, erreicht werden kann.

Welche sind nun also die vom Gesetzgeber für erstrebenswert erachteten Ziele ? An dieser Stelle kann natürlich keine allgemeine und umfassende Betrachtung der Zielbestimmungen des Jugendgerichtsgesetzes erwartet werden. Jedoch hat sich in der dogmatischen Hinterfragung ein grundsätzliches Ziel herauskristallisiert. Es muss immer zuvorderst darum gehen, eine für den individuellen Jugendlichen in seiner aktuellen Situation sinnvolle und erzieherisch im Sinne einer Rückfallvermeidung geeignete Sanktion auszuwählen. Unbedingte Voraussetzung hierfür ist eine umfassende – wenn auch gegebenenfalls durch den Verhältnismäßigkeitsgrundsatz begrenzte – Erforschung der Persönlichkeit des beschuldigten Jugendlichen unter Heranziehung erzieherisch geeigneter Stellen wie der Jugendgerichtshilfe, sowie weiterhin eine ausreichend intensive Aus- und Fortbildung der mit der Strafrechtspflege betrauten Personen. Normative Umsetzungen dieses Ziels, also die individuell geeignete Sanktion auszuwählen, finden sich in beinahe allen hier besprochenen Regelungen. Das Ziel einer möglichst schnellen Verfahrensdurchführung rückt in den Hintergrund, wenn es die Wahl der erzieherisch sinnvollen Entscheidung behindert. So bedeutet eine Persönlichkeitserforschung im Sinne der §§ 38, 43 JGG einen erheblichen Zeitaufwand, Strafbefehl und beschleunigtes Verfahren werden trotz Beschleunigungspotential durch § 79 JGG ausgeschlossen, ein breites Sanktionsspektrum wird zur Verfügung gestellt, §§ 5 ff. JGG, dem in Bezug auf das Maß der schädlichen Neigungen unsicheren Richter wird mit den §§ 27 ff. JGG die Hinauszögerung der endgültigen Entscheidung erlaubt, genauso wie nachträgliche Entscheidungen gemäß den §§ 11 ff. JGG in einem weiten Umfang möglich sind, damit die Sanktion auch im aktuellen Zusammenhang noch erzieherisch sinnvoll ist. Eine weitere Relativierung in seiner Bedeutung erfährt der Beschleunigungsgrundsatz in § 71 JGG, da es dieser erlaubt, in Form der Freigabe vorläufiger Anordnungen über die Erziehung den Zeitraum zwischen Tat und Sanktion in einer erzieherisch sinnvollen Weise zu nutzen. Eines der Hauptargumente für eine beschleunigte Verfahrensdurchführung, nämlich dass ein zu großer Zeitraum es dem Jugendlichen unmöglich mache, den Bezug zwischen Tat und Sanktion herzustellen, die Sanktion also als konsequente Folge seines eigenen Tuns anzuerkennen, wird dadurch zu einem nicht unerheblichen Teil entkräftet.

Schließlich gilt es, zusammenfassend die Intention des Jugendgerichtsgesetzes und ihre normativen Ausprägungen kritisch zu beurteilen. Die Basis hierfür bieten die Erkenntnisse aus dem erfahrungswissenschaftlichen Teil dieser Arbeit. Zunächst findet das grundsätzliche Ziel, eine individuell und aktuell erzieherisch geeignete Sanktion zu finden, und diesem Ziel gegebenenfalls (d. h., im Falle eines unauflösbaren Widerspruchs) den Zweck einer möglichst schnellen Verfahrendurchführung unterzuordnen, volle Unterstützung. Etwas differenzierter sind jedoch die einzelnen Bestimmungen zu betrachten. Im Wesentlichen uneingeschränkt zu begrüßen sind die Regelungen, die eine umfassende Persönlichkeitserforschung unter Heranziehung der Jugendgerichtshilfe vorschreiben, ferner die Nichtzulassung von Strafbefehl und beschleunigtem Verfahren, schließlich auch das breite Sanktionsspektrum sowie die Möglichkeit, nachträglich Entscheidungen zu ändern (zumindest zugunsten des Jugendlichen als „Belohnung“ für seine positive Entwicklung) oder auch vorläufige Anordnungen zu treffen. Auch die Diversionsmöglichkeiten sind vor dem Hintergrund der Normalität und Episodenhaftigkeit der Jugendkriminalität grundsätzlich zu befürworten, auch in Anerkennung der Tatsache, dass die Konkretisierung ihres Anwendungsbereichs große Probleme aufwirft. Eine gespaltene Beurteilung kommt demgegenüber der Rechtsmittelbeschränkung zu. Während die sachliche Beschränkung nach § 55 I JGG zu begrüßen ist, kann die instanzielle nach Abs. 2 keine Unterstützung finden. Schließlich sollte das vereinfachte Jugendverfahren gemäß §§ 76 ff. JGG nur zurückhaltend angewendet werden, da auch hier wichtige durch das Rechtsstaatsgebot geschützte Prozessgrundsätze in einem bedenklichen Maße vernachlässigt werden und darüber hinaus neben Diversion und dem Erfordernis eines förmlichen Verfahrens ohnehin nur ein kleiner Anwendungsbereich in Betracht kommt.

V. Aktuelle Entwicklung

Nachdem in zwei Schwerpunkten dieser Arbeit der Beschleunigungsgrundsatz sowohl erfahrungswissenschaftlich als auch dogmatisch hinterfragt wurde, soll nun abschließend die aktuelle, auf diesem Prinzip beruhende Entwicklung untersucht werden. Die tragende Bedeutung, die der Beschleunigungsgrundsatz zur Zeit in Politik und Wissenschaft einnimmt, lässt die Vermutung entstehen, dass er sich in der Praxis in zahlreichen Ausprägungen wiederfindet. Wie in der Einführung bereits angedeutet, kommen hierfür allgemeine politische Äußerungen, konkretere Forderungen in Bezug auf gesetzliche Bestimmungen, Praxismodelle und Projekte in kleinerem oder größerem Rahmen sowie die aktuelle Rechtsprechungspraxis in Betracht. Anhand charakteristischer Beispiele soll ein Bild der Vielfältigkeit der praktischen Umsetzungen des Beschleunigungsgrundsatzes in Politik, Wissenschaft und Justiz gezeichnet werden. Auf der Grundlage der bisherigen erfahrungswissenschaftlichen und dogmatischen Erkenntnisse sollen diese darüber hinaus auch kritisch beurteilt werden.

1. Allgemeine politische Äußerungen

Im Jahr 2000 verging kaum ein Tag, an dem man nicht der Presse Äußerungen prominenter Politiker zur Kriminalpolitik[817] entnehmen konnte. Im Laufe der Jahre schien in der deutschen Bevölkerung die Kriminalitätsfurcht dramatisch anzuwachsen, zumindest meinte die Politik damit argumentieren zu können.[818] Gestützt wurde dies durch einseitige Interpretationen von Kriminalitätsstatistiken[819] sowie reißerischen Journalismus vor allem der Boulevardpresse.[820] Besonders zwei Kriminalitätsformen standen im Mittelpunkt der Debatten: zum einen der statistisch dramatische Anstieg rechtsextremer Straftaten,[821] in dessen Zusammenhang auch die Diskussion um einen NPD-Verbotsantrag beim Bundesverfassungsgericht im Sommer 2000 zu sehen ist, zum anderen die Kinder-

---

[817] Allgemein dazu: Albrecht, Hans-Jörg, 1999; Walter, 1998.

[818] Zur Kriminalitätsfurcht siehe: Sessar; Walter, 2001, S. 296 ff.

[819] Zum Problem der Auslegung von Kriminalitätsstatistiken: Császár; Göppinger, S. 466 ff.; Schneider, Hans Joachim, S. 168 ff.

[820] Zur Kriminalität in den Medien siehe etwa: Bock, 2000, S. 428 ff.; Schneider, Hans Joachim, S. 715 ff.; Walter, 1999; sowie den Tagungsbericht zum 5. Kölner Symposium „Kriminalität in den Medien", BMJ. Konkret zur Jugendgewalt in den Medien: Schubarth.

[821] Siehe Göppinger, S. 560 ff.; sowie Schwerpunktthema in DVJJ-Journal 1/2001 (Nr. 171). Aus den Reihen der Jungen Union Bayern wurde gar die Forderung laut, „Erwachsenenstrafrecht für rechtsextreme Täter vom 14. Lebensjahr an anzuwenden," SZ vom 8.8.2000, S. 6.

und Jugendkriminalität, die ebenfalls – so legen es jedenfalls verschiedene statistische Angaben nahe – in den letzten Jahren des 20. Jahrhunderts dramatisch angestiegen zu sein scheint.[822] Nun scheint das Thema Kriminalität besonders anfällig zu sein für emotionalisierte Debatten, die natürlich auch vor der Politik nicht Halt machen. Einfache und plakative Lösungen sind gefragt[823] – für differenzierte und ausgewogene Konzepte bleibt zumindest in der Öffentlichkeitsarbeit weder Raum noch Zeit; fraglich ist, ob sie überhaupt vermittelbar sind. Und so lauten die Standardformeln: härtere Strafen, d. h. vor allem längere Haftzeiten, weniger Vollzugslockerungen und bezogen auf die Kinder- und Jugendkriminalität insbesondere Herabsetzung des Strafmündigkeitsalters von 14 auf 12 Jahre, Anhebung der Höchststrafe von 10 Jahren Jugendstrafe sowie die generelle Bestrafung der Heranwachsenden nach Erwachsenenstrafrecht.[824]

Gerade im Laufe des Jahres 2000 wurde jedoch insbesondere eine Forderung zum Patentrezept erhoben, nämlich die nach einer schnelleren Aburteilung der Straftäter. Argumentiert wurde dabei zum einen spezialpräventiv, der Bezug zwischen Tat und Strafe gehe anderenfalls verloren, und zum anderen generalpräventiv im Sinne einer Abschreckung potentieller weiterer Täter. Je nach Kontext erhält diese Argumentation ein besonderes Gewicht im Bereich „rechtsextremer“ oder jugendlicher Straftäter. Im jugendstrafrechtlichen Sprachgebrauch zielen diese Forderungen also auf eine Stärkung des Beschleunigungsgrundsatzes ab. Dabei wird jedoch weder zwischen verschiedenen Zeitabschnitten differenziert – wenn eine schnellere Aburteilung oder eben schnellere Verfahren gefordert werden, ist darin kein inhaltlicher Unterschied erkennbar –, noch werden die Probleme rechtsstaatlicher und erzieherischer Art, die mit der geforderten Beschleunigung einhergehen können, berücksichtigt. Quer durch alle Parteien und Berufsstellungen geht der unreflektierte Ruf nach schnelleren Verfahren

---

822 Siehe aber auch: Albrecht, Peter-Alexis, S. 2 ff.

823 Pieplow, S. 217, spricht im Zusammenhang mit den Beschleunigungsforderungen von einer „klassisch technokratischen Antwort derer, die jugendkriminalpolitische ‚action‘ antäuschen.“

824 Vgl. Ostendorf, 2000 (a), Vorwort zur fünften Auflage, S. V. Zur Einbeziehung Heranwachsender ins Erwachsenenstrafrecht ausführlich: Hinz, S. 106 ff. Siehe aber auch die Stellungnahme von 52 Jugendstrafrechtsprofessoren und Kriminologen vom August 1998, „Gegenreform im Jugendstrafrecht ? Wider die repressive Hilflosigkeit“, abgedruckt etwa in: StV, 1998 (18), S. 632 f.
Gerade die letzte der drei Forderungen steht in deutlichem Widerspuch zu den oben festgestellten Vorteilen, die das Jugendgerichtsgesetz etwa durch seine breite Sanktionsauswahl gegenüber dem Erwachsenenstrafrecht zur individuellen Reaktion auf ein Fehlverhalten junger Menschen bietet.
Zur Höchststrafe von 10 Jahren im Jugendstrafrecht: Schulz.

und Aburteilungen. Typisch sind die folgenden Beispiele: Bundespräsident Rau forderte zügigere Strafen vor allem bei Jugendlichen wegen der größeren Wirkung auf die Täter;[825] nach dem Thüringer Justizminister Birkmann (CDU) sollte die Strafe der Tat auf dem Fuße folgen, auch wegen der „Genugtuungswirkung";[826] ebenso äußerte sich die Vorsitzende des Bundestagsinnenausschusses Vogt (SPD);[827] der FDP-Vorsitzende Gerhard verlangte eine schnellere Verurteilung rechtsextremistischer Straftäter;[828] genauso wie auch der rechtspolitische Sprecher der CDU/CSU-Bundestagsfraktion Geis;[829] der baden-württembergische Justizminister Goll (FDP) forderte, dass die Strafe der Tat in einem beschleunigten Verfahren auf dem Fuße folge;[830] und der brandenburgische Ministerpräsident Stolpe (SPD) verlangte vor dem Hintergrund ausländerfeindlicher Übergriffe ein schnelles Handeln der Justiz sowie härtere Strafen.[831] Das Ganze gipfelt in der Forderung des Geschäftsführers der CDU/CSU-Bundestagsfraktion Ramsauer nach der Schaffung spezieller Schnellgerichte für rechts- und linksextremistische Gewalttäter.[832]

Solche Aussagen helfen natürlich nicht weiter. Die vorliegende Arbeit beruht deshalb darauf, eine durchaus ernst zu nehmende Forderung nach einer Verfahrensbeschleunigung im Jugendstrafrecht durch eine erfahrungswissenschaftliche sowie dogmatische Hinterfragung differenziert und eingehend zu beurteilen. Dabei wurde hinreichend deutlich, wie vielschichtig diese Problematik ist und wie viele Aspekte in der Diskussion zu berücksichtigen sind. Natürlich kann nicht verlangt werden, dass in politischen Stellungnahmen all dies im Einzelnen gesehen und diskutiert wird. Allerdings kann vor solchen oberflächlichen Forderungen wie den hier zitierten nur gewarnt werden, sofern sie in der undifferenzierten und unreflektierten Form zur Grundlage konkreter gesetzgeberischer Maßnahmen gemacht werden.

---

825 Siehe FAZ vom 3.5.2000, S. 1.
826 Siehe FAZ vom 5.5.2000, S. 4.
827 Siehe Bild-Zeitung vom 8.8.2000, S. 12.
828 Siehe FAZ vom 4.8.2000, S. 2.
829 Siehe FAZ vom 12.8.2000, S. 1 f.
830 Siehe FAZ vom 7.12.2000, S. 4.
831 Siehe FAZ vom 28.12.2000, S. 4.
832 Siehe SZ vom 9.8.2000, S. 6. Siehe dazu aber auch die Warnung des Journalisten Feldmeyer vor der Errichtung von Schnellgerichten, FAZ vom 2.9.2000, S. 1; sowie Hinz, S. 111.

2. Konkrete Forderungen in Bezug auf gesetzliche Bestimmungen zur Beschleunigung der Jugendstrafverfahren

a) Konkrete politische Forderungen

Auf welche Weise werden nun die allgemeinen Äußerungen der Politiker, die wie gesehen auf eine Beschleunigung der Jugendstrafverfahren abzielen, in konkrete Politik umgesetzt ? Solche konkreten Gesetzesänderungsvorschläge finden sich in zweierlei Gestalt. Gebetsmühlenartig wiederholt werden die Forderungen nach einer Anwendung des beschleunigten Verfahrens gemäß §§ 417 ff. StPO auch im Jugendstrafrecht sowie nach einer Zulassung von Zwangsmitteln, d. h. Vorführung und Haftbefehl im Sinne des § 230 II StPO, im vereinfachten Jugendverfahren als Reaktion auf ein Nichterscheinen des Jugendlichen zur mündlichen Verhandlung.[833] Um dies umzusetzen, sind Änderungen der gegenwärtigen Gesetzeslage unumgänglich. Zum einen müsste § 79 II JGG, der das beschleunigte Verfahren des allgemeinen Verfahrensrechts für den Bereich des Jugendgerichtsgesetzes für unzulässig erklärt, gestrichen werden; und zum anderen müsste in den §§ 76-78 JGG etwa durch einen Verweis auf § 230 StPO die Anwendung von Zwangsmitteln im vereinfachten Jugendverfahren ermöglicht werden. Dementsprechend existieren zur Zeit verschiedene gesetzgeberische Aktivitäten zur Durchsetzung dieser Änderungen. So hat die CDU/CSU-Fraktion im Bundestag den Entwurf eines Gesetzes zur Verbesserung der gesetzlichen Maßnahmen gegenüber Kinder- und Jugenddelinquenz eingebracht, der unter anderem eine Stärkung des vereinfachten Jugendverfahrens durch Zulassung der genannten Zwangsmittel vorsieht.[834] Der Bundesrat hat einen Gesetzentwurf verabschiedet, der neben der Zwangsmittelzulassung auch die Anwendung des beschleunigten Verfahrens im Jugendstrafrecht beinhaltet.[835] Ferner liegt dem Bundesrat unter anderem ein Gesetzentwurf des Freistaates Bayern vor, nach dem ebenfalls die Zwangsmittel im vereinfachten Verfahren zugelassen werden sollen.[836] Begründet wird dies jeweils recht oberflächlich durch steigende Kriminalitätszahlen sowie das erzieherische Erfordernis einer der Tat möglichst schnell nachfolgenden Bestrafung des jugendlichen Täters. Bei den konkreten Umsetzungen wird damit argumentiert, dass das vereinfachte Jugendverfahren dadurch erheblich geschwächt sei, dass es auf das freiwillige Erscheinen des Täters angewiesen sei bzw. dass gerade im Jugendbereich, wo insbe-

---

[833] Etwa FAZ vom 12.8.2000, S. 2; FAZ vom 7.2.2001, S. 2; FAZ vom 8.3.2001, S. 6.
[834] BT-Drucksache 14/3189, S. 3.
[835] BR-Drucksache 549/00, S. 2 f.
[836] BR-Drucksache 637/00, S. 2.

sondere eine schnelle Reaktion aus erzieherischen Gründen erwünscht sei, das beschleunigte Verfahren benötigt werde, um den Beschleunigungsgrundsatz des Jugendstrafrechts adäquat umzusetzen.

Über die Einführung von Zwangsmitteln im vereinfachten Jugendverfahren[837] kann man sicherlich geteilter Meinung sein. Dabei ist jedoch die Möglichkeit eines Haftbefehls abzulehnen, da zu befürchten ist, dass die Untersuchungshaft entgegen ihrem legitimen Zweck, nämlich Verfahrenssicherung, in rechtsstaatswidriger Weise für einen kurzen „Schuss vor den Bug" genutzt würde.[838] Dagegen könnte eine Vorführung im vereinfachten Verfahren möglicherweise für eine gewisse Gruppe von Tätern wirkungsvoll und angemessen sein.[839] Zu beachten ist jedoch, dass diese Neuerungen darauf abzielen, Bedeutung und Anwendungshäufigkeit des vereinfachten Jugendverfahrens zu steigern. Diesem Bestreben kann jedoch nicht gefolgt werden (s. auch S. 123). Probleme in rechtsstaatlicher Hinsicht sowie in Bezug auf Sachverhaltsaufklärung und Persönlichkeitserforschung führten zu einer zumindest teilweise kritischen Beurteilung dieser Verfahrensart. Darüber hinaus wurde neben den Diversionsmöglichkeiten und dem Erfordernis eines förmlichen Verfahrens nur ein geringer Anwendungsbereich befürwortet. Deshalb wird, unabhängig von der Frage, ob – unter Beibehaltung des vereinfachten Verfahrens – eine Einführung von Zwangsmitteln sinnvoll ist, mit der hier vertretenen Ansicht schon der grundsätzliche Wille zur Stärkung dieser Verfahrensart abgelehnt. Dieselbe Kritik ist aber auch am beschleunigten Verfahren aus dem Erwachsenenstrafrecht anzubringen, also Mangel an Justizförmigkeit, ungenügende Sachverhaltsaufklärung und Persönlichkeitserforschung und daraufhin ein individuell unangebrachtes Urteil sowie das Fehlen einer Atmosphäre ruhiger Gelassenheit (s. S. 125 f.).[840] Diese Kritik gipfelt gar in der teilweise geäußerten Forderung nach einer grundsätzlichen Ab-

---

[837] Zur lege lata: S. 117 f.

[838] So auch: Sonnen, 2000 (a), S. 332.

[839] So zumindest: Sonnen, 2000 (a), S. 332, der allerdings bezweifelt, dass dies zu einer spürbaren Mehranwendung des vereinfachten Verfahrens führen würde. Brunner/Dölling, §§ 76-78, Rn. 17, nehmen dagegen an, dass ein unentschuldigt fernbleibender Jugendlicher eher durch ein förmliches Verfahren zu beeindrucken sei. Nach Kolbe, S. 802, laufen die Zwangsmittel grundsätzlich der besonderen pädagogischen Atmosphäre des vereinfachten Verfahrens entgegen, die ein Mindestmaß an Bereitschaft des Jugendlichen voraussetzt. Die Zwangsmittel dokumentieren dagegen die staatliche Gewalt als Mittel zur Durchsetzung des Strafanspruchs und sind daher nach ihm nur im förmlichen Jugendverfahren zulässig und angemessen.

[840] So auch: Meyer-Goßner, Vor § 417, Rn. 3 ff.; Albrecht, Peter-Alexis, S. 380 f.; Fezer; Roxin, Claus, S. 483; Schünemann, 1968, S. 975 f. Dähn, S. 354 ff., versucht dagegen, diese Argumente zu entkräften.

schaffung des beschleunigten Verfahrens.[841] Bedenkt man nun noch, dass in dieser Verfahrensart Freiheitsstrafe von bis zu einem Jahr verhängt werden kann, § 419 I 2 StPO, ist eine Anwendung gegenüber Jugendlichen eindeutig abzulehnen und kann auch nicht damit begründet werden, dass sie zur Beschleunigung des Jugendstrafverfahrens nötig sei.[842]

b) Stichwort: Entkriminalisierung

Während die politische – und nach der Wahrnehmung des Verfassers auch die gesellschaftliche – Diskussion geprägt ist durch die genannten Forderungen nach einer Anhebung der Höchststrafe für Jugendliche, einer Herabsetzung des Strafmündigkeitsalters sowie einer grundsätzlichen Aburteilung von Heranwachsenden nach Erwachsenenstrafrecht, tendenziell also eher Verschärfungen des Jugendstrafrechts im Raum stehen, existiert in der wissenschaftlichen Debatte auch eine ganz gegensätzliche Denkrichtung, die unter dem Begriff „Entkriminalisierung" zusammengefasst werden kann. Im weiteren Sinne sind hierzu auch Strategien zu zählen, die auf eine Entpönalisierung, also Zurückdrängung freiheitsentziehender Maßnahmen zugunsten ambulanter Reaktionsmöglichkeiten, oder eine Ersetzung formeller durch informelle Regelungen und Verfahren, etwa Diversion, abzielen. Diese beiden Aspekte wurden oben bereits positiv beurteilt.

Im engeren Sinne geht es hier jedoch um eine konkrete Reform der materiellrechtlichen Regelungen, um die strafrechtliche Sozialkontrolle von Jugendlichen grundsätzlich zu vermindern. Naturgemäß sind es vor allem Vertreter des „labeling-approach" oder des Abolitionimus (s. S. 61 ff.), die solche Forderungen vorbringen. Dieses Thema soll hier nicht ganz unerwähnt bleiben, da gerade in einer solchen Entkriminalisierung die wohl „radikalste Abkürzung des Jugendstrafverfahrens" erblickt werden kann.[843]. Beschleunigung ist allerdings nicht das unmittelbare und ausdrückliche Ziel solcher Vorschläge, sondern „nur" Ausfluss einer grundsätzlichen Entkriminalisierung mit dem direkten Ziel einer Zurückdrängung strafrechtlicher Sozialkontrolle. Es kann deshalb nur darum gehen, diese Problematik in ihrer grundlegenden Gegensätzlichkeit zu den überwiegenden politischen Forderungen kurz aufzuwerfen.

---

841 So Herzog, S. 129; Scheffler, 1994, S. 2195.
842 So auch: Ostendorf, 2000 (a), Grdl. z. §§ 79-81, Rn. 8; Sonnen, 2000 (b), S. 339.
843 Ostendorf, 1998, S. 486.

Im Mittelpunkt dieser Debatte stehen die Deliktsbereiche des (geringen) Ladendiebstahls, der Beförderungserschleichung („schwarzfahren“) sowie des Konsums illegaler Drogen.[844] Besonders konkret und weitgehend sind die Vorschläge aus dem Kreis der DVJJ:[845] Streichung des § 265 a StGB (Leistungserschleichung), Entkriminalisierung des Erwerbs und Besitzes kulturfremder Drogen, keine Strafbarkeit Jugendlicher im Bereich der Antragsdelikte, Neuformulierung des § 3 JGG, Erhöhung des Bestrafungsmündigkeitsalters (also die Verhängung von Freiheitsstrafen betreffend), gesetzliche Verankerung einer kriminalitäts- oder strafausschließenden Geringfügigkeitsklausel. Dies wird damit begründet, dass die strafrechtliche Verfolgung Jugendlicher in Fällen von Bagatelldelikten unter präventiven Gesichtspunkten häufig kontraproduktiv sei. Außerdem würde „die besondere Appellationskraft des Strafrechts verspielt, wenn auf Bagatellsachverhalte mit dem sozialethischen Unwerturteil der Strafe reagiert wird.“ Mit dem Hinweis auf die ultima-ratio-Funktion des Strafrechts wird es als notwendig angesehen, nach Möglichkeiten zu suchen, „den strafrechtlichen Kontrollgriff zu begrenzen.“[846] Gegen eine solche Entkriminalisierung wird aber auf der anderen Seite auch eingewandt, dass die Gefahr einer Aufweichung des Rechtsgefühls bestehe und die Unterschiede in der Strafbarkeit erzieherisch nicht mehr vernünftig vermittelbar seien. Darüber hinaus habe der Weg einer „prozessualen Entkriminalisierung“, also etwa durch Diversion, den Vorteil, dass schon durch die Entdeckung der Tat, die polizeiliche Vernehmung sowie Reaktionen aus dem Umfeld des Jugendlichen ein sehr wirkungsvoller Warneffekt eintreten könne (s. S. 85).[847]

Es wird bereits ersichtlich, dass sich hier ein ganz neues und weites Feld jugendstrafrechtlicher Reformüberlegungen öffnet, auf das nicht weiter eingegangen werden soll, da für konkrete haltbare Auffassungen und Ergebnisse eine sehr eingehende Beschäftigung mit dem Thema nötig wäre, die aufgrund des nur mittelbaren Zusammenhangs mit dem hier besprochenen Beschleunigungsgrundsatz nicht erforderlich erscheint.

---

[844] Siehe etwa: Albrecht, Peter-Alexis, S. 34 ff.; Ostendorf, 1998, S. 486; Vorschläge der DVJJ-Kommission für ein neues JGG, Unterkommission I: Entkriminalisierung, abgedruckt in: DVJJ-Journal 1-2/1992 (Nr. 138), S. 9 ff., S. 10 f.

[845] Vorschläge der DVJJ-Kommission für ein neues JGG, Unterkommission I: Entkriminalisierung, abgedruckt in: DVJJ-Journal 1-2/1992 (Nr. 138), S. 9 ff., S. 10 ff.

[846] Vorschläge der DVJJ-Kommission für ein neues JGG, Unterkommission I: Entkriminalisierung, abgedruckt in: DVJJ-Journal 1-2/1992 (Nr. 138), S. 9 ff., S. 9.

[847] Göppinger, S. 633. Albrecht, Peter-Alexis, S. 35 f., sieht aber gewisse rechtsstaatliche und verfassungsrechtliche Hindernisse, wenn Entkriminalisierung durch rein administrative Steuerungsbemühungen erreicht werden soll.

3. Praxismodelle

Während die Durchsetzung von Gesetzgebungsvorschlägen naturgemäß einige Zeit in Anspruch nimmt, wurde in den letzten Jahren verstärkt versucht, durch verschiedenartige Praxismodelle und -projekte den Forderungen nach einer Beschleunigung der Jugendstrafverfahren nachzukommen. Diese Modelle lassen sich am besten vor ihrem rechtlichen Hintergrund unterscheiden. Da gibt es die Diversionsprogramme, die zum Teil schon seit längerer Zeit existieren und neben der Verfahrensbeschleunigung vor allem auch eine Zurückdrängung der Sozialkontrolle zum Ziel haben. Zwischen ihnen wird jedoch noch genauer zu differenzieren sein. Andere Projekte arbeiten dagegen auf der Grundlage des vereinfachten Jugendverfahrens. Wieder andere Modelle sehen Beschleunigungsmöglichkeiten nicht in einer besonderen Anwendung oder Ausnutzung bestimmter gesetzlicher Regelungen, sondern in veränderten Handlungsabläufen in der praktischen Arbeit, wobei es meist um eine Verbesserung der Zusammenarbeit geht. Dies gipfelt in Modellprojekten, bei denen die verschiedenen am Verfahren beteiligten Institutionen auch räumlich unter einem Dach zusammengeführt werden. Diese angedeuteten Projekte sind inzwischen so zahlreich geworden, dass es unmöglich wäre, sie vollständig aufzuführen. An dieser Stelle soll daher nur versucht werden, durch typische Beispiele die grundsätzlich unterschiedlichen Handlungsansätze in der Praxis aufzuzeigen und – soweit möglich – auch kritisch zu beleuchten. Auch hierbei kann natürlich über eine kurze Beschreibung und einige Gedanken zur Bewertung nicht hinausgegangen werden, da jedes dieser Projekte abschließend nur durch eine eigenständige Forschungsarbeit beurteilt werden könnte.

a) Diversionsprogramme

Vor dem Hintergrund der kriminologischen Erkenntnisse über die Normalität und Episodenhaftigkeit der Jugendkriminalität wurde im diesbezüglichen Kapitel dieser Arbeit eine grundsätzlich breite Anwendung der JGG-Diversionsmöglichkeiten begrüßt (s. S. 103 ff.). Darüber hinaus haben sich in Bezug auf Rückfallhäufigkeit und nicht zuletzt auch Verfahrensdauer positive Ergebnisse eingestellt. Daher liegt es nahe, auch die so genannten Diversionsprogramme, die in Deutschland seit den achtziger Jahren in großer Zahl entstanden sind, positiv zu beurteilen. Hier ist jedoch eine differenziertere Betrachtung erforderlich, da sich die Projekte in rechtlicher und/oder tatsächlicher Hinsicht zum Teil erheblich voneinander unterscheiden.

Bereits oben diskutiert wurde das umstrittene Problem der „Polizeidiversion" (s. S. 106). Hierbei soll die Polizei durch die Anregung erzieherischer Maßnahmen selbständig die Voraussetzungen für eine Verfahrenseinstellung nach § 45 II JGG schaffen können. Richtigerweise ist dies jedoch im Hinblick auf das rechtsstaatliche Gewaltenteilungsprinzip und die Unschuldsvermutung abzulehnen. Beispielhaft für die Polizeidiversion sind die Diversionsrichtlinien von Schleswig-Holstein.[848] Hier führt die Polizei ein erzieherisches Gespräch mit dem Beschuldigten und regt in geeigneten Fällen – die Entscheidung hierüber bleibt ihr selbst überlassen – eine umgehende Entschuldigung beim Opfer sowie eine sofortige Schadenswiedergutmachung an. Erscheinen weitergehende Maßnahmen erforderlich, holt sie die Zustimmung der Staatsanwaltschaft zu den eigenen Vorschlägen ein und regt diese Maßnahmen gegenüber dem Jugendlichen an. Die angesprochenen rechtsstaatlichen Mängel sind bei diesem Verfahren unübersehbar; darüber hinaus ist hier auch besonders mit der Gefahr des „net-widening-Effekts" (s. S. 68) zu rechnen.[849] Eine ähnliche Kritik wird auch der Berliner Diversionsberatung und -vermittlung entgegengehalten, einem etwas anderen Modell. Auch hier werden die Ausklammerung von Jugendgerichtshilfe und Jugendrichter sowie die starke Stellung der Polizei kritisiert.[850] Die Berliner Diversionsrichtlinien[851] sehen vor, dass bestimmte Maßnahmen von der Polizei nach Rücksprache mit der Staatsanwaltschaft angeregt werden können.[852] Das Besondere an diesem Modell ist jedoch die Einschaltung eines so genannten „Diversionsmittlers" (eines Sozialarbeiters). Sieht der Polizeibeamte die Möglichkeit eines Vorgehens nach § 45 II JGG und stimmt der Staatsanwalt dem zu, so regt er die baldige (innerhalb von sieben Tagen, am besten aber sofort) Kontaktaufnahme zum Diversionsmittler an, der dann in der Regel selbst erzieherische Maßnahmen mit dem Jugendlichen durchführt, von deren Erfüllung wiederum die Verfahrenseinstellung abhängig ist. Nach eigenen Angaben wurden die gesteckten Ziele, nämlich vor allem Verfahrensbeschleunigung, Erhöhung der Diversionsrate sowie Spezialprävention durch einzelfallgerechte Maßnahmen, durch das Projekt weitgehend erreicht.[853] Dennoch ist die starke Stellung der Polizei als Teil der Exekutive kritisch zu sehen,[854] auch wenn entgegen dem

---

848 Abgedruckt in: DVJJ-Journal 3/1998 (Nr. 161), S. 260 ff.

849 Stellungnahme von Engel, Erika, abgedruckt in: DVJJ-Journal 3/1998 (Nr. 161), S. 257 f.

850 Stellungnahme von Herrlinger, Wolfgang, abgedruckt in: DVJJ-Journal, 2/1999 (Nr. 164), S. 148 f.

851 Abgedruckt in: DVJJ-Journal 2/1999 (Nr. 164), S. 201 ff.

852 Ferner darf die Staatsanwaltschaft selbst die Voraussetzungen für eine Einstellung nach § 45 II JGG schaffen. Zu der umstrittenen Frage, ob dies zulässig ist: S. 107.

853 Ausführlich und mit zahlreichen Beispielen zu diesem Projekt: Haustein/Nithammer. Es gibt bisher noch keine wissenschaftliche Gesamtevaluation des Modellprojekts.

854 Siehe dazu nochmals: Ostendorf, 2000 (b), S. 145 ff.

Vorgehen in Schleswig-Holstein die pädagogischen Aufgaben durch den Einsatz des Diversionsmittlers stärker gewichtet werden. Darüber hinaus wird der jugendliche Beschuldigte nur sehr schwer zwischen „Anregungen“ und „Anordnungen“ unterscheiden können, zumal die Träger selbst großen Wert auf die Freiwilligkeit legen.[855]

Grundsätzlich zu begrüßen sind dagegen die Diversionsprojekte, die auf der Grundlage des rechtlich Vorgesehenen durch bestimmte praktische Handlungsabläufe und ein verändertes Bewusstsein die Voraussetzungen für eine verstärkte Diversionsanwendung schaffen. Beispielhaft seien hier die Modelle in Lübeck, Braunschweig und Remscheid genannt. Dabei stimmen die aufgestellten Ziele genauso überein wie die positiven Berichte, dass es tatsächlich sowohl zu einer geringeren Rückfallhäufigkeit als auch insbesondere zu einer Verkürzung der Verfahrensdauer gekommen sei. Bei der praktischen Durchführung bestehen aber auch gewisse Unterschiede. So zeichnete sich das „Lübecker Modell“ dadurch aus, dass – gerade entgegengesetzt zur „Polizeidiversion“ – die Polizei weitgehend aus dem Verfahren herausgehalten wurde. Die zeitliche Beschleunigung kam also dadurch zustande, dass die verantwortliche Vernehmung vom Staatsanwalt vorgenommen wurde und die Polizeitätigkeit sich auf die formale Registrierung der Straftat sowie die Ladung des Beschuldigten zur Vernehmung bei der Staatsanwaltschaft beschränkte.[856]

Die Verfahrensbeschleunigung im „Braunschweiger Modell“ ist dagegen vor allem auf einen Verzicht zur Erstellung von JGH-Berichten zur Persönlichkeitsbeurteilung zurückzuführen.[857] Auf das diesbezügliche Dilemma zwischen Stigmatisierung und nötiger Persönlichkeitserforschung und dessen grundsätzliche Unauflösbarkeit wurde oben bereits hingewiesen. Jedoch liegt im vorliegenden Fall die Gefahr begründet, dass eine zur richtigen Einschätzung des Jugendlichen unbedingt erforderliche Begutachtung dem Ziel der Verfahrensbeschleunigung leichtfertig geopfert wird.[858]

Auch in Remscheid stand eine Verkürzung der Verfahrensdauer im Mittelpunkt des Vorhabens.[859] Hierzu wurden so genannte „Diversionstermine“ entwickelt, zu denen man die geeigneten Verfahren mit allen Beteiligten an einem Ort statt-

---

[855] Ebenfalls eher kritisch ist daher das „Hammer Modell“ zu sehen. Siehe dazu: Schröer, Norbert, S. 311 ff.

[856] Hering/Sessar, S. 111. Siehe dazu auch: Ostendorf, 1998, S. 485 f.

[857] Vgl. Staeter.

[858] Siehe hierzu vor allem: Staeter, S. 505.

[859] Vgl. Achenbach.

finden ließ. Dort fand sowohl eine polizeiliche Vernehmung als auch eine Begutachtung durch die Jugendgerichtshilfe statt, bevor der Staatsanwalt eingeschaltet wurde. So entstand ein Verfahren der „kurzen Wege“ bei verstärkter Interaktion unter den Beteiligten.[860]

All diese Probleme machen natürlich auch nicht vor staatlichen Grenzen halt. So existiert etwa in den Niederlanden ein mit der deutschen Diversion vergleichbares Projekt „HALT“, das ebenfalls mit der Gefahr des „net-widening-Effekts“ kämpft und auch die Vor- und Nachteile von Einzelfallbegutachtung und Verfahrensbeschleunigung abzuwägen hat.[861]

Einen etwas anderen Weg geht der „Rüsselsheimer Versuch“. Hier wird die Verfahrenseinstellung durch den Jugendrichter selbst vorgenommen. Bei Bagatelldelikten geständiger Jugendlicher findet nach nur kurzer Zeit ein Erziehungsgespräch mit dem Richter statt, bei dem in der Regel auch die Jugendgerichtshilfe sowie die Erziehungsberechtigten anwesend sind. Je nachdem ob der Jugendrichter meint, dass bereits durch die Familie verhängte Maßnahmen ausreichend sind zur Erziehung, belässt er es bei einer Ermahnung und stellt das Verfahren nach §§ 47 I 1 Nr. 2 i. V. m. 45 II JGG nach Eingang der Antragsschrift der Staatsanwaltschaft bei Gericht ein oder legt selbst Maßnahmen fest, nach deren Befolgung er nach §§ 47 I 1 Nr. 1 i. V. m. 45 II JGG einstellt. Trotz der offensichtlich guten Ergebnisse in Bezug auf Rückfallhäufigkeit und Verfahrensdauer[862] ist festzustellen, dass dieses Vorgehen nicht den gesetzlichen Vorgaben entspricht, da der Jugendrichter gemäß § 47 I Nr. 3, II JGG erst nach Einreichung der Anklage befugt ist, erzieherische Maßnahmen, wozu auch das Erziehungsgespräch selbst zählt, anzuordnen.[863] Die Konzentration auf den Jugendrichter wird bei diesem Projekt dadurch begründet, dass die nächste Staatsanwaltschaft bis zu 30 Kilometer entfernt sein könne, während der Richter eine besonders gute Kenntnis des sozialen Umfelds seines Amtsgerichtsbezirks habe, und somit der vorhandene Respekt vor dem Jugendrichter erzieherisch sinnvoll genutzt werden solle.[864] Unabhängig von den beschriebenen rechtlichen Problemen ist es jedoch sehr fraglich, ob dieses Modell – so sinnvoll es im Amtsgerichtsbezirk Rüsselsheim sein mag – etwa auf städtische Bezirke, oder im Fall

[860] Achenbach, S. 386.

[861] Zu diesen Problemen: Mijnarends, S. 22. Zum Modell allgemein: Siehe auch die anderen diesbezüglichen Beiträge im gleichen Heft: DVJJ-Journal 1/2000 (Nr. 167), S. 9 ff., 19 ff.

[862] Löhr-Müller, S. 44 ff.

[863] So auch: Löhr-Müller, S. 32 ff., die sich aber aufgrund der guten Ergebnisse für eine Gesetzesänderung ausspricht, die das Vorgehen auf eine rechtliche Grundlage stellt, S. 145 f.

[864] Löhr-Müller, S. 32, 34.

häufig wechselnder Jugendrichter, übertragbar ist. Es sollte auch nicht unerwähnt bleiben, dass man in Rüsselsheim weiterhin versucht, auch bei Massiv- und Intensivtätern unterhalb der Haftschwelle, bei denen eine Diversion nicht in Betracht kommt, schnell und angemessen zu reagieren. Vor allem wenn sich die Ermittlungen länger hinziehen, wird hier frühzeitig ein Anhörungstermin zwischen Beschuldigtem und Jugendrichter, in der Regel in Anwesenheit der Jugendgerichtshilfe und der Erziehungsberechtigten, anberaumt, bei dem versucht wird, die Problematik des Jugendlichen und seines sozialen Umfelds zu ergründen und daraufhin ein pädagogisch sinnvolles „Reaktionsprogramm" auf der rechtlichen Grundlage des § 71 JGG zu erarbeiten. Wichtig ist dabei, den Jugendlichen dadurch zur Mitarbeit zu motivieren, dass ihm klargemacht wird, welche Bedeutung sein Verhalten auf die zukünftige Verhandlung haben kann.[865]

b) Vereinfachtes Jugendverfahren

Andere Projekte arbeiten auf der Grundlage des in den §§ 76-78 JGG geregelten vereinfachten Jugendverfahrens. Als Beispiel soll hier das „Lemgoer Modell" angeführt werden,[866] das ebenfalls eine Beschleunigung der Verfahren zum Ziel hat, sich aber insbesondere auf die Zusammenarbeit mit den Schulen konzentriert. Dabei führt die Polizei, wenn sie von der Schulleitung benachrichtigt wird, Ermittlungen und Vernehmungen auch direkt in der Schule durch. Anschließend entscheidet der Jugendstaatsanwalt, ob er den Fall für die Durchführung eines vereinfachten Jugendverfahrens für geeignet hält, und stellt gegebenenfalls einen entsprechenden Antrag. Eine Beteiligung der Jugendgerichtshilfe soll dabei in der Regel entfallen. Dies ist nach den bisherigen Erkenntnissen sehr kritisch zu beurteilen. Im Rahmen des „Lemgoer Modells" wird dieser Mangel aber etwas dadurch gemildert, dass Erkenntnisse über die Persönlichkeit des Beschuldigten auch durch Schulsozialarbeiter oder Schulpsychologen und über die persönliche Einbindung des Jugendlichen in den schulischen Bereich gewonnen werden können. Die intensive Zusammenarbeit zwischen den am Strafverfahren Beteiligten und der Schule des beschuldigten Jugendlichen ist eindeutig zu begrüßen und hat Vorbildcharakter. Dabei sollte es sich jedoch lediglich um schul-

---

[865] Siehe dazu: Böhm, 1996, S. 130 f. Kritisch ist bei der Ausführung in Rüsselsheim jedoch anzumerken, dass auch Maßnahmen mit Strafcharakter, etwa besondere Arbeitsleistungen in der Freizeit, verhängt werden, was nach richtiger Ansicht nicht mit § 71 JGG vereinbar ist (s. S. 101).

[866] Siehe dazu: Schlie.

interne Vorgänge handeln, da anderenfalls eine unnötige Stigmatisierung des Jugendlichen in seinem eigenen Lebensraum stattfände.

c) „Vorrangiges" Jugendverfahren

Nicht mit dem vereinfachten Jugendverfahren aus §§ 76-78 JGG oder dem beschleunigten Verfahren aus dem Erwachsenenstrafrecht zu verwechseln ist ein Verfahrensablauf, der in der Rechtspraxis vermehrt mit dem Begriff „vorrangiges" Jugendverfahren bezeichnet wird. Im Gegensatz zu den Erstgenannten wird hierbei keine besondere gesetzlich vorgesehene Verfahrensart zur Beschleunigung angewandt, sondern auf der Grundlage des „normalen" förmlichen Jugendstrafverfahrens soll durch Vereinfachungen der praktischen Handlungsabläufe eine Verkürzung der Dauer bestimmter ausgesuchter Verfahren bewirkt werden. Zielpersonen sind Intensiv- und Mehrfachtäter, vor allem Gewalttäter, und solche, bei denen – etwa wegen der Gefahr des weiteren Abrutschens in die Kriminalität – eine besondere erzieherische Erforderlichkeit für ein schnelles Verfahren vermutet wird. Typische praktische Vereinfachungen sind: besondere Kennzeichnung der Akten; kurze Aktenwege, wenn möglich von Hand zu Hand, und schneller, etwa fernmündlicher, Kontakt zwischen den Beteiligten; sofortige Benachrichtigung von Gericht und Jugendgerichtshilfe, die beschleunigt einen Bericht anfertigt; schnelle Terminierungen; sofortige Vollstreckungseinleitung. Übereinstimmend wird berichtet, dass durch diese organisatorischen Änderungen eine sehr erhebliche Verfahrensverkürzung bewirkt werden könne.

Beispielhaft für das „vorrangige" Jugendverfahren sind die Modellprojekte in Flensburg[867], Brandenburg[868] und Rheinland-Pfalz.[869] Kritisch ist ihnen entgegenzusetzen, dass zunächst die Auswahlkriterien sehr unbestimmt erscheinen, des Weiteren aber auch die vorrangige Behandlung einzelner Jugendstrafsachen, die in der Praxis die Gefahr birgt, dass andere Verfahren dahinter zurückstehen, eventuell sogar verzögert werden, selbst wenn die Durchführung eigentlich zu keinem erheblichen Arbeitsmehraufwand führen soll. Der Beschleunigungsgrundsatz sollte jedoch richtigerweise eine generelle Verfahrensbeschleunigung zum Ziel haben und weniger die Beschleunigung bestimmter einzelner Verfah-

---

[867] Siehe dazu: Stahlmann-Liebelt.

[868] Siehe dazu die Verfügung des Generalstaatsanwalts des Landes Brandenburg an die Leitenden Oberstaatsanwälte des Landes vom 13.7.2000 (Aktenzeichen: 421-21).

[869] Der Verfasser führte hierzu am 12.1.2001 ein Informationsgespräch mit der Direktorin des Amtsgerichts Neuwied und Vorsitzenden der Arbeitsgruppe Jugendstrafrecht in Rheinland-Pfalz, Frau Angelika Blettner.

ren.[870] Darüber hinaus sind auch hier die Aspekte zu berücksichtigen, die sich im Laufe dieser Arbeit als Kritikpunkte gegenüber einer allzu schnellen Verfahrensdurchführung herausgestellt haben. Insbesondere gilt dies für die genannten Zielpersonen, bei denen aufgrund ihrer erheblichen Kriminalität eine besonders intensive Begutachtung erforderlich ist. Dennoch ist in Bezug auf diese Projekte positiv festzuhalten, dass versucht wird, bürokratische und organisatorische Hemmnisse im Bereich der Jugendstrafverfahren zu erkennen und durch verbesserte und vereinfachte Handlungsabläufe abzubauen. Behält man dabei die Erkenntnisse aus dem erfahrungswissenschaftlichen Teil dieser Arbeit im Auge, sollte es möglich sein, auch grundsätzlich, d. h. nicht nur in Bezug auf bestimmte ausgewählte Verfahren, die Dauer von Jugendstrafverfahren nicht unwesentlich zu verkürzen.[871] Dabei sollte immer wieder versucht werden, bürokratische Verzögerungen, die keinerlei pädagogischen Sinn haben, abzubauen, etwa durch verbesserte Aktenwege oder Ähnliches.[872]

Eine grundsätzlichere Problematik scheint jedoch die mangelhafte Zusammenarbeit und Kooperation der verschiedenen am Verfahren beteiligten Personen und Institutionen darzustellen. Es ist zu vermuten, dass das Jugendstrafverfahren schon dadurch ohne erzieherische Nachteile beschleunigt werden kann, dass die persönlichen Kontakte zwischen den Beteiligten intensiviert werden.[873] Sehr hilfreich könnten hier interdisziplinär besetzte lokale Arbeitskreise sein, in denen man miteinander ins Gespräch kommt.[874] Wichtig für eine gute Kooperation ist es aber auch, dass Aufgaben und Ziele, Möglichkeiten und Grenzen aller Beteiligten klar und einsichtig sind und dass jeder den vom eigenen abweichenden Handlungsauftrag des Anderen akzeptiert und respektiert.[875] Vor allem darf man sich jedoch nicht an die Probleme und Hindernisse gewöhnen und sie als unabänderlich hinnehmen.[876] Vielmehr ist unablässig an den Verfahrensabläufen zu

---

870 So auch: Ostendorf, 1998, S. 486. Dieses Ziel verfolgt aber auch das Modell in Rheinland-Pfalz, das zuvorderst Erkenntnisse für eine grundsätzliche Beschleunigung von Jugendstrafverfahren liefern soll.

871 Ostendorf, 1998, S. 485, etwa fordert schlagwortartig statt des bekannten Nacheinanderarbeitens der verschiedenen Institutionen ein Miteinander.

872 So auch Albrecht, Hans-Jörg, 2002, in seinem Gutachten zum 64. Deutschen Juristentag 2002, S. D 134.

873 Siehe dazu aber: Trenczek, 1999, S. 268 ff.

874 Ostendorf, 1998, S. 485; Trenczek, 1994, S. 163.
Für einen auch internationalen Erfahrungsaustausch spricht sich die 12. Arbeitstagung der internationalen Arbeitsgemeinschaft für Jugendfragen (IAGJ) 2000 in der Schweiz in ihrer Abschlusserklärung aus, abgedruckt in DVJJ-Journal 2/2001 (Nr. 172), S. 194 ff., S. 196.

875 Gabriel, S. 23 f.; Trenczek, 1994, S. 163. Siehe auch: Frommel, S. 7.

876 Vgl. Ostendorf, 1998, S. 485.

arbeiten mit dem Ziel des Abbaus der organisatorischen Mängel, ohne jedoch pädagogische Einschnitte zu riskieren.[877]

d) „Hausmodelle"

Das Projekt „Haus des Jugendrechts" in Stuttgart[878] steigert den Gedanken einer engeren Zusammenarbeit so weit, dass bis auf den Jugendrichter, der aber auch stark eingebunden ist, die am Strafverfahren beteiligten Institutionen Polizei, Staatsanwaltschaft und Jugendgerichtshilfe auch räumlich – im wahrsten Sinne des Wortes – „unter einem Dach" zusammengeführt werden.[879] Neben der Entwicklung kriminalpräventiver Angebote und Maßnahmen steht vor allem das Ziel einer Verfahrensbeschleunigung auch bei diesem Projekt im Mittelpunkt. Dies soll dadurch erreicht werden, dass die Institutionen sich gleichzeitig mit den Beschuldigten beschäftigen und enge persönliche Kontakte zwischen den Beteiligten aufgebaut werden. Daneben wird auch versucht, nach außen, etwa mit ortsansässigen Jugendeinrichtungen oder dem Arbeitsamt, intensiver zu kooperieren. Tatsächlich scheint das Ziel einer Verfahrensbeschleunigung im Projekt erreicht worden zu sein.[880] Dennoch wird dieses Ziel nicht als Selbstzweck anerkannt.[881] Vielmehr ist begrüßenswert, dass es wohl gelungen ist, „die Kooperation der beteiligten Institutionen wesentlich zu verändern, zum Teil sogar

---

[877] Beispielhafte Projekte in diesem Zusammenhang sind das Interventions- und Präventionsprojekt der Jugendgerichtshilfe Dresden und die Jugendberatungsstelle bei der Polizei in Halle/Sachsen-Anhalt. Siehe dazu: Ferse; Enke.

[878] Das Projekt findet auch in der überregionalen Presse große Beachtung. Siehe etwa: FAZ vom 8.9.2000, S. 4; Der Spiegel 46/2000 (13.11.2000), S. 162 f.

[879] Davon zu unterscheiden sind solche „Hausmodelle", die nicht den Ablauf des Jugendstrafverfahrens organisieren, sondern als soziale Einrichtungen allgemein gegen Jugendkriminalität ankämpfen. Beispielhaft soll hier das „Jugendrechtshaus" in Cottbus genannt werden, da es neben Beratung, Schulprojekten und Rechtsbewusstseinsstärkung auch den Versuch macht, für die jugendlichen Beschuldigten die Zeit zwischen Anklageerhebung und Hauptverhandlung durch pädagogische Kurse sinnvoll auszufüllen, was ja ganz im Sinne der erfahrungswissenschaftlichen Erkenntnisse dieser Arbeit ist. Siehe hierzu: FAZ vom 26.3.2001, S. 11; und ausführlich: Hasseln, vor allem S. 161 f.

[880] Feuerhelm, S. 143 f. Ostendorf, 1998, S. 486, merkt jedoch kritisch an, dass Strafverteidigung in diesem Projekt „nicht vorkommt", und spricht sich weiterhin zwar für eine bessere Kooperation, aber gegen eine organisatorische Vereinnahmung aus. Werner Beulke stellte in einem nicht veröffentlichten Vortrag beim 25. Deutschen Jugendgerichtstag 2001 in Marburg die interessante Frage, ob der Staatsanwalt bei einem solchen Projekt nicht vielleicht sogar zu stark eingebunden sei, ob es nicht besser sei, wenn er eben gerade nicht alles erfahre.

[881] Feuerhelm/Kügler, S. 115 ff., relativieren ihrerseits in ihrer wissenschaftlichen Projektbegleitung die eindimensionalen Forderungen nach Verfahrensbeschleunigung.

neu zu gestalten." Folgerichtig wäre nun der Versuch einer „Einpassung" der vorgenommenen Reformen in das Gesamtsystem der Jugendstrafrechtspflege.[882] Wenn daraus auch noch eine Verfahrensbeschleunigung ohne andere pädagogische Mängel resultiert, ist dies umso positiver zu beurteilen.

4. Rechtsprechung

An dieser Stelle soll zuletzt auf die aktuelle Rechtsprechung eingegangen werden. Dabei kann unmöglich jedes Urteil erwähnt werden, das Auswirkungen auf die Verfahrensdauer hat, denn mittelbar folgen bereits – wie im dogmatischen Teil dieser Arbeit ersichtlich wurde – etwa aus jeder Beschäftigung mit der Jugendgerichtshilfe Konsequenzen für die Dauer des jeweiligen Verfahrens. Hier kann es also nur darum gehen, die Entscheidungen, die bereits Grundlage mancher Überlegungen der vorliegenden Arbeit waren, zusammenfassend darzustellen und durch weitere Urteile zu ergänzen, die sich explizit mit der Dauer von Jugendstrafverfahren beschäftigen. Möglicherweise lassen sich daraus aber trotzdem bestimmte Tendenzen der Rechtsprechung ableiten, die sich wiederum an den bisherigen Erkenntnissen messen und wertend beurteilen lassen.

Als allgemeine Rechtsgrundlage für den Beschleunigungsgrundsatz wurde zuletzt vom Bundesverfassungsgericht neben Art. 6 I MRK das Grundrecht aus Art. 2 I GG in Verbindung mit dem Rechtsstaatsprinzip genannt.[883] Für das Jugendstrafverfahren wurde dem Beschleunigungsgebot aus erzieherischen Gründen vom BGH eine erhöhte Bedeutung zugesprochen.[884] Ähnliche Grundaussagen finden sich auch immer wieder in den weiteren noch zu besprechenden Entscheidungen.

Welche Konsequenzen aus der Nichteinhaltung einer angemessenen Verfahrensdauer zu ziehen sind, wurde bereits zu Beginn dieser Arbeit diskutiert (s. S. 15 ff.). Die diesbezügliche Entwicklung der Rechtsprechung kann leicht nachvollzogen werden. Sprach der BGH der Länge des Strafverfahrens zunächst überhaupt keine rechtliche Bedeutung zu,[885] so hat sich später eine ständige Rechtsprechung entwickelt, nach der eine überlange Verfahrensdauer im Rah-

---

[882] Feuerhelm/Kügler, S. 120.
[883] BVerfG NJW, 1993 (46), S. 3254 ff. (19.4.1993), S. 3254 f.
[884] BGH StV, 1999 (19), S. 661 (22.9.1999).
[885] BGH DAR, 1963 (32), S. 169 (21.12.1962).

men der Strafzumessung zu berücksichtigen sei.[886] Ausgehend vom Bundesverfassungsgericht[887] wurde schließlich aber auch anerkannt, dass in besonders krassen Fällen einer Verletzung des Beschleunigungsgebots sogar an die Einstellung des jeweiligen Verfahrens gedacht werden müsse.[888] Dies wurde ganz aktuell noch einmal vom BGH diskutiert und bestätigt.[889] Grundsätzlich ließe sich hieraus eine Dreiteilung folgern: Strafzumessungslösung im unteren Bereich, Absehen von Strafe bzw. Einstellung gemäß § 153 StPO im mittleren und ein von Amts wegen zu berücksichtigendes Verfahrenshindernis im oberen Bereich.[890] Nach langen Erläuterungen zum erzieherischen Sinn des Beschleunigungsgrundsatzes kommt das Kreisgericht Saalfeld auch im Bereich des Jugendstrafrechts zu einer Verfahrenseinstellung nach § 47 I 1 Nr. 1 JGG wegen erheblicher Verfahrensverzögerung.[891]

Im Bereich des Rechtsmittelrechts im Jugendstrafrecht lassen sich neben dem allgemeinen Bekenntnis, dass § 55 II JGG verfassungsrechtlich nicht zu beanstanden sei,[892] differenzierte Lösungen zu Einzelproblemen finden. So wird zum einen mit dem erzieherischen Ziel einer schnellen Sanktionierung jugendtypischen Fehlverhaltens begründet, dass dem Angeklagten, der zu seiner Berufungsverhandlung nicht erschienen ist, gegen die deshalb ohne inhaltliche Überprüfung gemäß § 329 StPO verworfene Berufung kein weiteres Rechtsmittel mehr zustehe.[893] Auf der anderen Seite wird die Beschwerde gegen eine veränderte Bewährungsauflage innerhalb einer ansonsten verworfenen Berufung für zulässig erklärt, wobei der Beschleunigungsgrundsatz dadurch ausdrücklich als nicht berührt angesehen wird.[894]

Eine besondere Rolle spielt die Beschleunigung bei Haftsachen. So kann die Aufhebung eines Haftbefehls wegen mangelnder Ausnutzung organisatorischer

---

886 Zuerst: BGH St 24, S. 239 ff. (10.11.1971), S. 242. Dann allgemein etwa: BGH StV, 1982 (2), S. 339 ff. (3.2.1982); BGH NStZ-RR, 1998 (3), S. 108 (16.10.1997); BGH NJW, 1999 (52), S. 1198 f. (21.12.1998). Und für das Jugendstrafrecht: BGH NStZ, 1987 (7), S. 232 f. (20.1.1987); BGH StV, 1996 (16), S. 537 f. (15.5.1996); BGH StV, 1999 (19), S. 661 (22.9.1999).

887 BVerfG (Vorprüfungsausschuss) NJW, 1984 (37), S. 967 f. (24.11.1983), S. 967.

888 BGH St 35, S. 137 ff. (9.12.1987).

889 BGH StV, 2001 (21), S. 89 ff. (25.10.2000).

890 Kempf, 2001.

891 KreisG Saalfeld StV, 1993 (13), S. 535 (17.8.1993).

892 BVerfG (Kammer) NStZ, 1988 (8), S. 34 f. (23.9.1087).

893 OLG Düsseldorf MDR, 1994 (48), S. 1141 (13.4.1994).

894 OLG Celle MDR, 1993 (47), S. 266 (1.9.1992).

Möglichkeiten zur Beschleunigung des Verfahrens in Betracht kommen.[895] Selbst in Ansehung der grundsätzlichen Geltung des Beschleunigungsgrundsatzes im Jugendstrafrecht sind Haftsachen vor den Jugendgerichten vorrangig zu terminieren.[896]

Weitere Entscheidungen beschäftigen sich mit jugendstrafrechtlichen Einzelproblemen. So wird etwa bestimmt, dass die Jugendkammer das Hauptverfahren auch vor dem Jugendschöffengericht eröffnen darf, wenn es eine Strafsache wegen ihres besonderen Umfangs zunächst zur Übernahme bekommt, nach einer Prüfung im Zwischenverfahren den im Eröffnungsbeschluss zuzulassenden Anklageumfang aber so stark reduziert, dass für das Hauptverfahren das Jugendschöffengericht zuständig ist. Anderenfalls müsste die Kammer nach intensiver Untersuchung die Akten ohne Entscheidung in der Sache dem Amtsgericht zurückleiten, dem dieselbe aufwendige Eröffnungsprüfung nochmals aufgenötigt würde. Darin wäre jedoch eine dem Beschleunigungsgrundsatz zuwiderlaufende verzögernde und unökonomische Sachbehandlung zu sehen.[897] An einer anderen Stelle spricht sich die Rechtsprechung gegen eine Verbindung von Strafsachen gegen Heranwachsende und Erwachsene dann aus, wenn der Erstere geständig oder der Sachverhalt einfach ist, da unangemessene Verfahrensverlängerungen für den Heranwachsenden nur wegen des Verfahrens gegen den erwachsenen Angeklagten zu vermeiden seien. Bloße Zweckmäßigkeitserwägungen oder die Prozessökonomie bei einer Gesamtbetrachtung können dabei nicht zu einem anderen Ergebnis führen.[898] Eher verzögernde Auswirkungen hat dagegen eine Entscheidung, in der noch einmal die grundsätzlichen Anforderungen an die Urteilsbegründung im Sinne des § 54 I JGG wiederholt werden, in der aber vor allem erklärt wird, dass nur ganz ausnahmsweise in einem Berufungsurteil auf tatsächlichen und rechtlichen Ausführungen des erstinstanzlichen Urteils ohne eigene Angaben verwiesen werden darf, dass dies aber grundsätzlich nicht für Strafzumessungserwägungen gelten kann, da das Berufungsgericht insoweit eine eigenständige Begründung vornehmen muss.[899]

---

895 HansOLG StV, 1983 (3), S. 289 f. (6.1.1983). Vgl. auch OLG Celle StraFo, 2002, S. 103 (10.10.2001); OLG Koblenz StraFo, 2002, S. 208 (10.1.2002); ThürOLG StV, 2002 (22), S. 555 (12.6.2002); LG Berlin StV, 2002 (22), S. 608 (1.7.2002); OLG Bamberg StV, 2002 (22), S. 608 (4.7.2002).

896 OLG Köln NJW, 1997 (50), S. 2252 f. (15.10.1996).

897 LG Frankfurt/M. NStZ-RR, 1996 (1), S. 251 f. (12.2.1996).

898 OLG Stuttgart Zbl, 1995 (82), S. 297 f. (3.11.1994), S. 298.

899 OLG Jena NStZ-RR, 1998 (3), S. 119 f. (13.1.1998).

Interessant ist auch eine aktuelle BGH-Entscheidung, in der die grundsätzliche Möglichkeit einer beschränkten Anfechtung des Schuldspruchs anerkannt wird, jedoch im gegebenen Fall, in dem der Angeklagte entgegen § 32 JGG für mehrere Taten in verschiedenen Altersstufen gleichzeitig teils zu Jugend- und teils zu Erwachsenenstrafe verurteilt wurde, der gesamte Strafausspruch von der Anfechtung erfasst wird. Daraufhin bestimmte der BGH, dass der Strafausspruch insofern geändert werden muss, als gemäß § 32 JGG je nach Schwergewicht der Straftaten (in diesem Fall eindeutig Jugendstrafrecht) eine einheitliche Entscheidung ergeht. Ungewöhnlicherweise hat die Revisionsinstanz nun aber nicht gemäß § 354 II StPO zurückverwiesen, sondern hat selbst entschieden, dass die Tat, wegen der Freiheitsstrafe verhängt wurde, ersatzlos wegfällt und es bei der ansonsten rechtsfehlerfrei zustande gekommenen Jugendstrafe bleibt, da einer Erhöhung der Jugendstrafe das Verschlechterungsverbot entgegenstünde, gegen eine Absenkung wiederum die pädagogischen Überlegungen der Vorinstanz sprächen.[900] Es ist zu vermuten, dass nicht zuletzt auch der Beschleunigungsgrundsatz eine Rolle bei der Entscheidung, nicht zurückzuverweisen, gespielt hat, da das endgültige Urteil durch eine Zurückverweisung noch einmal erheblich verzögert worden wäre. Fraglich ist jedoch, ob nicht für ein pädagogisch angemessenes Urteil eine Gesamtbetrachtung aller Straftaten nach dem festgestellten Schwergewicht nötig wäre.

Lässt sich nun an diesen Einzelentscheidungen eine Gesamtintention der Rechtsprechung ablesen ? Da hier nur eine Auswahl vorgestellt wurde, sollte ein abschließendes Urteil sehr vorsichtig angegangen werden. Es lassen sich aber dennoch einige typische Gedanken erkennen. So stärkte die Rechtsprechung die grundsätzliche Bedeutung des Beschleunigungsgrundsatzes in den letzten Jahren insbesondere dadurch, dass sie seine Rechtsgrundlage in der Verfassung verankerte und – bis hin zur Feststellung eines Verfahrenshindernisses – immer erheblichere Konsequenzen aus der Nichteinhaltung einer angemessenen Verfahrensdauer zog. Der Intention des JGG folgend und auch im Einklang mit den Erkenntnissen des erfahrungswissenschaftlichen Abschnitts dieser Arbeit ist eine besondere Betonung des Beschleunigungsgrundsatzes durch die Rechtsprechung auf dem Gebiet der Haftsachen zu erkennen. Darüber hinaus gehen die Gerichte mehr oder weniger ausdrücklich einen ähnlich differenzierten Weg wie das Gesetz selbst. Immer wieder wird die pädagogische Bedeutung einer schnellen Verfahrensdurchführung für den beschuldigten Jugendlichen betont und Entscheidungen in diesem Sinn getroffen. Nicht zu übersehen sind aber auch ver-

---

[900] BGH NStZ, 2000 (20), S. 483 f. (23.3.2000). Siehe dazu auch die Besprechung von Böhm, Alexander in: NStZ-RR, 2000 (5), S. 323, 324 f.

schiedenste Urteile, die bewusst oder unbewusst eine erhebliche Verfahrensverzögerung in Kauf nehmen, um andere Ziele (oben wurde die ausführliche und verständliche Urteilsbegründung genannt) durchzusetzen, denen diesbezüglich eine Priorität gegenüber dem Beschleunigungsgrundsatz eingeräumt wird. Insofern ist auf die Betrachtungen zur Gesetzesintention zu verweisen (zusammenfassend: S. 157 ff.). Kritisch zu beurteilen sind jedoch Entscheidungen, die durch eine Überbetonung der Verfahrensdauer andere wichtige Verfahrenszwecke zu stark in den Hintergrund rücken und zu denen auch die Letztgenannte zu gehören scheint.

5. Zusammenfassung

Aus den genannten Beispielen wird sehr deutlich, welch überragende Bedeutung der Beschleunigungsgrundsatz bei aktuellen Reformüberlegungen im Bereich des Jugendstrafrechts hat. Er ist im Munde zahlreicher Politiker, die sich zum Thema Jugendkriminalität äußern, und führt so auch zu konkreten Gesetzgebungsvorschlägen, er wird zum Ziel verschiedenster Modellprojekte gemacht und beschäftigt schließlich auch die Rechtsprechung. Die Politik sieht weithin in einer Verfahrensbeschleunigung die „Patentlösung" zur Reduzierung der statistisch dramatisch angestiegenen Jugendkriminalität, da man sich von ihr größere abschreckende Wirkung auf den Täter selbst und auch auf potentielle andere Täter verspricht. Von den öffentlichen Äußerungen kann aber freilich nicht erwartet werden, dass eine differenzierte Betrachtung dieser Thematik vorgenommen wird, die auch auf die pädagogischen und juristischen Probleme einer übertriebenen Beschleunigung eingeht. Hier geht es vielmehr um einfache und plakative Antworten auf Fragen der verunsicherten Bevölkerung. Doch auch die konkreten Gesetzesänderungsvorschläge bauen sehr eindimensional auf den bekannten und gebetsmühlenartig wiederholten pädagogischen Begründungen des Beschleunigungsprinzips auf und konzentrieren sich daher vor allem auf eine Stärkung schneller formeller Verfahrensarten. Dabei geht es insbesondere um eine Anwendung des beschleunigten Verfahrens (§§ 417 ff. StPO) auch gegenüber Jugendlichen und um die Zulassung von Zwangsmitteln (§ 230 II StPO) im vereinfachten Jugendverfahren. Beide Verfahrensarten werfen jedoch erhebliche pädagogische und vor allem rechtsstaatliche Probleme auf, so dass diese Vorschläge nach den bisherigen Erkenntnissen nur sehr kritisch beurteilt werden können. Auf der anderen Seite gibt es aber auch Denkrichtungen, die sich mit der Frage nach Möglichkeiten zur Entkriminalisierung beschäftigen, insbesondere auch durch eine Reform der materiell-rechtlichen Regelungen. Eine Zurückdrängung der Sozialkontrolle führt sozusagen zur radikalsten Abkürzung des

Strafverfahrens und öffnet somit ein neues und weites Feld jugendstrafrechtlicher Reformüberlegungen, das vorliegend nur angerissen werden konnte.

Zahlreiche Modellprojekte mit dem Ziel einer Verfahrensbeschleunigung im Jugendstrafrecht sind in jüngerer Zeit quer durch die Bundesrepublik Deutschland entstanden. Eingebettet in unterschiedliche rechtliche Zusammenhänge versuchen sie auf ganz verschiedene Weise, dieses Ziel zu erreichen. Am bekanntesten sind die Diversionsprojekte, von denen aus rechtsstaatlichen Gründen aber diejenigen zu kritisieren sind, die sich durch eine überragende Stellung der Polizei – bis hin zur so genannten „Polizeidiversion" – auszeichnen. Sofern die Programme jedoch den rechtlichen Vorgaben entsprechen, scheinen sie unabhängig von ihren Unterschieden im Einzelnen insgesamt gute Ergebnisse sowohl in Bezug auf Rückfallhäufigkeit als auch in Bezug auf die Verfahrensdauer zu produzieren. Andere Modelle beruhen auf einer Stärkung des vereinfachten Jugendverfahrens oder versuchen unabhängig von gesetzlichen Vorgaben durch Vereinfachungen der praktischen Handlungsabläufe (so genannte „vorrangige" Jugendverfahren), eine Verkürzung der Verfahrensdauer zu bewirken. Problematisch ist es dabei wiederum, wenn lediglich bestimmte Verfahren auf diese Weise behandelt und dadurch gegenüber anderen vorgezogen werden. Zweifellos begrüßenswert ist es jedoch, über organisatorische Abläufe nachzudenken, um über allgemeine Vereinfachungen zu einer grundsätzlichen Beschleunigung im Jugendstrafverfahren zu kommen. Hier scheint noch ein großes Potential für Verkürzungen zu liegen, die eben nicht die angesprochenen pädagogischen und rechtlichen Nachteile und Gefahren aufwerfen. Zentral in diesem Zusammenhang dürfte die Kooperation zwischen den einzelnen Verfahrensbeteiligten sein. Neben den „privaten" Bemühungen auf der kleinsten Ebene können hier möglicherweise lokale interdisziplinär besetzte Arbeitskreise oder auch die so genannten „Hausmodelle" wichtige Entwicklungsarbeit leisten. Dass es so viele ganz unterschiedliche Ansätze in diesem Bereich gibt, ist also keineswegs als Nachteil zu werten. Nicht nur können so die verschiedensten Erkenntnisse über den Wert bestimmter Maßnahmen zusammengetragen werden, sondern es ist auf Dauer auch durchaus möglich, dass an verschiedenen Orten (etwa Großstadt – kleiner Ort) auf unterschiedliche Weise eine auch pädagogisch zu begrüßende Verfahrensbeschleunigung erreicht werden kann.

Die Rechtsprechung spiegelt die Überlegungen wider, die im Zuge der dogmatischen Betrachtung des Jugendgerichtsgesetzes aufgestellt wurden. Der Beschleunigungsgrundsatz wird als wesentliches Ziel im Jugendstrafrecht anerkannt und durch die jeweiligen Entscheidungen zu fördern versucht. Er steht aber nicht isoliert, sondern hat sich gegebenenfalls anderen wichtigen Zwecken unterzuordnen, so dass insofern manchmal auch Verfahrensverzögerungen in Kauf zu nehmen sind.

VI. Zusammenfassung der Untersuchungsergebnisse

Der Beschleunigungsgrundsatz, also die Forderung nach möglichst schnellen Strafverfahren, ist eines der viel diskutierten Themen auf dem Gebiet der Kriminalpolitik, insbesondere im Rahmen des Jugendstrafrechts. Dies gilt sowohl für die Politik als auch für die juristische Wissenschaft und Praxis. Auch die vorliegende Untersuchung hat sich dieses Themas angenommen. Sie hat sich dabei jedoch auf einige Fragestellungen konzentriert, die in der bisherigen Diskussion fast vollständig ausgeklammert wurden.

Zunächst näherte sich der Verfasser dem Problemkreis mit einem Blick auf den aktuellen Forschungsstand. Dabei wurde deutlich, dass der zeitliche Abstand zwischen Tat und Verurteilung bzw. auch Vollstreckung der jeweiligen Sanktion sowohl im Erwachsenen- als auch im Jugendstrafrecht überwiegend ansteigt. Konkrete Ursachen für diese Tendenz im Bereich des materiellen sowie des prozessualen Strafrechts wurden genannt, ebenso wie gesellschaftliche und justizinterne Begründungen. Darüber hinaus wurde insbesondere anhand der MRK, die im Gegensatz zu deutschen Normen den Beschleunigungsgrundsatz ausdrücklich nennt, sowie der Rechtsprechung zur Konsequenz der Nichteinhaltung einer angemessenen Verfahrensgeschwindigkeit die gestiegene Bedeutung eines schnellen Verfahrensabschlusses in den Augen von Politik und Justiz deutlich gemacht. Diese Bedeutung schlägt sich darin nieder, dass aus allen tangierten gesellschaftlichen Gruppen heraus gebetsmühlenartig die Forderung nach immer schnelleren Verfahren wiederholt wird. Im Bereich des allgemeinen Strafrechts solle dies den Interessen aller Beteiligter dienen: denen der Justiz aufgrund der Wahrheitsermittlung, denen der Allgemeinheit aufgrund einer verstärkten negativen Generalprävention, denen des Beschuldigten aufgrund der Belastungen durch das Verfahren sowie schließlich auch den Interessen des Opfers. Dem werden jedoch auch Gefahren einer zu rigiden Beschleunigung entgegengesetzt, die vor allem unter dem Stichwort der Wahrung eines „fairen Verfahrens“ bei ausreichender Wahrheitsermittlung und Persönlichkeitserforschung zusammengefasst werden können.

Eine besonders große Rolle wird dem Beschleunigungsgebot im Jugendstrafrecht zugemessen. Es wird dabei nämlich vor allem mit seiner erzieherischen Wirkung begründet. Ein schneller Verfahrensabschluss entfalte eine höhere pädagogische Wirkung als ein verzögerter, da der Jugendliche nach einer gewissen Zeit den Bezug zu seiner Tat verliere und die darauf folgende Sanktion nicht mehr als Konsequenz seines eigenen Handelns begreifen und akzeptieren könne.

Während die bisherige Diskussion auf der Grundlage dieser Feststellungen um die Frage kreist, wie das Strafverfahren am wirkungsvollsten beschleunigt werden könnte, wendet sich diese Arbeit der vorgelagerten Frage zu, ob die dargestellten Behauptungen einer intensiven Überprüfung überhaupt standhalten können. Es geht also nicht um Mechanismen zur Verfahrensbeschleunigung, sondern um die grundlegende Frage, wie wichtig eine schnell erfolgende Bestrafung für deren Erfolg tatsächlich ist, ob also dem Beschleunigungsgrundsatz wirklich der behauptete erzieherische Gehalt zugesprochen werden kann, wobei entgegen einer verbreiteten Auffassung in der Literatur grundsätzlich am Erziehungszweck des Jugendstrafverfahrens festgehalten wird. Zur Beantwortung dieser Frage wurden die Erkenntnisse derjenigen Disziplinen herangezogen, die sich vornehmlich mit dem Menschen, insbesondere auch dem jungen, beschäftigen – Psychologie, Pädagogik und Kriminologie.

Im Zentrum der pädagogischen Überlegungen stand dabei die Frage, ob Bestrafung und Erziehung überhaupt miteinander vereinbar sind. Bei aller zu beachtenden Gefahr von Stigmatisierung wurde jedoch deutlich, dass zumindest im strafrechtlichen Bereich die reine Ignorierung unerwünschten Verhaltens und die bloße Belohnung erwünschter Verhaltensweisen nicht möglich sind. Es wurden ferner Kriterien aufgezeigt, die es bei der Suche nach einer erzieherisch wirksamen Bestrafung zu beachten gilt, die aber durchaus auch eine Verzögerung des Strafverfahrens bewirken können. Darüber hinaus zeigten sich in psychologischer Hinsicht entscheidende Nachteile des Behaviorismus, der sich zwar zunächst zur Begründung des Beschleunigungsgrundsatzes heranziehen lässt, dessen Ergebnisse sich aber nur bedingt auf die vorliegende Fragestellung übertragen lassen. Kognitivistische Denkansätze sind demgegenüber sehr viel besser geeignet, die geistigen Prozesse beim menschlichen Verhalten zu erklären, auf die individuellen Unterschiede zwischen den einzelnen Personen einzugehen und auch andere, etwa kriminologische oder entwicklungs- bzw. persönlichkeitspsychologische Theorien zu integrieren. Eine Beachtung dieser Faktoren kann jedoch zu einer wesentlichen Relativierung der Forderung nach einer möglichst schnellen Bestrafung von Jugendlichen führen.

Ergebnis dieser Untersuchung ist nicht ein einheitliches und immer gültiges Bestrafungskonzept, sondern eine Auflistung verschiedener Aspekte, die bei der Suche nach einer im Einzelfall für den individuellen Jugendlichen erzieherisch wirksamen Bestrafung zu beachten sind und Auswirkungen auf die Verfahrensgeschwindigkeit haben, also durchaus auch verzögernd wirken können. Darüber hinaus können diese Gesichtspunkte aber auch als Maßstab dienen, um, wie im Weiteren geschehen, die aktuellen Verhältnisse sowohl in normativer als auch in praktischer Hinsicht im Hinblick auf ihre erzieherische Wirksamkeit kritisch zu beurteilen. Grundsätzlich wurde bei dieser Untersuchungsmethode auch der Wert eines interdisziplinären Forschungsansatzes deutlich. Die Einbeziehung psychologischer und pädagogischer Erkenntnisse bot die Möglichkeit, sich einem Problem anzunähern, das allein mit juristischem Wissen bisher nur sehr oberflächlich betrachtet werden konnte.

Es wurde also deutlich, dass eine eindeutige Bewertung des Beschleunigungsgebots als „richtig" oder „falsch", als „zu unterstützen" oder „zu bekämpfen" nicht möglich ist. Vieles spricht dafür, die Sanktion der Tat schnell nachfolgen zu lassen. Eine zu schnelle Aburteilung kann jedoch auf die Entwicklung des Jugendlichen auch schädlich wirken. Jedenfalls darf der Beschleunigungsgrundsatz nicht zum Allheilmittel stilisiert oder zum Selbstzweck werden. Er ist nicht mehr und nicht weniger als *ein* bedeutender Faktor, der gegen zahlreiche andere abgewogen werden muss, will man im Einzelfall für den Jugendlichen die pädagogisch wirksamste Sanktion finden. Nur wenn wichtigere entgegenstehende Zwecke nicht gefährdet werden, gilt es, das Verfahren zu beschleunigen, anderenfalls hat die Beschleunigungsmaxime zurückzustehen, möglicherweise kann sogar eine bewusste Verzögerung das bessere Mittel auf dem Weg zu einer pädagogisch wirksamen Sanktion sein. Die dargestellten Leitlinien stehen jedoch nicht nur am Beginn des Verfahrens, um dieses nach ihren Maßgaben zu gestalten, sondern sie können auch dazu dienen, einem Verfahren, das – aus welchen Gründen auch immer – bereits zu lange dauert, doch noch erzieherische Wirksamkeit zu vermitteln.

Der Forderung nach einer Beschleunigung aller Jugendstrafverfahren oder gar der Einrichtung so genannter Schnellgerichte für besondere Fälle muss demzufolge entschieden widersprochen werden. Doch wie steht zu dieser Frage der Gesetzgeber, welche Intention lässt das Jugendgerichtsgesetz diesbezüglich erkennen ? Der Verfasser hat zur Beantwortung dieser Frage eine zweite Hinterfragung des Beschleunigungsgrundsatzes vorgenommen, nämlich eine dogmatische. Dazu wurden sämtliche Normen überprüft, die einen Zusammenhang mit dem zeitlichen Ablauf des Jugendstrafverfahrens aufweisen. Eine ausdrückliche Normierung dieses Grundsatzes gibt es im deutschen Strafrecht nicht, doch wird er nach ganz allgemeiner Auffassung aufgrund verschiedener das Verfahren beschleunigender Normen als im Jugendgerichtsgesetz verankert angesehen. Tatsächlich finden sich vor allem mit den §§ 76-78 JGG zum vereinfachten Jugendverfahren, den §§ 45, 47 JGG zur Diversion sowie § 55 JGG zur Rechtsmittelbeschränkung Regelungen, die zweifellos einen schnelleren rechtskräftigen Verfahrensabschluss zum Ziel haben. Darüber hinaus darf jedoch nicht übersehen werden, dass auch gegensätzliche Tendenzen im Gesetz enthalten sind. Diese führen in ihrer Konsequenz dazu, dass der Verfahrensabschluss geradezu hinausgezögert wird, weshalb sie vorliegend auch als „Verzögerungsmechanismen" bezeichnet werden. Zu ihnen gehören vor allem die §§ 38, 43 JGG, die eine Persönlichkeitserforschung unter Einschluss der Jugendgerichtshilfe vorsehen, § 79 JGG, der die Anwendung von Strafbefehl und beschleunigtem Verfahren aus dem Erwachsenenstrafrecht untersagt, §§ 5 ff., 54 JGG, die ein breites Spektrum an Sanktionsmöglichkeiten eröffnen und die Urteilsbegründung stärker betonen, §§ 27 ff. JGG mit der Möglichkeit, die endgültige Sanktionsentscheidung hinauszuzögern, sowie die §§ 11 ff. JGG, die auch noch nach Vorliegen einer rechtskräftigen Entscheidung erhebliche Änderungsmöglichkeiten vorsehen. All diese Regelungen haben eine verlangsamende Wirkung auf das Jugendstrafverfahren gemeinsam, jedoch nicht zum Selbstzweck. Vielmehr lassen sie andere Zwecke erkennen, denen gegenüber dem Beschleunigungsgebot Priorität eingeräumt wird. Es geht kurz gefasst darum, eine für den individuellen Jugendlichen in seiner aktuellen Situation sinnvolle und erzieherisch im Sinne einer Rückfallvermeidung geeignete Sanktion auszuwählen. Soweit diese Suche nicht behindert wird, bietet das Gesetz zahlreiche Möglichkeiten, das Verfahren zu einem schnellen Ende zu bringen. Gleichzeitig soll jedoch eine zu starke Beschleunigung auf Kosten des Suchprozesses unterbunden werden. Dabei müssen sich verfahrenstechnische Verzögerungen und ein schnell einsetzender Erziehungsprozess natürlich nicht gegenseitig ausschließen.

Es ist offensichtlich geworden, dass diese grundsätzliche Intention mit den Ergebnissen des erfahrungswissenschaftlichen Abschnitts der vorliegenden Arbeit übereinstimmt. Will man sich also kritisch mit den Beschleunigungsforderungen auseinander setzen, so kann man getrost auf das Jugendgerichtsgesetz verweisen, das durchaus eine sehr differenzierte Intention zu erkennen gibt. Dennoch muss bei näherem Hinsehen an einzelnen Normen auch Kritik geübt werden. Ausgehend von den empirischen Erkenntnissen wurde der erzieherische Wert der einzelnen für die Verfahrensdauer relevanten Regelungen überprüft. Hier gelangt der Verfasser zu sehr unterschiedlichen Ergebnissen. Zu begrüßen sind insbesondere die Regelungen, die eine umfassende Persönlichkeitserforschung unter Heranziehung der Jugendgerichtshilfe vorschreiben, ferner die Nichtzulassung von Strafbefehl und beschleunigtem Verfahren, schließlich auch das breite Sanktionsspektrum sowie die Möglichkeit, nachträglich Entscheidungen zu ändern oder vorläufige Anordnungen zu treffen. Auch die Diversionsmöglichkeiten sind grundsätzlich zu befürworten. Während in Bezug auf das Rechtsmittelrecht die sachliche Beschränkung nach § 55 I JGG zu begrüßen ist, kann die instanzielle nach § 55 II JGG aus rechtsstaatlichen Gründen keine Unterstützung finden. Wegen der mangelhaften Beachtung des Rechtsstaatsgebots sowie eines nur geringen geeigneten Anwendungsbereichs sollte das vereinfachte Jugendverfahren gemäß §§ 76-78 JGG nur zurückhaltend angewendet werden.

Eindeutig zu begrüßen sind in diesem Zusammenhang drei weitere Aspekte. Diese kommen aber wiederum nur bei einer genaueren Betrachtung des Themas zum Vorschein. Versucht man nämlich zu konkretisieren, in welchen Verfahrensabschnitten es zu einer Beschleunigung kommen sollte, so lassen sich die empirischen Erkenntnisse sowie die ermittelte Gesetzesintention insoweit in Einklang bringen, als es gilt, möglichst früh mit den entscheidenden Ermittlungen einzusetzen (vgl. §§ 38 III, 43, 72 a JGG) sowie ein rechtskräftiges Urteil – bei Aufrechterhaltung der nötigen Flexibilität (vgl. §§ 11 II, 15 III, 87 III JGG) – möglichst schnell zu vollstrecken (vgl. §§ 82 ff. JGG). Darüber hinaus ist aufgrund der erheblichen Belastungen während der Untersuchungshaft in diesem Fall dem Beschleunigungsgrundsatz gesteigerte Bedeutung zuzumessen.

Die öffentliche Diskussion über den Beschleunigungsgrundsatz entbehrt dieser Differenziertheit weitgehend. Die Gesetzgebungsinitiativen, die vor allem auf eine Stärkung des vereinfachten sowie die Einführung des beschleunigten Verfahrens im Jugendstrafrecht abzielen, machen dies deutlich und lassen im Ergebnis keine positiven Auswirkungen auf den pädagogischen Effekt der Strafen erwarten. Demgegenüber lässt die Rechtsprechung zum Teil ein reflektiertes Verständnis im Zusammenhang mit dem Beschleunigungsgebot erkennen, das sich weitgehend mit den vorliegenden Ergebnissen deckt.

Im Zuge der Forderungen nach einer Verfahrensbeschleunigung sind aber auch zahlreiche Modellprojekte in die Praxis umgesetzt worden, die eine sehr unterschiedliche rechtliche Verankerung aufweisen. Während manche auf der Grundlage der Diversionsmöglichkeiten arbeiten, beruhen andere auf einer Stärkung des vereinfachten Jugendverfahrens. Wieder andere versuchen durch Vereinfachungen der praktischen Handlungsabläufe (so genannte „vorrangige" Jugendverfahren) eine Verkürzung der Verfahrensdauer zu bewirken. Die umfassendsten Konzepte bieten wohl die so genannten „Hausmodelle", bei denen die verschiedenen Verfahrensbeteiligten „unter einem Dach" zusammenkommen. Neben anderen Zielen haben diese Projekte den Willen gemeinsam, das Jugendstrafverfahren zu beschleunigen. Während hierbei im Einzelnen durchaus auch Anlass zur Kritik gegeben ist – zu denken ist etwa an die „Polizeidiversion" sowie die Stärkung des vereinfachten Jugendverfahrens –, so ist doch zu begrüßen, dass sich gesellschaftliche Gruppierungen mit den Bedingungen des Jugendstrafverfahrens beschäftigen, um es in pädagogischer Hinsicht zu verbessern.

Außerdem machen viele dieser Projekte das Beschleunigungspotential deutlich, das ohne erzieherische Einbußen bereits in den organisatorischen und verwaltungstechnischen Handlungsabläufen steckt, ebenso wie die Notwendigkeit einer intensiven Kooperation zwischen den einzelnen Verfahrensbeteiligten.

Zusammenfassend ist also nochmals darauf hinzuweisen, dass der Beschleunigungsgrundsatz in der vorliegenden Arbeit weder in pädagogischer noch in dogmatischer Hinsicht verworfen wird. Vielmehr ist eine sehr differenzierte Betrachtung geboten. Nur soweit die Entwicklung des Jugendlichen sowie die Suche nach einer im Einzelfall erzieherisch wirksamen Bestrafung nicht beeinträchtigt werden, ist das Verfahren in größtmöglichem Maße zu beschleunigen. Vor allem organisatorische Verbesserungen und die fachliche Ausbildung der Verfahrensbeteiligten sowie ihre Zusammenarbeit scheinen hier noch erhebliches Beschleunigungspotential zu enthalten, ohne dass rechtsstaatliche oder erzieherische Beeinträchtigungen zu befürchten sind. Falls sich jedoch eine Verfahrensverzögerung als erzieherisch wirksamer darstellt als ein schnelles Verfahren – und dass dies der Fall sein kann, wurde aufgezeigt –, so ist ein solches Vorgehen zu nutzen, um die beste Wirksamkeit der Bestrafung zu erzielen. Unabhängig von einzelnen Kritikpunkten bietet das Jugendgerichtsgesetz zahlreiche Möglichkeiten, das jeweilige Jugendstrafverfahren beschleunigt oder verzögert durchzuführen. Auf keinen Fall jedoch stellt der Beschleunigungsgrundsatz die Patentlösung zur Bekämpfung der Jugendkriminalität dar.

Kolibri 360 GmbH
Ferdinand-Jühlke-Straße 7
99095 Erfurt, Deutschland
produktsicherheit@kolibri360.de

Druck:
CPI Druckdienstleistungen GmbH
im Auftrag der
Kolibri 360 GmbH
Ferdinand-Jühlke-Str. 7
99095 Erfurt